新版 江戸東京まち歩きブック

公益財団法人 東京観光財団 ［編］

東京シティガイド検定公式テキスト

JN005748

中央経済社

はじめに

　新型コロナウイルス感染症（COVID-19）は世界的な規模で広まり、日本でも2020年1月からは感染が拡大しました。観光はもとより、私たちの生活や経済に大きな影響を及ぼし、永く歴史に刻まれることでしょう。

　コロナ前の2019年に東京都を訪れた日本人旅行者の数はおよそ5億4,000万人。外国人旅行者数も約1,500万人と過去最多の数字をあげていました。この数字を取り戻すための時間はそれほどかからないように思われます。今まで我慢してきた分を取り戻すかのように人びとの観光行動は活発化しています。あらためて東京の観光スポットやその魅力をいかに伝えるかが重要になってくることでしょう。

　公益財団法人東京観光財団は、東京を案内するボランティア養成のために2003年に第1回「東京シティガイド検定」を実施しました。検定合格者から「東京シティガイドクラブ」を結成して、東京各地の観光案内が始まり、現在のクラブ会員は2023年には1,400名を数え、ボランティアによる東京ガイドを基本に、自主的な勉強会や交流を深めて、市民活動を活発に展開しています。

　初回から20年が経ち、検定の公式テキストとして東京を知るために編纂された『東京シティガイド検定』（2003）も、『大江戸東京の歩き方』（2006）、『新・大江戸東京の歩き方』（2012）と名を改め、そして『江戸東京まち歩きブック』（2017）に引き継がれてきました。2023年はいわば、東京観光の新たな出発年として東京各地の魅力を理解し、観光に役立つ新たなテキストとして再編いたしました。

　今回のテキストはこれまでの編集方針を大きく変えて、東京都全体を地理的なブロックに分け、その中で複数の小エリアに区分して、エリアごとの観光スポット、歴史、建造物・インフラ、生活文化、食・産業など

特徴ある事項を取り上げています。単なる観光情報ではなく、そのエリアに何があって、どんな特徴があるのかを説明して、実際に歩きながらガイドができるテキストづくりを目指しています。

　第１章は「東京のエリア別情報」として、東京23区を都心部、東部、西部、南部、北部と５つのブロックに分け、さらに多摩地域を北部、南部、西部の３つのブロックに分け、島しょ地域は伊豆諸島と小笠原諸島の２つのブロックを入れて、10のブロックで全体を構成し、その中を細分しながらエリアごとにまとめています。

　第２章は「東京の基本情報」として東京の位置、気象、インフラなどの地理情報を中心に、さらには第３章は「資料編」として文化・芸術・産業などの情報を掲載しています。

　徳川家康の江戸入府からおよそ430年。世界屈指の巨大都市に発展した東京は今も留まることを知らない、生成発展する魅力あふれる都市です。東京都心では丸の内・大手町・汐留・豊洲・品川の再開発がすでに進み、渋谷・歌舞伎町・虎の門・高輪などは現在進行形で変化しています。多摩地域では水と緑を軸に、立川・青梅・八王子・多摩ニュータウンなどの拠点駅を中心に交通・産業・文化を中心とした広域圏の形成を目指しています。島しょ地域では豊かな自然を活かしながら、独自の歴史と文化を観光資源化する動きが活発です。

　最後に、旅行・飲食・ホテル業界に携わる方、観光バスガイドや観光タクシーに従事されている方、案内ガイドを目指す方、海外からのお客様に東京をご案内しようと思っているビジネス関係者、各自治体で文化や観光に関わる仕事に就いている方、東京についてこれから勉強しようとしている学生の皆さんのテキストとして、東京の魅力を幅広く知る新東京名所案内として皆様のお役に立つことを願っております。

東京シティガイド検定委員会　委員長
目白大学・目白大学大学院　教授　　鈴 木 章 生

本書の構成と使い方

　この『新版 江戸東京まち歩きブック』は二つの顔を持っています。その一つは、公益財団法人東京観光財団が2003（平成15）年11月に初めて実施した、ご当地検定の先駆けである「東京シティガイド検定」の最新公式テキストとしての顔。この検定に合格した人は「NPO法人東京シティガイドクラブ（TCGC）」に所属するなどして、東京のまちをガイドする活動ができます。

　もう一つは、東京を細かく地域エリアに区分したその中で、観光スポットとなる場所、歴史、自然景観、建造物、インフラ、生活文化、芸術文化、食文化、伝統工芸、産業など幅広く学ぶことで、東京を知っていただくことができるまち歩きをする人たちの入門書としての顔です。

構成

　本書は、東京23区を都心部はじめ東西南北に5つ、多摩地域を北南西に3つ、島しょ地域を伊豆諸島と小笠原諸島の2つ、全部で10のブロックに分け、さらにその中を38の小エリアに区分して小エリアごとに観光スポットをめぐるように説明をした本です。また、巻末の資料編では、東京の文化・産業について詳しく述べるとともに、図や表などをまとめています。検定の受検にかかわらず、東京を知る教養書として十分手応えのある内容になっています。

使い方

　本書はどこから読みはじめていただいても構いません。検定試験を受ける方は、本文はもとより、写真・図表・脚注なども範囲に入りますので注視してください。

　本文では、最初に観光スポットを歩くことを想定しながら紹介し、その後で、歴史、建造物、生活文化、食、産業などの分野から個別に記述をしています。事項・由来・人名・年号・場所などの基本的な事項を確認しながら、そのエリアの特性を理解するように努めてください。

　難しい事項、人名、地名にはできるだけルビを付けました。年号は西暦（1872年まで旧暦）とし、重要事項には元号併記としました。脚注では、人物や事項についての補足情報を提供しています。巻末の索引から各事項を確認することも東京の理解度を知るよい指標になるでしょう。

　ガイドをする人は、座学のみならず、本書を持って現地を訪ねて、点から点へとめぐりながら理解を深めてほしいと願っています。

学習のために

　限られた紙面の中で、小エリアのスポット紹介は十分とはいえません。むしろ不足しています。その部分は、実際にガイドをしたり、東京のことをさらに学んだりする中で、ご自分でぜひ肉付けしていただきたく思っています。そのためにも自分用のPCやノート・カードを用意して自分で調べた情報や写真などをストックするようにしましょう。こうした情報やビジュアル資料が実際のガイドでは役に立ってきます。また、東京は日進月歩で変化が著しい都市です。東京の変化にアンテナを張って、知識の引き出しに新たな情報を加えてほしいと願っています。

第1章

東京のエリア別情報

東京の地勢図

東京のエリア別情報

東京の地図をみると東西に長く、山地から台地、そして低地へと様相が徐々に変化していることがわかります。島しょ部に目を向ければ、南に島がいくつも連なり、都域の広さに気づかされます。これらの地域のそれぞれに生活や文化や産業が育まれ、先人たちの築いた歴史があります。この章では1ページずつエリアごとに紐解きながら東京を展望します。

千鳥ヶ淵の桜（（公財）東京観光財団提供）

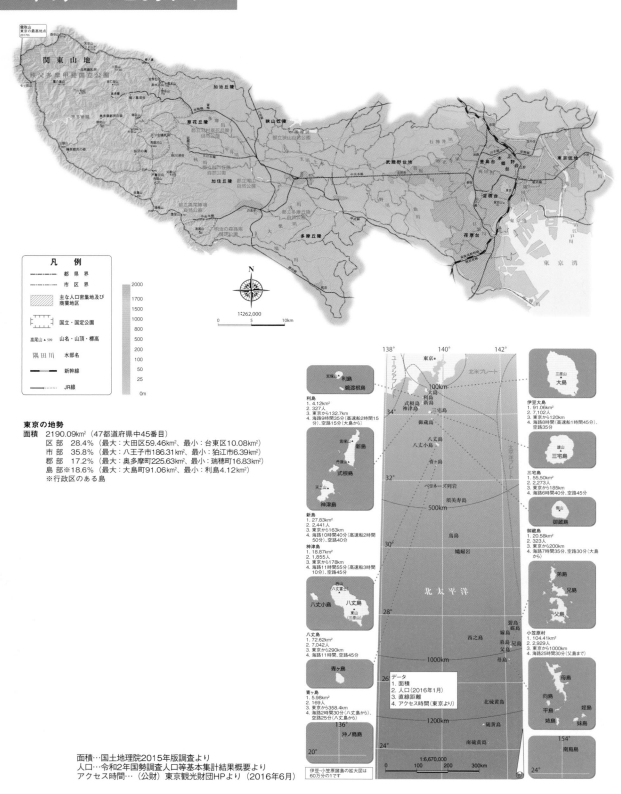

凡例

────	都 県 界
────	市 区 界
▨	主な人口密集地及び商業地区
⊞	国立・国定公園
高尾山 ▲ 599	山名・山頂・標高
隅 田 川	水部名
━━━	新幹線
━━━	JR線

1:262,000
0　　5　　10km

東京の地勢

面積　2190.09km²（47都道府県中45番目）
区 部　28.4%（最大：大田区59.46km²、最小：台東区10.08km²）
市 部　35.8%（最大：八王子市186.31km²、最小：狛江市6.39km²）
郡 部　17.2%（最大：奥多摩町225.63km²、最小：瑞穂町16.83km²）
島 部※18.6%（最大：大島町91.06km²、最小：利島4.12km²）
※行政区のある島

利島
1. 4.12km²
2. 327人
3. 東京から132.7km
4. 海路3時間35分（高速船2時間15分）、空路15分（大島から）

新島
1. 27.83km²
2. 2,441人
3. 東京から163km
4. 海路10時間40分（高速船2時間50分）、空路40分

神津島
1. 18.87km²
2. 1,855人
3. 東京から178km
4. 海路11時間55分（海速船3時間10分）、空路45分

八丈島
1. 72.62km²
2. 7,042人
3. 東京から290km
4. 海路11時間、空路45分

青ヶ島
1. 5.98km²
2. 169人
3. 東京から358.4km
4. 海路2時間30分（八丈島から）、空路25分（八丈島から）

伊豆大島
1. 91.06km²
2. 7,102人
3. 東京から120km
4. 海路8時間（高速船1時間45分）、空路35分

三宅島
1. 55.50km²
2. 2,273人
3. 東京から185km
4. 海路6時間40分、空路45分

御蔵島
1. 20.58km²
2. 323人
3. 東京から200km
4. 海路7時間35分、空路30分（大島から）

小笠原村
1. 104.41km²
2. 2,929人
3. 東京から1000km
4. 海路25時間30分（父島まで）

データ
1. 面積
2. 人口（2016年1月）
3. 直線距離
4. アクセス時間（東京より）

伊豆・小笠原諸島の拡大図は60万分の1です

1:6,670,000
0　　100　　200　　300km

面積…国土地理院2015年版調査より
人口…令和2年国勢調査人口等基本集計結果概要より
アクセス時間…（公財）東京観光財団HPより（2016年6月）

東京23区 都心部

東京の都心部は東京23区のなかでも「東京の顔」として、江戸・東京430年余りの歴史を刻んで来た中心の地域です。かつての江戸の範囲を含むこの地域では、それぞれ特徴や性格が異なり、都心ゆえの出来事やシンボル的な景観など多彩な姿を見せてくれます。

大東京夜景（（公財）東京観光財団提供）

▓観光スポット

銀座は、日本を代表する繁華街で、百貨店のほか多くの高級店や専門店が集まり、マクドナルドやスターバックスがこの地に日本1号店をオープンさせるなど、各時代でトレンドの発信地でもあり続けています。

晴海通りと外堀通りの数寄屋橋交差点付近は、周辺に有楽町マリオン、東急プラザ銀座、不二家数寄屋橋店（銀座クリスタルビル）、銀座ソニーパークなどがあり、銀座を象徴するスポットのひとつです。数寄屋橋交差点から新橋駅に向かうJR山手線・京浜東北線の高架下には、飲食店が軒を連ねる銀座コリドー街（銀座コリドー通り）があり、仕事帰りの人びとを中心に賑わっています。

数寄屋橋交差点から晴海通りを南東に進んで銀座通り（中央通り）と交わるところに、銀座のもうひとつの象徴である銀座四丁目交差点があります。交差点東側の銀座三越は銀座を代表する商業施設で、入り口にあるライオン像が待ち合わせスポットになっています。北側の銀座和光の東どなりには銀座木村屋總本店があります。南側の銀座プレイスは複合商業施設で、その1・2階にあるNISSAN CROSSINGは日産ブランドのショールームです。銀座界隈には、洋服やカバンなどを扱う高級ブランドや宝飾品店、専門店が並ぶほか、百貨店の銀座三越、松屋銀座、銀座エリア最大の商業施設のGINZA SIXがあります。

晴海通りをさらに南東に進んで、地下鉄東銀座駅近くに見えてくるのが2013

＊日比谷公園（での主な行事）
祝賀会として代表的なものは憲法発布20周年記念祝賀会、日露戦争祝賀会。葬儀では伊藤博文、西園寺公望、山県有朋、山本五十六は国葬、大隈重信は国民葬として執り行われた。

＊金座・銀座・銭座
これらは勘定奉行が管掌する貨幣製造の役所を指す。金座は江戸城常盤橋外に元はあったが、1698年に日本橋本町に移転する。1882年に永代橋際に日本銀行が創設されるが、手狭だったことから1896年に辰野金吾設計による日本銀行本店が現在地（中央区日本橋本石町）に新築され、真上から見ると円の形の旧館（国の重要文化財）として今日に至る。銭座は民間請負で鋳造され、全国50か所余りで「寛永通宝」が作られた。江戸では浅草・亀戸・本所・深川に設けられ、1765年に亀戸に限定される。

銀座（（公財）東京観光財団提供）

日比谷公園の紅葉（（公財）東京観光財団提供）

年にオープンした歌舞伎座タワーです。1950年に建てられた旧歌舞伎座のイメージを晴海通りから見える外観に残しながら、その背後に高層のオフィスビルを持つ施設になりました。

　有楽町駅前の東京交通会館は複合商業施設で、同じく駅前の有楽町イトシアは、かつて南町奉行所があった場所にある複合商業施設です。また、有楽町マリオンは、待ち合わせスポットのひとつになっています。

　皇居外苑の南側にある**日比谷公園***は、1903年に開園した日本初の近代洋風公園です。園内には、日比谷公会堂や日比谷野外音楽堂などがあるほか、梅や桜など季節の花々を楽しむことができます。日比谷公園の東側には、帝国ホテル東京のほか、日本初の洋式劇場である帝国劇場、東京宝塚劇場、日生劇場などがあります。同じく日比谷公園の東側にある東京ミッドタウン日比谷は2018年にオープンした映画館を持つ複合商業施設で、メインエントランス前に約3,600㎡の広場空間があり、各種のイベント等が行

われています。

歴史

　銀座*は、銀貨鋳造所が1612年に駿府（今の静岡市）から京橋の新両替町に移されたことに由来します。後に銀座は日本橋蛎殻町へ移転したものの、正式な町名として復活しました。1872年2月には銀座大火で一帯が焼失します。鉄道開業を控えた**新橋駅***や、外国人の暮らす築地居留地に近いことから、明治政府は不燃都市の建設を目指し、1873年に完成したのが銀座煉瓦街です。**銀座のガス灯***や唐物屋と呼ばれた輸入品販売の店や新聞社が進出し、文明開化を象徴する商業地として発展していきました。

　日比谷公園から有楽町、丸の内一帯は日比谷入江と呼ばれた海でしたが、江戸時代初め、そこを神田山の土砂で埋め立て、大藩の上屋敷が並ぶ大名小路ができました。1903年に日比谷公園が開園すると大正デモクラシーのなか普通選挙運動や社会運動の拠点となり、1905年には日露戦争の講和条約に不満を持つ人々

＊渋沢栄一
（1840-1931）
武蔵国榛沢郡血洗島、現在の深谷市の農家に生まれる。幕臣、官僚、日本の実業家として幕末から明治時代にかけて活躍。第一国立銀行、東京商法会議所（現・東京商工会議所）、東京証券取引所など会社や団体の設立・経営に関わる。その数は約500社にも及び日本資本主義の父と称される。

＊大倉喜八郎
（1837-1928）
越後国蒲原郡新発田町、現在の新潟県新発田市の商家の子として生まれる。幕末に鉄砲を商い、官軍御用達となりその後の戦争で活躍し、水道、建設、貿易などの実業家として成功を手にし、財閥として成長する。

＊フランク・ロイド・ライト
（1867-1959）
アメリカの建築家。ル・コルビュジエ、ミース・ファン・デル・ローエと共に「近代建築の三大巨匠」といわれる。当初は水平線を強調した台地に根ざした建築様式「プレーリー・ハウス（草原住宅）」を特徴とした。その後、私生活の問題で低迷したが、1930年代半ばから建築と自然が調和・融合した「有機的建築」を打ち出し、評価を不動のものとした。1913年に帝国ホテルの設計のため幾度か来日するが、工期の遅れと予算オーバーで経営陣と衝突し帰国した。ホテルはライトの一番弟子の遠藤新が引継ぎ1923年7月に竣工、同年9月1日の落成披露宴の準備の最中に関東大震災に遭うも、ほとんど被害を受けなかった。帝国ホテル本館（ライト館）は、1968年に解体され、玄関部分が博物館明治村（愛知県犬山市）に移築再建されている。

が集まり日比谷焼打ち事件が起きました。

建造物・インフラ

日比谷公園から日比谷通りを挟んだ向かいの内幸町に帝国ホテルが建っています。かつて明治の文明開化を象徴する鹿鳴館＊があったところに隣接し、1886年の官庁集中計画＊を受け外国人を宿泊させる大型ホテルとして、渋沢栄一＊と大倉喜八郎＊が1890年に開業させました。

初代の建物は焼失し、2代目はフランク・ロイド・ライト＊の設計で1923（大正12）年9月1日の関東大震災が発生した日に営業を開始しました。空襲で焼夷弾の被害を多く受けましたが、戦後GHQ＊に接収されて修復がなされ、占領後も外国人の来日客を多く受け入れました。1968年に新本館建設のため解体され、現在その一部は博物館明治村（愛知県犬山市）に移築展示されています。

銀座和光は、服部時計店（現在のセイコーグループ）が1894年に朝野新聞＊の社屋を買い取り、翌年営業を開始しました。1932年に渡辺仁＊の設計でネオルネサンス調の現在のビルが完成し、1945年の終戦後、ＧＨＱにPX（基地内売店）

として接収され、1952年に営業を再開して、宝飾品や時計、ハンドバッグや装飾品などの高級品を扱っています。シンボルの時計は今も毎正時に鐘を鳴らします。

また銀座三越は1930年に開店し、日本橋三越本店・銀座三越と通称されるようになります。越後屋の名で江戸の老舗呉服店としての歴史を持つ三越は、1928年にデパートメントストアとして大きく変革を進め、その中での銀座出店となりました。銀座で最初の百貨店は、名古屋の呉服店に始まる松坂屋が1924年に銀座六丁目で始めた松坂屋銀座店で、土足入場、制服の洋装化など近代化を進めましたが、2013年に閉店しました。銀座三丁目の松屋銀座は、横浜の呉服店「鶴屋」から始まった老舗百貨店で、松屋浅草店とともに知られています。現在、銀座六丁目には能楽堂を併設するGINZA SIXが複合商業施設として展開しています。

有楽町駅方面には1984年開業の有楽町マリオン（正式には有楽町センタービル）があります。百貨店、映画館、プラネタリウム、ホールのほか、からくり時計

歌川広重（三代）「東京開化名勝京橋石造銀座通り両側煉化石商家盛栄之図」1874（明治7）年
（東京都江戸東京博物館所蔵　画像提供：東京都江戸東京博物館／DNPartcom）

歌舞伎座（東京都提供）

の「マリオン・クロック」は数寄屋橋側の顔として知られています。

　また高速道路高架下には1958年に開業した昭和時代のショッピングセンターの草分け的なNISHIGINZA（西銀座デパート）があります。そこにある西銀座チャンスセンターは宝くじ売り場として知られています。近くには「銀座の象徴柳並木の碑」「銀座の恋の物語」の石碑（銀恋の碑）、「有楽町で逢いましょう」の歌碑があり、かつて1952年のラジオドラマや映画で人気を博した「君の名は」で出会いと再会の場所となった数寄屋橋がここにあったことを示す碑もあります。

　有楽町駅前には1965年開業の東京交通会館があります。当時、東京都交通局が入っているビルとして注目されましたが、地上55メートルからの展望と新幹線を見る回転レストランの銀座スカイラウンジは当時の名所でした。2021年、回転をしないレストランとしてリニュー

アルオープンしました。

　有楽町駅の丸の内側の旧東京都庁跡地を利用して1997年に開館した東京国際フォーラムは、大小8つのホール、31の会議室、美術館などがある文化施設で、東京のコンベンションセンターの1つでもあります。太田道灌像も都庁時代から引き継いで設置されています。

　銀座へのアクセスはJR有楽町駅、地下鉄では東京メトロ銀座線と日比谷線の銀座駅、都営浅草線・東京メトロ日比谷線の東銀座駅の利用が便利です。東銀座駅を地上に出ると日本の伝統文化に触れることができる歌舞伎座があります。歌舞伎座は、明治の演劇改良運動の一人福地源一郎*によって京橋木挽町に1889年に開設されました。4度の建て直しを経て、2013年に隈研吾*設計の建物の姿を見せています。

＊GHQ
General Headquarters of the Supreme Commander for the Allied Powers連合国軍最高司令官総司令部のこと。ポツダム宣言を執行するために日本の占領政策を実施した連合国軍の最高政策決定機関である極東委員会の下部組織として位置づけられたものの、実質の決定権はGHQとされた。最高司令官はダグラス・マッカーサー元帥。

＊朝野新聞
1874年から1893年まで発行された民権派の新聞。最初の社屋は尾張町（銀座六丁目）にあり、1876年に現在地に移し、廃刊後に服部時計店に売却され、現在の銀座和光につながる。

＊渡辺仁
(1887-1973)
日本の建築家。東京帝国大学で建築を学ぶ。作品は歴史主義様式や帝冠様式を中心に作品を残す。代表作に、服部時計店（和光）、東京帝室博物館（東京国立博物館本館）、第一生命館、徳川黎明会本部、ホテルニューグランドがある。

＊福地源一郎
(1841-1906)
長崎の医者の子に生まれ、蘭学を学ぶ。幕末の幕臣、明治時代の政論家、劇作家、小説家でもある。東京日日新聞社長、衆議院議員。

＊隈研吾
(1954-)
神奈川県横浜市の生まれ。日本の建築家。東京大学工学部建築学科卒業。国立競技場、高輪ゲートウエイ駅、角川武蔵野ミュージアム、サントリー美術館、根津美術館本館などの設計を手掛ける。

東京国際フォーラム（（公財）東京観光財団提供）

生活文化

　銀座には、芸術を楽しむことのできる大小のギャラリー・画廊や美術館が多く集まっています。ミュゼ銀座は、関東大震災後の1932年に建築された近代建築で、銀座の昭和通りに唯一現存する建物にあるギャラリーです。資生堂ギャラリーは、銀座七丁目交差点にある東京銀座資生堂ビルの地下にあります。1919年にオープンした、現存する日本最古のギャラリーで、2001年に現在の場所にリニューアルオープンしました。銀座メゾンエルメス フォーラムは、2001年にオープンしたガラスブロックが特徴の銀座メゾンエルメスの8階にあります。ポーラ ミュージアム アネックスは、銀座一丁目交差点近くのポーラ銀座

ビル3階にあり、ポーラ財団が支援する若手作家の個展も開催しています。ギンザ・グラフィック・ギャラリーは、グラフィックデザインの専門ギャラリーとして、1986年に大日本印刷株式会社が設立しました。ginza graphic galleryの頭文字から「スリー・ジー（ggg）」と呼ばれています。1928年に創業した日本でもっとも古い洋画商である日動画廊は、数寄屋橋交差点近くの本店にギャラリーがあり、各種の展覧会を開催しています。

　有楽町から日比谷にかけて、日本を代表する劇場や美術館があり、文化的なイベントも開催されています。日生劇場は、日本生命保険相互会社の創業70周年を記念して建設された日本生命日比谷ビル内にある劇場で、1963年にオープンしました。建築家・村野藤吾*による設計で、

＊村野藤吾
（1891-1984）
日本の建築家。早稲田大学で建築を学び、1918年に渡辺節建築事務所に入所。1929年より独立した。1967年に文化勲章受章。主な作品に日生劇場、早稲田大学文学部校舎、日本生命日比谷ビル、目黒区総合庁舎（旧千代田生命保険本社）など。宇部市の渡辺翁記念会館、広島の世界平和記念聖堂が重文指定を受けた。

重厚な外観と曲面で構成された内観で知られています。帝国劇場は、国際ビルヂングとの一体型複合ビル・帝劇ビルにあり、現在の劇場は1966年に完成した2代目で、2025年には一時休館ののちに建て替えが予定されています。東京宝塚劇場は、初代の劇場跡に2000年に建て替えられた複合ビル東京宝塚ビル内にある2代目の宝塚歌劇団専用の劇場で、同じ建物には映画館やオフィスがあります。出光美術館は、出光興産創業者である実業家・出光佐三が収集した美術品等を展示するため、1966年に開館した美術館で、帝国劇場や出光興産などが入る帝劇ビル9階にあります。国宝や重要文化財などを含むコレクションのほか、館内のロビーから皇居外苑が一望できることでも知られています。相田みつを美術館は、東京国際フォーラム内にあり、詩人・書家の相田みつをの作品を展示しています。大江戸骨董市は、江戸開府400年の2003年から東京国際フォーラム（および代々木公園ケヤキ並木）で開催されている日本最大規模の露天骨董市です。東京国際フォーラム地上広場では毎月第1・3日曜日に開催されていて、国内外から多くの人びとが訪れる国際的な交流の機会になっています。

食・産業

銀座木村家總本店（銀座四丁目）は、明治の初期に創業した老舗の製パン業で、東京最初のベーカリーでした。創業者木村安兵衛が、酒饅頭の酒種を用いた木村屋のあんぱんを、1874年に誕生させました。總本店のビルには、パン店のほか、喫茶やグリルも併設されていて、グリル木村家では、食べ放題のパンとともに洋食を楽しむことができます。

資生堂パーラー（銀座八丁目）は1902年に資生堂薬局内に開設されたソーダファウンテンがルーツ。1928年には、資生堂アイスクリームパーラーと名乗るようになり、西洋料理の提供も始めています。森鷗外も太宰治もここでアイスクリームを食べたそうです。

一方、日本におけるショートケーキの歴史は不二家がアメリカのそれを日本風にアレンジして1922年に発売したのが最初と言われています。翌年には、横浜から銀座四丁目に進出しますが、この時にすでにショートケーキが販売されていたということになります。

この他、ビヤホールライオン銀座七丁目店は、1934年に竣工した大日本麦酒本社ビルの1階に同年オープンしました。高い天井と重厚な柱、赤れんがの壁面とガラスモザイクの壁画が印象的です。現存するものとしては日本最古のビヤホールで、2022年に銀座ライオンビルが国の登録有形文化財（建造物）に登録されました。

JR東海道本線の新橋—東京駅間には、連続した煉瓦アーチ式高架橋とガーダー式架道橋（桁橋）が連なる**新永間市街線高架橋***が1910年に竣工しました。JR有楽町駅付近から新橋方向に向かい内幸橋架道橋あたりまでは、高架下にたくさんの商業施設が立ち並んでいます。1920年に高架下に飲食店ができたのが始まりと言われていますので100年以上の歴史があります。とくに駅に近い部分には、高架下の通路に面した小規模な居酒屋が連なっているのが印象的です。近年、高架下が再開発されて、有楽町産直横丁、日比谷OKUROJI、日比谷グルメゾンなどの新しい飲食空間が生まれています。

JRに並行する**東京高速道路（KK線）***の高架下にも、銀座コリドー街などの飲食街があります。

＊新永間市街線高架橋
1910年に竣工した,新銭座（現港区浜松町二丁目）-永楽町（現千代田区丸の内二丁目）間の連続煉瓦アーチ式高架橋。ベルリンの高架鉄道がモデルになったとされる。2010年に土木学会選奨土木遺産に選ばれた。

＊東京高速道路(KK線)
銀座を迂回して蓬莱橋と新京橋を結ぶ通行料無料の自動車専用道路。都市計画上は都市高速8号線にあたる。両端で首都高都心環状線に、西銀座JCTで首都高八重洲線に接続。1966年に全線供用開始。14棟のビル上に道路が敷設されており、その下には約400店舗のテナントが入居。首都高の日本橋付近の地下化計画との関係でKK線は廃止され、歩行者空間化される予定である。

1-2 大手町・東京駅・丸の内・皇居

▒観光スポット

　東京の鉄道の玄関口であり、東京を象徴するシンボルの1つである東京駅は、大手町や丸の内、八重洲などのビジネス街への通勤客に加えて、観光地としての東京を訪れる多くの観光客にも利用されています。丸の内駅舎には、2012年の改修にあわせて東京ステーションホテルもリニューアルオープンしました。

　丸の内駅舎から行幸通りを西に進むと、皇居前広場とも呼ばれる皇居外苑が広がっています。皇居では、大手門や天守台など江戸城の名残を見ることができるほか、桜田門や二重橋など、歴史的な出来事の舞台となった場所などもあり、さらにはサクラなどを楽しむことができる北の丸公園や千鳥ヶ淵など人びとの憩いの場もあります。また、皇居東御苑には、忠臣蔵で知られる松の大廊下の跡の碑もあります。

　東京駅西側の丸の内のエリアには、丸の内ビルディング（丸ビル）と新丸の内ビルディング（新丸ビル）があり、オフィスのほか店舗や飲食店を有するエリアを象徴する複合ビルになっています。また、KITTE丸の内には、店舗や飲食店のほか、6階部分に展望スペースがあり、東京駅の線路やホーム、駅発着の列車を見下ろすことができます。さらに、南に向けて進むと、三菱一号館美術館があり、かつて銀行があったスペースにはクラシカルな雰囲気を楽しむことができるカフェがあります。

　東京駅東側の八重洲から京橋にかけてのエリアは、東京ミッドタウン八重洲や

皇居（（公財）東京観光財団提供）

東京駅丸の内駅舎（東京都提供）

京橋エドグラン、東京スクエアガーデンなどの大型複合施設のほか、東京駅からつながる地下街が充実しています。

そのうち、東京駅一番街の地下1階には、日本の大手菓子メーカー3社のアンテナショップからなる東京おかしランド、東京の人気ラーメン店を集めた東京ラーメンストリート、テレビ局のオフィシャルショップ、ポケモンやウルトラマンなどの人気キャラクターのショップからなる東京キャラクターストリートなど、飲食店やお土産品の販売店が軒を連ね、子どもから大人まで、また外国人旅行者も楽しめる空間が創出されています。

歴史

江戸城は太田道灌（おおたどうかん）が1457年に武蔵野台地の東端に築城したのを前身として、1590（天正18）年8月1日に徳川家康が初めて江戸城に入ってから大幅な拡張工事が行われていきました。ことに家康

が幕府を開いてからは、天下普請（てんかぶしん）＊で進められていきました。そして1636年に外堀工事が終わると、二重の堀からなる江戸城が完成し、2年後には五層の天守＊が建てられます。

明治天皇は維新後、東京に拠点を移すと、旧江戸城西の丸御殿を皇居としますが、1873年に焼失すると赤坂離宮に移り、仮皇居に定めました。皇居に宮殿が再建されるのは、1888年のことで、西の丸に造営された明治宮殿は、1945年5月の東京大空襲で焼失しています。現在、旧江戸城の本丸、二の丸、三の丸の一部分は皇居東御苑として一般公開されています。

東御苑内の中に、「松の大廊下跡」があります。江戸城の事件としてもっとも知られた「忠臣蔵・赤穂浪士＊」の発端となったところです。1701（元禄14）年3月14日に、勅使饗応役の播磨国赤穂藩主浅野内匠頭長矩（あさのたくみのかみながのり）が江戸城松の廊下で

*坂下門外の変
1862年1月15日、江戸城坂下門外にて、尊攘派の水戸浪士6名が和宮降嫁を推進した老中安藤信正を襲撃した際には、安藤は負傷したものの、一命を取り留めている。これは孝明天皇の妹和宮の将軍家茂への降嫁を推進してきた老中安藤信正が尊王攘夷派の襲撃の対象となったためである。

*岩崎弥之助
(1851-1908)
三菱財閥2代目当主で、兄弥太郎死後の1885年に財閥本社（三菱社）の社長となり、事業多角化に努め、1893年には三菱社・銀行・鉱山・造船などを一体とした三菱合資会社を発足させた。そして翌年には丸の内に三菱第1号館が完成し、三菱合資会社の本社を同館に移している。

*ジョサイア・コンドル
(1852-1920)
イギリスの建築家。工部大学校造家学（現・東京大学工学部建築学科）の教師として日本政府の招聘で来日。辰野金吾ら日本人建築家を育成するとともに、明治政府の関連する建物の設計を多く手掛けた。現存する代表作は、ニコライ堂（重文）、旧岩崎邸庭園洋館、旧古河庭園、綱町三井倶楽部、清泉女子大学本館（重文）などがある。

*日本武道館
日本武道の普及奨励を担う施設として、1964年に山田守の設計で完成した。柔道や剣道の試合だけでなく、コンサート会場などとしても使用されている。

高家肝煎吉良上野介義央を殿中刃傷におよび、即日切腹の刑に処せられました。その翌年、大石内蔵助ら47人の赤穂藩の浪人が本所松坂町の吉良邸に押し入り、主君の仇討ちを果たした元禄赤穂事件は広く知られ、歌舞伎や小説や映画など後世に大きな影響を与えました。

桜田門（外桜田門）は現存する見附の1つで、1860年3月3日、上巳の節句で登城するため、彦根藩上屋敷（現衆議院憲政記念館周辺）を出て門外を通行する大老井伊直弼の一行が、水戸浪士らによって突如襲撃され、井伊は暗殺されます。1862年1月15日にも坂下門外の変*が起こっています。

大手町・丸の内・有楽町のあたりは江戸時代には北町奉行所（現丸の内トラストタワー周辺）や南町奉行所（現有楽町イトシア）のほか、大名屋敷が建ち並んでいました。明治維新を迎えると、これらの場所に政府の諸機関や軍用地が置かれるようになりました。1888年前後に官庁集中計画が立案されると、約8万4千坪の陸軍練兵場跡地が岩崎弥之助*に売却されました。その後1894年にジョサイア・コンドル*設計の三菱1号館が完成すると、馬場先通り沿いに相次いで、軒高50尺に統一された煉瓦建築街が出現し、「一丁倫敦」と呼ばれました。そして1914年に東海道本線の起点として東京駅が開業すると、行幸通り一帯に東京海上ビルや丸ビルなど鉄筋コンクリート造のオフィスビルが竣工し、「一丁紐育」と呼ばれる近代的な街並みが出現しました。

建造物・インフラ

靖國神社へと続く九段坂の上には、1871年に建設された高燈籠（常燈明台）があります。靖國神社の常夜灯として建設されたもので、上部は洋風、下部は和風の様式を採用しています。明治初期、東京湾に浮かぶ船から格好の目印になったといわれています。

この一帯は武蔵野台地の端に位置していて、台地から低地に向かい始めると江戸城の城門の1つ田安門があります。17世紀の建設と考えられており、国の重要文化財にも指定されています。坂を下りると戦中戦後の国民生活を展示した昭和館があります。隣接して昭和初期に軍人会館として建てられた九段会館は、東日本大震災で被災して閉館し、2022年、九段会館テラスとしてリニューアルされました。

田安門から旧江戸城北の丸に入ると日本武道館*や科学技術館があります。この辺りには、かつて竹橋兵営が置かれ、近衛歩兵連隊などの兵舎が建ち並んでいました。東京国立近代美術館や毎日新聞社が入るパレスサイドビルの地下には、中世の集落の遺構が眠っており、中世における江戸の中心部だったとされています。なお、パレスサイドビルは、1960年代の東京のオフィスビルを代表する作品の1つともいわれています。

江戸城の内堀の周囲を周回する皇居ランニングでは、江戸城が武蔵野台地の端に建てられたという地形の高低差を実感することができます。特に台地上に位置する半蔵門付近から桜田門へと下ってくると、皇居の堀の雄大な景観とともに高低差を感じることができます。

江戸城の台地の下側には、桜田門（重文）や坂下門などがあります。特に皇居正門として使われている二重橋は、その名の通り石橋と鉄橋からなる2つの橋が重なって見えていて、ここでも平地と台地の高低差を実感することができます。

皇居前広場から丸の内にかけては、かつて日比谷入江という海が広がっていました。大手町のビル街の一角に平将門の

首塚があり、かつてはこのあたりが東京湾のいちばん奥に位置していました。

東京駅は、1914年に中央停車場として開業しました。辰野金吾*の設計による煉瓦造の駅舎は、南北335m以上に及ぶ非常に長い建物となっています。開業当初は南口が乗車口、北口が降車口として使われていました。1921年11月に当時首相だった原敬が現在の南口改札付近で暗殺され、これも列車に乗車しようとしていた矢先の出来事でした。戦災で大きな被害を受けたものの、近年、開業当初の姿に復元され、国の重要文化財にも指定されました。

駅前に建つ丸ビル、新丸ビルは、丸の内を代表するオフィスビルとして知られ、20世紀の末に従来の雰囲気を残しつつ、丸の内ブリックスクエアとして整備されています。昭和初期を代表するモダニズム建築とされる東京中央郵便局は、外壁を残す形で建て替えられ、KITTE丸の内として整備されています。大手町・丸の内・有楽町地区の周回には、はとバスや2階建てのオープントップバスで周遊スカイバス東京などの定期観光バスのほか、無料で運行している巡回バス丸の内シャトル、さらには車内で食事ができる東京レストランバスなど、多様な手段があります。

生活文化

東京駅周辺では、散策や買い物をしながらミュージアムめぐりを楽しむことができます。東京ステーションギャラリーは東京駅丸の内北口改札直結の美術館で、鉄道の魅力を表現したオリジナルグッズで人気のミュージアムショップもあります。

三菱一号館美術館では、19世紀後半から20世紀前半の近代美術を主題とする展覧会を行っています。丸紅ギャラリー

は2021年秋、「古今東西の美が共鳴する空間」をコンセプトに大手町にオープンしました。江戸時代の染織品（きもの等）や、近代日本絵画、西欧絵画などのコレクションを紹介しています。2022年に明治生命館*内に展示ギャラリーを移転した静嘉堂文庫美術館では、三菱第2代社長・岩崎弥之助と小弥太の父子二代が集めた東洋の古美術品が公開されています。絵画、彫刻、刀剣、陶磁器、漆芸、書跡などの名品コレクションが、日本を代表する近代洋風建築の中で鑑賞できます。

食・産業

東京駅の西側に広がる大手町・丸の内地区は、かつて金融業や情報通信業、不動産業を中心とした典型的なオフィス街*で、2000年代以降に進んだ再開発によって、オフィス機能に加えて美術館や劇場、ホール、映画館などの文化機能や娯楽機能、高級ブランド品を販売する小売機能を含めた都市空間に生まれ変わりました。

あわせて街路整備も進み、晴海通りから行幸通りを結ぶ丸の内仲通りは、石畳が敷かれ四季を感じる街路樹が植樹され、昼の時間帯は歩行者に解放されています。通り沿いには、文化施設とともにアパレル、コスメショップ、レストランなども多く、休日の来訪者も増加しました。また、東京駅丸の内中央口から皇居前内堀通りを結ぶ行幸通りは、長さ190m、幅73mで、近年では東京マラソンのゴール地点にもなっています。

東京駅の東側にあたる八重洲口には東京駅一番街が広がっています。そのうち、東京ラーメンストリートには8店舗、東京グルメゾンには7店舗、「にっぽん、グルメ街道」には9店舗が軒を連ね（店舗数は2022年現在）、東京や日本各地の人気グルメを楽しむことができます。

*辰野金吾
(1854-1919)
日本の建築家。肥前国（現・佐賀県）唐津生まれ。工部大学校造家学科（現・東京大学工学部建築学科）第一期生で、ジョサイア・コンドルの指導を受けた。英国留学後、工部大学校教授として日本の建築界の主導的立場に長く存在した。同期に曽禰達蔵、片山東熊、佐立七次郎などがいた。現存する代表作は、日本銀行本店、東京駅。

*明治生命館
1930年に工事着手、1934年竣工。設計は岡田信一郎（1883-1932）と弟の捷五郎（1894-1976）による。古典主義様式の代表的な建物で、明治期以降に洋風意匠を導入した日本の建築におけるひとつの到達点を示すもの。1997年、昭和期の建造物としては初めて国の重要文化財に指定された。

*オフィス街
東京都心部のオフィスの特徴は、企業の中枢管理機能が集中している点にある。

1-3 日本橋・人形町

観光スポット

日本橋*とその周辺は、江戸と東京の歴史といまを一度に感じることのできるスポットです。江戸時代の日本橋の様子を描いた「熙代勝覧*」は、地下鉄三越前駅の地下通路に展示されています。日本橋がかかる日本橋川は、江戸時代に行われた工事の末に現在のような流れになり、神田川を水源として、隅田川へと流れ込んでいきます。日本橋の南側にあった呉服屋・白木屋の2代目彦太郎が、周辺の飲水不足を解消するために掘った井戸の水が名水だったとされ、「名水白木屋の井戸」の碑が、COREDO日本橋アネックス前にあります。20代目に当たる現在の日本橋が架橋百周年を迎えた2011年、橋のたもとに日本橋船着場が完成しました。そのセレモニーで、坂田藤十郎と市川團十郎が船に乗り込み、二人の名優の名前から「双十郎河岸」と命名され、その記念碑が置かれています。

日本橋の周辺には、江戸時代から続く、創業100年を超える企業や店舗があり、橋の北西の日本銀行本店、東側の東京証券取引所など、長く日本の金融の中心地でもありました。また、日本の百貨店が誕生した場所でもあり、橋の北の日本橋三越本店、南の日本橋髙島屋という同じく創業100年を超す百貨店があります。近年では、日本橋三井タワーやCOREDO日本橋、COREDO室町など、

*日本橋
1603年、五街道整備にともなって木製の橋が架けられたことに始まる。幕末までにたびたび焼失し、現在の花崗岩を使った西洋風二連アーチ橋は1911年に建造され、国の重要文化財に指定されている。その橋柱の「日本橋」の銘板は15代将軍だった徳川慶喜が揮毫した。五街道の起点であり、人や荷物が発着する伝馬制度の拠点として江戸でもっとも賑わいを見せた商業地のシンボルであり、歌川広重や葛飾北斎の浮世絵に多く描かれる自慢の江戸名所であった。

*熙代勝覧
日本橋から現在の神田今川橋までの約7町（764m）を描いた縦43.7cm、横1232.2cmの長大な絵巻。描かれている勧進箱に「文化二」の文字が見えることから1805年頃の作画であるとされる。原本はベルリン国立アジア美術館所蔵である。

日本橋（（公財）東京観光財団提供）

日本橋（（公財）東京観光財団提供）

商業施設にオフィスや映画館、宿泊施設などが組み合わされた複合ビルがオープンし賑わっています。また、地方自治体が地域の物産のPRなどを目的に出店するアンテナショップも集まっています。

歴史

　日本橋にある大伝馬町・南伝馬町は、幕府や大名らの公用の荷物や手紙などを運ぶ伝馬役の屋敷が置かれたところで、小伝馬町は御府内に限定した交通・通信を担いました。伝馬役人は町名主を兼ね、交通運輸の責任を果たしていました。また小伝馬町は牢屋敷があった場所で、2,600坪（8,600m²）という江戸時代最大の牢屋がありました。1657年の明暦の大火の際に囚人を牢から逃がして避難させる「切り放ち」が行われ、以来制度化し、今日に受け継がれています。この牢屋には安政の大獄の吉田松陰や橋本佐内、蛮社の獄の高野長英らが投獄されていました。

　白木屋は、越後屋（三越）や大丸屋（大丸）と並ぶ呉服店の老舗として、日本橋（現在の中央区日本橋一丁目）にありました。1903年には和洋折衷3階建て店舗となり百貨店の先駆けとなったものの、関東大震災で全壊します。1932年には日本初の高層ビル火災となる白木屋火災＊が起きます。1967年に買収され東急百貨

＊白木屋火災
1932年12月16日、4階おもちゃ売り場でクリスマスツリーの電灯が発火し、セルロイドのおもちゃに引火し、火災となったといわれている。女性店員8人の死者を出したのは、女性が下着のズロースをつけていなかったからという説は事実ではないとされている。

＊日本銀行

明治維新後、積極的な殖産興業政策や西南戦争に必要な資金調達を不換紙幣に大きく依存したことで経済の混乱が起きた。そこで大蔵卿の松方正義が兌換銀行券を発行する中央銀行を創立して、通貨価値の安定と信用制度の確立をめざし、日本銀行条例に基づいて日本の中央銀行として1882年に設立された。通称「日銀（にちぎん）」。その主な役割は、発券銀行、銀行の銀行、政府の銀行の3つとされる。

＊道路元標

1919年に道路法施行令で道路元標を置くこととなったが当時のものはわからない。関東大震災後の1928年、日本橋の上を往来する市電の架線柱に「東京市道路元標」が刻まれた。1972年に都電の撤去工事に伴い、架線柱は日本橋の北西に移され現存する。東京市の道路元標のあった場所には、佐藤栄作総理大臣の揮毫による50cm四方の「日本国道路元標」が埋め込まれ、レプリカも架線柱の脇にある。

＊横河民輔

（1864-1945）
横河グループの創業者で、建築家・実業家、中国古陶磁器収集家でも知られる。帝国大学工科大学造家学科で建築学を学び、東京の町屋を取り上げ、生活改善と耐震耐火研究をテーマとした。現存する作品は、三井本館（重文）、三越日本橋本店、交詢ビルディング（一部正面）。

店日本橋店に改名した後に1999年に閉店、跡地には2004年にCOREDO日本橋が開業しました。

建造物・インフラ

この一帯は、日本橋川などの水路と街路が絡み合いながら市街地が形成された「水の東京」といえます。川沿いには、常盤橋、一石橋、日本橋などの橋が架けられています。そのうち常盤橋は新旧二つあり、かつては、江戸城の常盤橋門がありました。徳川家康が江戸に入府したころ、この橋を通るルートが江戸城からのメインストリートだったとも言われています。古い方の旧常磐橋は、1877年に常盤橋門を解体した際に石垣の石材を用いて築造された石橋で、関東大震災後は歩行者専用橋として保存されました。その際「日本資本主義の父」とも言われる渋沢栄一の銅像も建てられました。旧常磐橋を挟んだ対岸には、日本銀行＊本店（国・重文）があります。辰野金吾がベルギー国立銀行を参考に設計したとされ、隣接して日本銀行貨幣博物館もあります。

日本橋は、1603年に幕府が江戸の町を整備する中で架けられ、五街道の起点として江戸を中心とする交通網の拠点ともなりました。現在の橋は、1911年に架けられた石造アーチ橋で、東京市の市章を手にした獅子像をはじめ、さまざまな装飾が施されているほか、国の道路元標＊も置かれています。高度成長期に日本橋川の水路の上を使って首都高速道路の高架が建設されたため、日本橋の直上も高架が覆いかぶさる形となっています。青空が見える日本橋と周辺の再開発から、高速道路の日本橋前後の区間を地下化して高架を撤去する事業が2040年の完成を目指して始まっています。日本橋川は、かつて物流の機能を担い、多くの船が行き交っていました。近年は日本橋ク

ルーズなど、水路からこのエリアを観光する事業も増えています。

高速道路の日本橋エリアは、江戸の商業の中心としても栄え、現在でも老舗が店舗を構えています。代表的な呉服店であった越後屋は、20世紀に入り三越百貨店となっています。現在の建物は、横河民輔＊の設計で1914年に建てられたものです。人形町エリアは、幕府公認の芝居小屋の中村座と市村座があったところで、人形浄瑠璃を演じる小屋もあって人形遣いが多く居たことから人形町の名が残されています。人形町では東京初のアーケード街ができたり、蛎殻町には瀬戸物市、人形町には江戸時代から節句などの人形市が開かれるなど日本橋十軒店と同様の賑わいを見せていました。1872年に水天宮が赤羽橋からこの地に移転してくると、東京を代表する商店街として発展しました。

生活文化

日本橋は美術館なども多く、日本橋三越本店の隣にある三井記念美術館は国指定重要文化財である三井本館に開設され、江戸時代以来350年におよぶ三井家の歴史の中で収集された美術工芸品が収蔵されています。国立映画アーカイブは映画フィルムや関連資料を収集・保存する日本唯一の国立映画機関です。ブリヂストン美術館を前身とするアーティゾン美術館は日本近代洋画や印象派、20世紀美術に加え、古代美術から現代美術まで多彩な楽しみを提供してくれます。

日本橋と人形町界隈には神社も多く、COREDO室町の北側にある宝くじの当選祈願で知られる福徳神社は千年以上の歴史がある商売繁盛の稲荷神社です。日本橋七福神として、笠間稲荷神社、小網神社、宝生弁財天（水天宮境内）、末廣神社、椙森神社、松島神社、茶ノ木神社

があbr>がありますが、巡拝距離が短く、日本でもっとも短時間で巡拝ができるといわれています。さらに周辺には安産祈願で知られる水天宮*や「強運厄除の神さま」小網神社、川崎大師の東京別院である薬研堀不動院など、パワースポットが数多く点在しています。

食

江戸のにぎりずしが誕生するのは、文政年間（1818-1831）と言われています。明治時代の初め頃までは屋台での営業が一般的で、東京湾で獲れて日本橋魚河岸*に水揚げされた魚を酢や塩で締めたり、煮たりという仕込みを経てにぎりずしにしていました。江戸前ずしというとにぎりずしと同義に考えられる場合も多いものの、冷蔵庫もなかった時代なので、江戸近海の魚が傷まないよう締めてからネタにする、地産地消の郷土料理であったというのが江戸前ずしの原点です。日本橋界隈には、吉野鮨本店、蛇の市本店など、そうした伝統を意識した老舗すし店が多いのが特徴です。

日本橋には老舗の洋食店がたくさんあります。看板メニューのオムライスとたんぽぽオムライスで知られるたいめいけんは、1931年に中央区新川で、泰明軒として創業しました。戦後に日本橋に移転し、屋号をたいめいけんに改めました。COREDO日本橋前のブラッスリー東洋は1966年の創業で、名物のオムライス「ドイツ風ライス」など、リーズナブルな価格でさまざまな世代から愛される洋食店です。

千疋屋総本店日本橋本店は、高級フルーツのほか、フルーツパーラーの基礎となる飲食店でもあり、その伝統メニューともいえるフルーツサンドイッチやアメリカンショートケーキで知られています。日本橋葺屋町に青果物を出

荷して販売したのが千疋屋の始まりで、1834年の創業とされています。1867年に室町の現在地に店を移して、のちに洋館三階建のつくりとし「果物食堂」を創業したのがフルーツパーラーにつながる基礎となりました。

人形町駅近くから明治座に向かう400ｍ程の通りは甘酒横丁と呼ばれています。その名の由来は、尾張屋と名乗る甘酒屋に由来します。界隈は空襲で焼け残ったことから明治・大正からの老舗が多く残っており、たい焼きの柳家、いなり寿司の志乃多寿司總本店、人形焼きの亀井堂・板倉屋など、その他にも洋食・料亭・喫茶店が懐かしい店構えで迎えてくれます。

産業

日本橋付近には、各県・地域のアンテナショップが集中しています。日本橋川よりも北の室町地区では、日本橋ふくしま館MIDETTE（福島県）、三重テラス（三重県）、日本橋とやま館（富山県）、日本橋川よりも南の日本橋地区では、ここ滋賀（滋賀県）、日本橋長崎館（長崎県）、おいでませ山口館（山口県）などが立ち並び、物販と観光案内、移住情報のほか、飲食を提供する施設もあります。山梨県の場合には「Cave de ワイン県やまなし」と銘打って、ワインと料理に特化したものとなっています。

日本銀行から浅草橋、両国橋方面の通りは、旧奥州（日光）道中の一部をなし、本町通りと呼ばれました。各地へのアクセスに優れていることから江戸の商いの中心をなしたエリアです。とくに横山町や馬喰町の付近は、19世紀の終わり頃から東日本随一の繊維問屋街となりました。新道通り沿いには、一般消費者が問屋体験できる「大江戸問屋祭り」が年に2回ほど開催されています。

*水天宮
筑後国久留米（現在の福岡県久留米市）の藩主有馬家が代々信仰していた久留米水天宮を、1818年に9代藩主有馬頼徳が三田赤羽の上屋敷に分社して祀ったことに始まる。安産子授け・病気平癒・水難除けのご利益があるとして江戸の人びとの信仰を集めるが、大名の藩邸内の社寺参拝のため毎月5日を縁日として一般開放した。

*日本橋魚河岸
日本橋よりも江戸橋方面（東側）の日本橋川左岸（北岸）にあった魚河岸。江戸時代初期に開設され、以後300年にわたって水産物流通の中枢をなしたが、関東大震災を契機に築地への移転がはかられた。跡地の日本橋寄りの地点には、乙姫をイメージした日本橋魚河岸記念碑が置かれている。

＊見附

見附とは枡のような箱型をした城門の外側に面する部分を指す建築用語。江戸城は本城、西城、吹上、北の丸や西の丸下など多数の堀割に区分された曲輪からなり、その外側には延長約14㎞におよぶ外堀をめぐらし、2代将軍徳川秀忠から3代将軍徳川家光の時代に多くの門・枡形が造られ、見張りの番兵を置いた。これを三十六見附と呼んでいる。内曲輪では、和田倉門、馬場先門、日比谷門、外桜田門（重文）、坂下門、半蔵門、田安門（重文）、雉子橋門、竹橋門、清水門（重文）、大手門など。外曲輪では虎ノ門、赤坂門、四谷門、筋違門、浅草橋門、一ツ橋門、神田橋門、常盤橋門、数寄屋橋門などがある。

＊勝海舟

（1823-1899）
本所亀沢町の旗本の家に生まれ、幕末には赤坂田町に移り、さらに赤坂本氷川坂下に屋敷を構えた。維新後は静岡に移るが、新政府に出仕して東京に戻った1872年に赤坂氷川町に新居を定め、晩年までここで暮らした。なお、『氷川清話』は氷川町時代の海舟の談話筆記である。

＊渡辺福三

（1870-1920）
日本の建築家。日本土木会社（大成建設の前身）に入社。宮内省庁舎の修繕や東宮御所（赤坂離宮）造営局技手、宮内省内匠寮技手に任ぜられる。1918年に国会議事堂の設計競技でⅠ等に当籤した。1920年にスペイン風邪で亡くなる。

観光スポット

皇居の北部から反時計回りに南部までを巡る西側のエリアは、国の機関や歴史スポットが多く分布するエリアです。

皇居の田安門をくぐり、北の丸公園に入ると日本武道館があります。1964年の東京オリンピック開催に向けて建設された施設で、現在はコンサートなどでも使用されています。

北の丸公園の向かいには靖國神社があります。幕末のペリー来航以降に生じた戦争の戦没者を祀る神社であり、なかでも第二次世界大戦の戦没者（英霊）が最も多く、終戦の日には多くの参拝者が訪れます。

靖國神社から皇居の内堀沿いに南下すると、半蔵門に辿り着きます。半蔵門は甲州街道に繋がっており、江戸城の搦手門（からめてもん）として使用されていました。そのまま、甲州街道（新宿通り）を西に進むと、外堀にぶつかり、そこには四谷見附＊跡があります。四谷見附跡近くには四ツ谷駅があり、周辺には上智大学や迎賓館赤坂離宮が立地しています。

赤坂離宮からそのまま南に降ると、赤坂見附となります。赤坂見附には山王祭（さんのうまつり）が行われる日枝神社（ひえじんじゃ）が鎮座します。日枝神社の東側は日本の政治の中心地である永田町、官公庁街の霞が関です。永田町には首相官邸や国会議事堂があり、国会議事堂内は見学が可能です。

皇居周辺には国立の文化施設が多いのも特徴です。1966年に建設された国立劇場は日本の伝統芸能を上演する劇場で、1979年には国立演芸場が併設されました。1948年から赤坂離宮を仮庁舎として国立国会図書館が開館します。その後、前川國男の設計で永田町の現在地に完成しました。

日枝神社の西側の赤坂地区には、TBSの本社屋があります。TBSビルの周辺は赤坂サカスという呼称で再開発がなされた地区で、商業施設や劇場などが集積しています。

このエリアには皇居を中心として自然を味わえる場所が複数あります。北の丸公園は、皇居の北に位置し、江戸城の北の丸であった場所を1969年に公園として開園しました。なお、北の丸公園内には警視庁、宮内庁、皇宮警察の宿舎があり、それぞれ公園内であるにもかかわらず住所が割り当てられています。

国会議事堂の東側には、国会前庭として一般に解放されている庭園があります。国会前庭は洋式の北庭と和式の南庭に分かれ、北庭には日本における測量の基準点となる日本水準原点があります。

歴史

1868（明治元）年7月に江戸が東京と改められ、9月に慶應が明治と改元されると、10月13日に明治天皇が東京に行幸して江戸城（東京城）に入りました。新政府は東京市中に樽酒を配ると、人びとは天酒頂戴といって山車や屋台を出して祭りのように祝いました。この背景には、西郷隆盛と勝海舟＊の交渉によって江戸城無血開城がなされたことがあげられます。

迎賓館赤坂離宮（東京都提供）

永田町や霞が関などの政治機能や官庁街が集中することから、この周辺では歴史的な事件が少なくありません。1932年5月15日の五・一五事件では、海軍将校たちが首相の犬養毅を襲撃し、暗殺しました。1936年2月26日の二・二六事件では、陸軍の青年将校たちが官邸や赤坂表町三丁目の高橋是清邸を襲い、永田町一帯を占拠する事件が起きています。その年は、議事堂建設の着工から16年を経た最終段階の年に起きた事件でした。議事堂建設にあたっては帝冠様式も検討されましたが、帝国議会の新議事堂はネオ・クラシシズム建築を提案した渡辺福三＊の案が選ばれ、今日の姿を見せています。

戦後、国会議事堂は国民による大規模な反対や抗議のデモ活動の対象になっており、1960年の安保闘争、1968年全共闘運動大学紛争をはじめ、近年もデモが見られます。

建造物・インフラ

竹橋を西側に坂を上ると、東京国立近代美術館にたどり着きます。日本で最初の国立美術館として、1952年に中央区京橋に開館し、1969年には現在の北の丸公園に移転しました。設計者は谷口吉郎＊です。

周辺には国会議事堂、国会図書館本館、総理大臣官邸が、そこから少し西に行った赤坂には、乃木希典将軍を祀った乃木神社、東京十社の一つである赤坂氷川神社があります。豊川稲荷東京別院は曹洞宗の寺院で、大岡越前で有名な大岡忠相が信仰していた豊川稲荷の分霊を祀っています。赤坂という場所柄から、芸能人が多く参拝することでも知られています。

迎賓館赤坂離宮（国宝）は1909年に東宮御所として片山東熊＊の設計によって建設されました。日本で唯一のネオ・バロック様式の宮殿建築は華美で、住居

＊谷口吉郎
（1904-1979）
昭和時代の建築家。金沢九谷焼窯元の子として生まれる。東京帝国大学工学部建築学科卒業。現存する作品は、慶應義塾大学日吉寄宿舎、東宮御所、帝国劇場（2代目）、東京国立近代美術館、吉川英治記念館など。

＊片山東熊
（1854-1917）
明治期の建築家。長州藩萩（現在の萩市）の下級藩士の生まれで奇兵隊、戊辰戦争に参加。工部大学校（後の東京大学工学部）造家学科1期生で、辰野金吾、曽禰達蔵らと共にコンドルの最初の学生。宮内省で赤坂離宮（国宝）など宮廷建築に関わる。現存する作品に奈良国立博物館、京都国立博物館、東京国立博物館表慶館など。

＊虎屋
1520年代に京都で創業した虎屋は、1869年に東京へ進出した。現在、本社が港区赤坂に置かれているが、赤坂へ店舗等を開設したのは1879年のことである。

＊赤坂をどり
新橋・赤坂・芳町・神楽坂・浅草・向島の花街を「東京六花街」と呼んだ。赤坂は1880年代に溜池周辺に官公庁が集まったことで、政財界・陸軍の要人らが多く利用した。赤坂をどりは芸者衆が年1回芸事を披露する晴れ舞台として1949年に三越劇場で始めたのが最初。近年はTBS赤坂ACTシアターでほぼ毎年開催される。

＊節分のお化け
節分の2月の閑散期に、通常とは異なるさまざまな扮装で賑わう集客イベント。

としても不便だったことから皇太子嘉仁親王（大正天皇）はほとんど使わず、即位後は赤坂離宮と改称されました。戦後、国に移管され、外国賓客の迎賓館として1974年に改修されました。最初の国賓はアメリカ合衆国のフォード大統領でした。2009年に近代以降の建造物として初の国宝に指定され一般公開されています。

生活文化

桜の名所として知られる千鳥ヶ淵には、靖国通りから北の丸公園に沿って整備された700メートルに及ぶ遊歩道があり、ソメイヨシノをはじめとする約260本もの桜の木が、3月下旬から4月上旬にかけて花を咲かせます。ボートからは連なる桜の枝を水面から仰ぐことができ、ライトアップの時期には、水面に映る夜桜の幻想的な風景が楽しめます。

みたままつり（7月中旬）で知られる靖國神社もお花見のスポットで、境内には東京管区気象台が開花を観測するために指定した標準木があります。日枝神社の祭礼である山王祭は、江戸時代には将軍の上覧があることから、神田祭とともに天下祭と呼ばれました。隔年の6月に開催されるスタイルは現代にも受け継がれ、神輿や山車の行列が都心を練り歩く様は、江戸の賑わいを今に伝えています。

北の丸公園内にある参加体験型の展示がある科学技術館や、東京メトロ半蔵門駅に近い、日本のカメラの発展史を系統的に紹介する日本カメラ博物館などの施設があります。

番町文人通りは、麹町大通りと大妻通りをつなぐ道で、付近には、島崎藤村（1872-1943）、泉鏡花（1873-1939）、有島武郎（1878-1923）・生馬（1882-1974）・里見弴（1888-1983）兄弟、与謝野晶子（1878-1942）・鉄幹（1873-1935）

夫妻など、明治期以降、多くの文学者が住んでいました。一帯が舞台となった作品とともに、文学散歩を楽しむことができます。

食・産業

東京には数多くの老舗和菓子店があります。その代表格の1つが赤坂にある虎屋＊です。販売店は、赤坂店を含めた国内外10店舗の直営店をはじめ80以上にのぼっています。

赤坂は、明治時代初期から軍人関係者で賑わった街でしたが、政治の表舞台に近い赤坂では、政治家や官僚も芸妓を置く花街を利用していました。戦後経済が上向き始めると料亭に加え、バーやスナックやクラブなどが増え、政治家による待合政治に批判が集まった時期もあったものの、赤坂をどり＊や節分のお化け＊などの催しで近年賑わいを取り戻しています。

1-5 神田・神保町・お茶の水・秋葉原・湯島・本郷

▒観光スポット

　文京区には、19の国立・私立の大学・短期大学があり、そのうち本郷には東京大学のキャンパスがあります。赤門（重文）は、加賀藩が将軍家から輿入れする姫を迎えるために建てられたもので、安田講堂（重文）と並んで東大のシンボルとして同大を目指す多くの受験生のほか、観光客も立ち寄ることの多い場所です。本郷キャンパスの一部は加賀藩前田家の上屋敷跡で、その中にある育徳園心字池は、夏目漱石の「三四郎」の舞台になったことから三四郎池と呼ばれています。また、本郷キャンパス西側にある菊坂は、本郷通りの本郷三丁目近くから西片一丁目まで北西に続くゆるやかな坂で、住宅

と商店が入り交じるこの界隈には、樋口一葉や石川啄木、宮沢賢治など、明治大正期の著名な文人たちが暮らしていたことで知られています。

　上野とお茶の水の間に位置する湯島は、北側に湯島天満宮、南に東京医科歯科大学があり、静かな住宅地とオフィスビルが混在しています。湯島天満宮は、江戸時代から多くの学者や文人からの崇敬を受け、現在は学問の神様として知られているほか、境内に咲く梅の名所としても人気を集めています。

　秋葉原*は、昭和の時代から長く電気街でしたが、オタクと呼ばれるマニアが集まる場所としてイメージが変わりました。同時に、海外で日本のサブカルチャーが注目を集め、秋葉原はその聖地と見ら

＊秋葉原
江戸時代初期は大名や旗本の屋敷地が多かったが、人口拡大と火事を機に移転し、代わりに町人地が増えた。1870年の大火後に空き地にして火防の秋葉神社を祀ったことが地名の由来とされる。空き地は秋葉の原と呼ばれ、ヒラキと呼ばれる大道芸の小屋が掛かり軽業や相撲、講談やかっぽれ、イタリアのチャリネ曲馬団のサーカス興行が行われた。秋葉神社は1888年に鉄道附設（東北本線）で下谷入谷町（台東区松が谷）に遷った。秋葉をアキハ、アキバ、アキワと読むことには諸説ある。

秋葉原 （(公財) 東京観光財団提供）

＊万世橋
1872年に筋違見附が壊され、その石材で神田川に架かる万世橋が造られた。現在のアーチ橋は1930年の架橋。国道17号線（中山道）と神田川の結節点として、青物商や米・薪炭・竹の問屋が多く並ぶ商業地だった。

東京大学安田講堂 （公財）東京観光財団提供

神田古書店街 （公財）東京観光財団提供

＊安田講堂
日本の実業家で安田財閥の創始者の安田善次郎（1838-1921）が匿名で100万円を寄付して建設された。死後、そのことが知られるようになって、安田講堂と呼ばれる。基本設計は東京大学建築学科の内田祥三が手掛けた。国の登録有形文化財。

＊全共闘
正確には全学共闘会議という。1968年から翌年に、日本各地の大学でセクトを超えた学生運動の連合体。なかでも日大全共闘と東大全共闘が有名で、後に全国的な組織である「全共闘」も結成された。

＊広瀬武夫
（1868-1904）
現在の大分県竹田氏に生まれた。日本海軍の軍人。柔道家。日清戦争後にロシアへ留学し、ロシア語を学び、ロシア駐在武官となる。日露戦争で旅順港閉塞作戦中に砲弾を受け戦死。日本初の軍神として、竹田市に広瀬神社が創建された。万世橋駅前には1910年に銅像が建てられたが、1947年に戦犯銅像として東京都によって撤去された。

＊江戸の六上水
徳川家康が1590年に江戸に入府した後、江戸城下の低地帯の井戸は海水が混じったため、市中に水を供給することが急務であった。井の頭池を水源とする神田上水（1600年頃）、多摩川の羽村取水堰から玉川上水（1653年）、埼玉県越谷の瓦曽根溜井から取水する本所上水（明暦の大火後）、玉川上水から分水した青山上水、三田上水、千川上水の6つを指す。神田・玉川上水以外は1722年に廃止されている。

れるようになりました。

　JRグループはJR秋葉原駅－御徒町駅間の高架下を利用した商業施設を展開していて、ものづくりや職人、クリエーターがテーマのショップ、食文化がテーマの食品店とカフェ、新たなモノ、コト、出会いが生まれる場所がテーマのショップやホテルがあります。マーチエキュート神田万世橋は、1912年に完成した赤レンガ造りの万世橋＊高架橋にある商業施設で、駅の遺構を再利用しています。

　神田は、東京の下町を代表するエリアの1つで、神田神保町や神田猿楽町、神田岩本町など、神田を冠する地名が多いことでも知られています。神田駅西口商店街は、下町を感じることのできるスポットの1つです。

▐歴史

　東京大学の東側、弥生町には向ヶ岡貝塚があり、そこから弥生土器が1884年最初に発掘されました。東京大学の学生だった坪井正五郎らにより壺形土器が見つかり、その地名から弥生土器と名付けられ、弥生時代の由来になりました。この場所は、弥生二丁目遺跡として国史跡に指定されています。

　また東京大学に建つ安田講堂＊は、「東大安田講堂事件」の舞台です。1968年から学生等が全学共闘会議（全共闘＊）を組

織し、全国の大学で大学紛争が起きていました。安田講堂を占拠しましたが、警視庁は翌年1月に機動隊により封鎖を解除しました。その様子は全国にテレビ中継され、大きく報道されました。

　万世橋駅は中央線の御茶ノ水駅と神田駅の間にあり、1912年に出来た辰野金吾が設計した赤煉瓦造の駅でした。駅前広場には、日露戦争の英雄広瀬武夫＊の銅像が建てられました。市電も走り賑わっていましたが、1923年の関東大震災で焼失し、その後再建されましたが、利用客は減少し1943年に廃止されました。

　御茶ノ水駅の北側には深い谷のような堀があり、そこに中央線・総武線・丸ノ内線の電車が走り、電車好きには魅力的なスポットです。この堀は、仙台堀といい、江戸初期に初代仙台藩主伊達政宗が氾濫対策と外堀を築く目的で人工的に掘ったものです。江戸城の総曲輪の外堀として、水道橋駅辺りから江戸城方面に向かっていた平川の流れを東に変えて、隅田川に流したのです。この近くにあった寺院の、茶に適した良い水が有名になり、「お茶の水」という地名が付きました。この仙台堀の北側には江戸の六上水＊で一番古い神田上水があり、そこから石組の水道管が発掘され、近くの東京都水道資料館に移設し、野外展示されています。隣の駅名「水道橋」も、神田上水の掛樋（水

道の橋）が仙台堀をまたいでいたことによります。

神田山の台地

　この一帯は、神田山の丘陵を中心に御茶ノ水の渓谷を挟んで、湯島側に孔子を祀る湯島聖堂、駿河台側にロシア正教の聖堂であるニコライ堂（国・重文）が向き合っています。ジョサイア・コンドルの設計により建設されたニコライ堂は東京復活大聖堂が正式名称で、現在、日本正教会の首座主教座が置かれています。二つの聖地を結んでいる聖橋は、建築家山田守*による設計で、1927年に完成した鉄筋コンクリートアーチ橋です。

　神田川クルーズでは、御茶ノ水の渓谷を水面から見上げることができます。聖橋は、水面から見上げた際に美しく見えるようにデザインされているといいます。

　湯島側に建つ湯島聖堂（国・史跡）は、5代将軍徳川綱吉が、それまで上野忍ヶ岡の林羅山の邸内に造営した孔子廟（先聖殿）と教育施設を1690年に現在の地に移し、「聖堂」と呼ぶようになりました。教育施設は、1797年には幕府直轄の学校である昌平坂学問所（昌平黌）となり、後の東京大学につながります。湯島聖堂には「日本の学校教育発祥の地」の掲示があります。

　神田明神*は、創建が奈良時代に遡るとされる非常に古い神社で、江戸時代の初めに現在地に遷座しました。平安時代以降、平将門が祭神として祀られ、江戸の総鎮守として多くの人びとの信仰を集めました。神田祭は「天下祭*」としても知られています。門前には、1846年創業の天野屋*が店を構えており、店舗の地下の室で作った麹を使った甘酒が名物となっています。

生活文化

　東大赤門から本郷通りを南に下って西に入るとトーキョーアーツアンドスペース本郷があります。ここはもともと若手

*山田守
（1894-1966）
日本の建築家。東京帝国大学卒業。通信省を中心に活躍し、東京中央電信局（1925年）など、曲線を多用する建築を得意とした。

*神田明神（神田神社）
平将門は下総北部を拠点に、自ら新皇と称し関東の独立を図ったが、940年に平貞盛らに討たれた。その後、平安京でさらされた将門の首が東国に向かって飛来した地が現在の将門塚の地といわれている。
神田明神は1616年に現在地に移転しているが、1874年8月に平将門を祭神から外して別祠に移し、代わりに大洗磯前神社の少彦名命（すくなひこなのみこと）を分霊し祭神とした。これは天皇家にとっての逆臣である将門を祀ることへの配慮といわれる。なお、1984年に将門は祭神に復帰している。

*天下祭
神田明神（現・神田神社）の神田祭、山王権現（現・日枝神社）の山王祭は隔年で神輿と山車の行列が江戸城に入ることを許され、将軍の上覧に供せられたことから、天下祭・御用祭と称された。

*天野屋
地盤が比較的安定しているうえ、保湿性が高い神田山の台地には、かつては室で麹を自家製造する店が数多くあったが、現在ではこの一店を残すのみとなっている。

神田祭（（公財）東京観光財団提供）

＊三種の神器
日本神話に出る「八咫鏡」「天叢雲剣（草薙剣）」「八尺瓊勾玉」になぞらえて、1950年代後半に普及しはじめた新しい家庭用電気器具の「白黒テレビ」「洗濯機」「冷蔵庫」を指して呼称した。1960年代半ばには、「カラーテレビ」「クーラー」「マイカー」が新・三種の神器と呼ばれ、頭文字から３Ｃとも呼んだ。

アーティストの育成支援機関トーキョーワンダーサイトとして開館し、展覧会や公演、実験的な試みのサポートなどを行ってきました。2017年に現在の名称に変わり、滞在、調査、制作、展示を総合的に行う東京の国際的なアートセンターとしてさまざまなプログラムを打ち出しています。

本郷三丁目から春日通りを東に向かうと湯島天満宮があり、文京花の五大まつりの1つである、文京菊まつりが毎年11月に開催されます。本郷通りから蔵前橋通りに入るとお茶の水おりがみ会館があり、折り紙アートに特化した展示とイベントを行っています。

お茶の水橋を渡ると楽器店が並び、その先の明治大学アカデミーコモンに明治大学博物館があります。刑事部門・商品部門・考古学部門および大学史展示室から構成されます。また、明治大学は神田猿楽町にマンガとサブカルチャーの専門図書館である米沢嘉博記念図書館を開設しています。

靖国通りを東に岩本町方面まで行くと、毎年11月下旬と12月上旬に秋葉原繊維問屋街祭り「岩本町・東神田ファミリーバザール」が開催されます。ここでは約170以上の卸売問屋が出店し、服飾、アクセサリー、靴などが卸値価格で販売されます。

その北にある秋葉原はサブカルのまちとして、AKB48劇場やメイド喫茶が立地するほか、ガレージキットメーカーの海洋堂のアンテナショップである海洋堂ホビーロビー東京があります。人気キャラクターから仏像や動物、恐竜など幅広く精巧なフィギュアやカプセルトイが豊富にそろっています。

▨食・産業

昌平坂をくだると秋葉原の街に出ます。戦後のヤミ市を起源にした電気街は、1950年代の三種の神器＊の購入や、家電ブームにのって成長した後、問屋街から小売り電気街へと変質します。大手量販店もこの地で成長を遂げました。1970年代後半以降は小型マイコンやゲームの販売店が増加し始め、その傾向は90年代に顕著となりました。今日では、パソコンや家電に加えて少女アニメやアイドルグッズを売る店、さらにはメイド系の店舗（グッズ販売、カフェなど）が増加しています。

かつて秋葉原駅の北口にあった神田青果市場は、1990年に大田区へ移転しました。市場跡には、「神田青果市場発祥之地」の碑が残されていますが、その跡地は「東京構想2000」の下で再開発が進み、秋葉原ダイビルと秋葉原UDXへ生まれ変わりました。

淡路町から小川町、駿河台下にかけての靖国通り沿いには、1970年代から徐々にスキー用品や登山用品をはじめとしてスポーツ用品店が増加しました。さらに駿河台下から神保町、専大前交差点にかけては、大学を含む多くの学校が立地していることもあり、古書店を中心に軒を連ねて、世界的に知られた「本の街」を形成し、毎年秋に行われる「神田古本まつり」や「神保町ブックフェスティバル」は多くの来訪者でにぎわっています。

神田神保町を中心とした神田界隈は、1990年代からのエスニックブームに加えて、カレーの名店をメディアが取り上げたことで、「カレーの街」としての性格が定着してきました。2011年からは、神田カレー街活性化委員会の下、カレーグランプリが開催されています。

観光スポット

神楽坂は、早稲田通りをJR飯田橋駅に向かう途中、大久保通りとの交差点から外堀通り交差点に下る長い坂です。神楽坂には高田穴八幡の御旅所*や若宮八幡社の神楽の演奏の音にまつわる伝承からその名がついたといわれています。今も坂の周辺には毘沙門天を祀る善國寺、赤城神社など多くの寺社が点在しています。

近辺には明治時代から尾崎紅葉・泉鏡花などが住み、夏目漱石も住まいのある早稲田から通ったりしていました。大正時代には露天商が並ぶ賑わいを見せたことから山の手銀座といわれ、今もなお細い脇道の横丁や路地裏を散歩する観光客の多いところです。

神楽坂を下りて外堀を越えたあたりには縁結びにご利益のある東京大神宮がパワースポットとして人気を集めています。

外堀通りを北東へ向かい文京区後楽に足を運ぶと都立庭園の小石川後楽園（国の特別史跡・特別名勝）があります。この庭園は1629年に水戸徳川家の上屋敷に造られた回遊式築山泉水の日本庭園が有名です。初代藩主の徳川頼房が徳大寺佐兵衛に命じて造らせ、さらに2代藩主の徳川光圀*が中国趣味を取り入れて完成させます。庭園の一部は昭和時代のレジャースポットとなる後楽園ゆうえんちや後楽園ホールが造られ、今もなお東京ドームシティとして東京都心のアミューズメントエリアを形成しています。

にぎやかな後楽園や文京シビックセンター（文京区役所と文京シビックホール）

周辺から春日通りを北に向かうと傳通院*があります。ここは徳川家康の生母の於大の方の墓をはじめ、徳川ゆかりの墓や近代以降では文化人の墓が多くあります。さらに大塚には1681年に5代将軍徳川綱吉の母、桂昌院の祈願寺として建立された護国寺があり、平堂は重要文化財に指定されています。特定の檀家を持たなかったため、明治以降の三条実美、山縣有朋、大隈重信、大倉喜八郎、團琢磨、ジョサイア・コンドル、安田善次郎などの著名人の墓が多くあります。寺内のツツジは4月下旬から5月にかけて見頃となり人気スポットです。

目白通りと新目白通りにはさまれた目白台の閑静な住宅街の中に旧熊本藩細川家伝来の美術・歴史資料を収蔵する永青文庫があります。隣接する肥後細川庭園は目白台地が神田川に落ち込む斜面をうまく取り入れ、湧水を生かした池泉回遊式庭園です。胸突坂を挟んだ東に椿山荘があります。久留里藩(現・千葉県君津市)黒田家の下屋敷を山縣有朋が1878年に購入して椿山荘と名付けて住まいとしました。後に藤田財閥*が譲り受け、戦後は藤田観光が結婚式などの宴会場を開業し、ホテル椿山荘東京として和のおもてなしを受け継いでいます。

不忍通りを東に向かい本郷通りとの交差点に六義園*があります。この庭園は5代将軍徳川綱吉の側用人柳沢吉保が綱吉から拝領し、回遊式築山泉水庭園として幕末まで使用します。三菱財閥の岩崎弥太郎が購入し、関東大震災の影響もほとんどなく東京市に寄贈され、東京大空

＊御旅所
祭礼でご神体を乗せた神輿が巡行中に休憩または宿泊するために立ち寄る場所のこと。

＊徳川光圀
(1628-1701)
江戸時代前期の大名。徳川御三家、常陸水戸藩2代藩主。徳川家康の孫にあたる。儒学を奨励し、彰考館を設けて『大日本史』の修史編纂を行い、水戸学の基礎を作った人物。諸国を行脚しながら民百姓を助けるキャラクターはすでに江戸時代末期からあったとされ、講談や歌舞伎やテレビドラマの題材にされた。極官（最高の官職）は権中納言で、唐名では黄門となることから水戸黄門と呼ばれた。

＊傳通院
文京区小石川の高台にある浄土宗寺院。無量山傳通院寿経寺。通称は小石川伝通院。徳川家康の生母である於大の方が京都伏見城で亡くなり、遺骸を江戸で火葬し、位牌を蒲郡の安楽寺に置き、1608年に堂宇を建て、増上寺に次ぐ徳川将軍家の菩提寺となった。2代将軍徳川秀忠の娘で、豊臣秀頼の妻、後に本多忠刻の妻となる千姫の墓もある。江戸三十三箇所観音札所の第十二番札所。

六義園（（公財）東京観光財団提供）

襲の被害もなく特別名勝に指定されています。

歴史

文京区白山にある小石川植物園は、1684年に幕府が設けた小石川御薬園に始まります。小石川養生所は、目安箱*への投書から園内に設置されます。現在の正式名称は「東京大学大学院理学系研究科附属植物園本園」（小石川植物園）は国の名勝および史跡に指定され、園内には旧東京医学校本館（重文）をはじめ、建物でも見るべきものがあります。

本郷の八百屋の娘お七は、放火の罪で1683年に処刑されますが史実ははっきりしません。この事件の3年後、井原西鶴*が『好色五人女』のなかで恋人会いたさから自宅に放火し、鈴ヶ森の刑場*で火あぶりにされる悲劇に仕立てられ、その後の芸能や文学などに大きな影響を与えることになります。

建造物・インフラ

明治維新後、小石川後楽園の庭園以外の屋敷の大半は、陸軍の軍需工場の東京砲兵工廠*が置かれました。1937年跡地に建てられたのが日本初の職業野球専用の後楽園球場（正式名は後楽園スタヂアム）でした。高度経済成長でテレビが普及し、東京読売巨人軍の活躍で野球が国民的スポーツとなり、王貞治の本塁打をめぐる記録もこの球場から生み出されました。同じ場所に全天候型多目的スタジアムの東京ドーム*が、1988年に開場しました。さらに柔道の総本山である講道館もあり、このエリアにはスポーツ関係の施設が建ち並んでいます。

1955年には後楽園ゆうえんちができ、2003年にショッピングセンターと日帰り入浴施設とアトラクションを楽しむラクーアを開業、遊園地からの脱却を目指してランドからゾーンと名前を変え、施

設名称も東京ドームシティアトラクションズと変更しています。後楽園ホールは1962年に開場し、当初はボーリング、サウナ、レストランなどがメインでしたが、ボクシングやプロレス等の格闘技の聖地と呼ばれます。東京ドームホテル*は旧後楽園球場の再開発により2000年に竣工開業し、都市型複合レジャーを構成する東京ドームシティの全体像が完成しました。東京都心のアミューズメントエリアとして長い歴史と大きな存在感を示しています。

生活文化

「駒込のお富士さん」の名で親しまれている本駒込の富士神社では、今も6月30日〜7月2日の山開きの大祭の際に、悪疫除けの麦藁細工の蛇などが購入できます。

また、昭和初期創設の新宿山ノ手七福神めぐりは、正月だけではなく年間を通して七福神めぐりができます。このエリアでは、宝生流の拠点である宝生能楽堂と登録有形文化財の矢来能楽堂の二つの能楽堂で、能や狂言に親しむことができます。

小石川の傳通院には、徳川家ゆかりの人物の墓のほか、佐藤春夫、柴田錬三郎といった、大正期から昭和期に活躍した文学者らの墓所があります。夏目漱石も傳通院近くに下宿していた時期があり、小説『こころ』でこの地に触れています。また、元官僚で『団塊の世代』や『峠の群像』などの小説を書いた堺屋太一もここに眠っています。ほど近い厳浄院には、江戸時代前期の俳人・山口素堂の墓と「目には青葉　山ほととぎす　初鰹」の句の碑が、蓮光寺には江戸後期の北方探検家・最上徳内、高林寺には江戸後期の蘭学者・緒方洪庵、吉祥寺には明治期

＊東京砲兵工廠
1871年に設立された陸軍の兵器工場。関東大震災後に福岡県小倉に移転し、その跡地が球場として整備され、使われた。

＊東京ドーム
1988年開場から2000年までの愛称はBIG EGG(ビッグエッグ)。収容人員（野球時）約46,000人、最長距離センター122m、両翼100m。日本初のエアドーム建築で28本のケーブルとフッ素樹脂コーティングガラス繊維織布の屋根に、空気加圧で屋根を支えている。設計は日建設計、竹中工務店、施工は竹中工務店。

＊東京ドームホテル
2000年竣工で同年6月に開業。設計は丹下健三。地上43階、地下3階、高さ155m。ホテル客室数は1006室。

南西から俯瞰する東京ドームシティ、白い施設が東京ドーム、隣の森が小石川後楽園。左奥の白い高層ビルが文京区役所、左手前の黒いビルが住友不動産飯田橋ファーストタワー。（東京都提供）

＊アンスティチュ・
フランセ東京
（旧東京日仏学院）
フランス政府が運営するフランス文化の普及を目的とした日仏文化交流の拠点で、フランス語講座や映画上映会、展覧会、音楽や演劇、講演会などさまざまな文化イベントが行われている。代々フランス大使館の文化参事官が代表を兼任している。旧東京日仏学院はル・コルビジエに学んだ板倉準三が設計し1952年に竣工創立。70年を経て新進気鋭の建築家藤本壮介によって改修され2021年リニューアルオープンした。

＊関口教会
文京区関口にあるカトリック教会。東京カテドラル聖マリア聖堂として知られる。1877年に来日した初代司教のピエール・マリー・オズーフは、教会のための土地を求めて1886年に信者名義で現在の関口教会の地を購入。1899年に聖堂を建立し、学校や職業訓練を兼ねた教会がスタートした。1964年に丹下健三設計による現在の聖堂が完成し、モダン建築としても優れた評価を得ている。吉田茂、丹下健三の葬儀が行われた。

の小説家・川上眉山、圓乗寺には放火事件を起こし極刑となった八百家お七、本念寺には江戸後期の狂歌師で戯作者の大田南畝、深光寺には江戸後期の読本作家・滝沢馬琴、稱名寺には、江戸後期の滑稽本作者・滝亭鯉丈、還国寺には大正期から昭和期の落語家・5代目古今亭志ん生が眠っています。

随筆家・考証家としても名高い幸田露伴が、1914年から1945年に疎開するまで過ごした小石川蝸牛庵は空襲で焼失しましたが、跡地にはのちに作家となる次女の幸田文が住みました。夭折の歌人・石川啄木終焉の地には、第二詩集『悲しき玩具』の歌碑が建てられ、顕彰室では、その足跡をたどることができます。また、小石川の地で生育し随筆『伝通院』を記した永井荷風は、日本の表面的な近代化に反発、江戸の名残を探しながら都市の変化を観察し、優れた随筆、小説、日記を残しました。

食・産業

神楽坂には20店舗ほどのフレンチレストラン、ビストロがあります。ミシュランガイド掲載店からカジュアルフレンチまでバラエティに富み、店の構えもパリのビストロ風のものから料亭をコンバージョン（転換）したものまで多様です。神楽坂にフレンチのお店が多いのは、フランス政府の運営する**アンスティチュ・フランセ東京（旧東京日仏学院）**＊が付近に位置することに加え、神楽坂の風景がパリのモンマルトルの丘の付近に通ずるものがあるからと考えることもできます。

江戸川橋の駅から目白台方面に向かうと、1888年創業の関口フランスパンの目白坂本店があります。イートインも可能な店舗にはバゲットはもとより100種類以上の商品が並べられています。こ

のお店は小石川関口教会（現在の関口教会＊）の運営する児童養護施設の子供たちに職を身につけさせるという目的のためにペトロ・レイ師の発案によって始められたものです。

幕末から昭和の初めにかけて小石川・音羽地域（文京区）を中心に紙すき業（ちり紙・封筒紙）が営まれていました。明治時代中頃からは本や雑誌など出版物が増えると洋紙に取って代わり、印刷業も増えていきます。また千代田区・文京区・新宿区は官庁や学校が多いことも産業を支えていました。大正時代に神田川の水が汚れ、印刷業の一部が板橋区（志村）に移転しますが、水道橋から小石川の方にかけて、飯田橋から市ヶ谷および江戸川橋の方にかけては、現在でも有数の印刷産業の地帯です。印刷需要は減少傾向ですが、有力な印刷会社が今もこの地域に拠点を残しています。凸版印刷が運営する印刷博物館では日本の印刷の歴史がわかります。

1-7 築地・月島・佃島

▓観光スポット

銀座四丁目の交差点から晴海通りを800メートルほど東に行くと築地です。築地には昭和・平成時代の東京都民の台所として大きな役割を果たした築地市場がありましたが、2018年に豊洲に移転しました。

築地はその名のように、海岸部を築き立ててできた造成地で、周辺には、入船、八丁堀、湊などの海や河に関する地名や町名が残され、当時の景観が想像できます。明石町は開国以降、外国人居留地として発達し、近代の歴史を垣間見ることができるエリアです。

隅田川沿いには緩斜面のスーパー堤防が整備され、壁面の模様や川面を見ながらテラスを歩くことができます。テラスを南に向かうと勝鬨橋が見えてきます。大江戸線が開通すると月島や勝どきの海運関係の倉庫群の再開発が急速に進展し、トランクルームやタワーマンションが林立しました。

月島も1892年に隅田川河口にできた築島（人工島）で、1988年の有楽町線の開通以来、月島西仲通り商店街の月島もんじゃストリートに人気が集まっています。

3年ごとに本祭りとなる住吉神社の佃祭は八角形の宮神輿が海上渡御します。神輿と獅子が西仲通りを月島から勝どきに渡御し、佃島の盆踊（都無形民俗文化

築地本願寺（（公財）東京観光財団提供）

*ウォーターフロント
船からトラックなどの物流の変化から港湾部の荒廃が問題となる。東京では、佃島、天王洲、臨海副都心（お台場・有明）、汐留、葛西が該当し、当初の工業・港湾施設の再開発から、商業・住宅用地に変更されていった。

*前野良沢
(1723-1803)
日本の蘭学者の開祖。福岡藩江戸詰藩士・源新介の子として江戸牛込に生まれた。幼少で両親を亡くしたため医者宮田全沢に養われ、全沢の妻の実家で中津藩の医師前野家の養子となり、中津藩医となる。1770年に長崎へ赴き、留学中に手に入れた西洋の解剖書『ターヘル・アナトミア』を杉田玄白らと翻訳し、『解体新書』刊行したが、自らの名前は出さなかった。

*杉田玄白
(1733-1817)
牛込の小浜藩酒井家の下屋敷に小浜藩医杉田玄甫三男として生まれる。青年期には漢学を宮瀬竜門に、蘭方外科を幕府医官西玄哲に学び、小浜藩医となる。その後江戸参府のオランダ商館長やオランダ通詞に会い、『ターヘル・アナトミア』を入手した。1771年に前野良沢、中川淳庵らと小塚原刑場で女囚刑死体の腑分けを実見して『ターヘル・アナトミア』の正確性を知り、同志とともに同書の翻訳を行い、『解体新書』を刊行した。

＊長谷川平蔵
(1745 -1795)
旗本である長谷川宣雄の長男として生まれる。名は宣以（のぶため）1773年に、家督を継ぎ、小普請組入りし、江戸城西の丸書院番に任ぜられてからは順調に昇進し、1787年に老中松平定信の人事で火付盗賊改に任ぜられた。また、平蔵は市中の無宿人を収容して授産事業を行うための人足寄場建設を建議し、1790年に完成した石川島人足寄場取扱を命じられたが2年後に罷免され、以後は1795年に死去する3ヶ月前まで火付盗賊改役に専念した。

＊伊東忠太
(1867-1954)
出羽国米沢出身。帝国大学工科大学で建築を学び、日本建築史を創始した。主な作品、東京大学正門（登録有形文化財）、一橋大学兼松講堂（登録有形文化財）、靖國神社遊就館（登録有形文化財）、震災祈念堂（東京都慰霊堂本堂）。

財）も念仏踊りの流れをくむ古いスタイルを今に伝えています。石川島公園からは永代橋、佃公園からは佃大橋と聖路加国際病院が見える美観地で、東京ウォーターフロント＊開発の先駆けとなった大川端リバーシティ21のタワーマンションが建っています。佃の古い町並みの風景とその北側に広がる超高層マンションの対比は、映画やドラマでもよく使われると同時に、東京が水の都市だということを感じさせるエリアとなります。

歴史

鎖国がおこなわれていた江戸時代にも、海外との交流や理解は進められていました。中津藩奥平家の藩医で蘭学者の前野良沢＊は、杉田玄白＊らと共に築地にあった同藩の中屋敷でオランダ語の医書『ターヘル・アナトミア』の翻訳に取り組み、『解体新書』5巻を完成させました。現在築地の聖ルカ通りにこれを記念した蘭学事始の地の碑が置かれています。

幕末の築地には、海軍士官の養成のための軍艦操練所が江戸幕府によって設置されました。明治になると、外国人の居留および交易区域として政府が定めた築地外国人居留地が設けられました。商館の多かった横浜や神戸などと異なり、外国公使館や領事館をはじめ教会や学校などが数多く開かれ、海外からの宣教師・医師・教師などが多く暮らしていました。

徳川家康は江戸入府後まもなく、摂津国佃村の漁師達を江戸に住まわせ、江戸湾近辺での自由漁業を許可しました。漁師たちはその見返りとして、江戸城への魚の納入を命じられ、なかでも白魚は徳川家で珍重され、献上されていました。

寛永年間（1624－1644）になると、佃の漁師らは徳川幕府の庇護のもと、隅田川の出洲の一角に土地を築立てて1644年に島を造成し、江戸内湾漁業の根拠地としました。これが佃島のはじまりです。翌年に佃の渡しが始まり、翌々年には佃島に住吉神社が遷座しました。

一方、佃島の北に隣接する石川島は、もともと隅田川河口の三角州として発達していた土地を、寛永年間に船手頭の石川八左衛門が徳川家光から拝領し、島に築立てたのがはじまりです。1790年には、長谷川平蔵＊の建議を容れた老中松平定信が、石川島と佃島の間の沼を埋め立てた地に人足寄場を設置し、江戸府内における無宿人などを収容し、職業訓練を施しました。

建造物・インフラ

築地本願寺は、創建当時は浅草の近くにあったものの、1657年の明暦の大火により焼失し、海を埋め立てて土地を築き本堂を再建したため「築地」本願寺と呼ばれるようになりました。1923年の関東大震災によって本堂を焼失し、現在の本堂は1934年の再建です。設計は伊東忠太＊でインド等アジアの古代仏教建築を模した外観や本堂入り口のステンドグラス、数多くの動物の彫刻などが特徴的な一方、内部は和の意匠が施され、重要文化財に指定されています。

震災後、墓所は杉並区和田堀廟所に移転しました。加えて、震災復興を機に整備された晴海通りによって境内が二つに分断されたことや、隣地に魚市場が移転してきたこともあり、墓所の跡地は次第に築地場外市場へと変化し、海産物を中心とした小売店や飲食店、調理道具の店が集まる場所となりました。

当時、築地の埋立て工事は波の影響で難航を極めました。ある夜海を漂う御神体を見つけ、お祀りしたところ、波風がおさまり埋立ては順調に行われました。その神社が波除神社で、年中行事の中でも特に、疫病除けとして夏に行われる「つ

きじ獅子祭」が有名です。

　勝鬨橋は、第二次世界大戦前に開催を予定されていた**日本万国博覧会**[*]へのメインゲートとして建造が始まり、1940年に完成します。完成当時は跳開橋（ちょうかいきょう）として東洋一の規模を誇っていたものの、船の減少・自動車交通量の増加により、1970年の開閉を最後に開かずの橋となっています。橋を開くために使っていた変電所内は展示室として改修され、勝鬨橋をはじめ隅田川の橋について、貴重な資料や関連情報等を展示・公開しています。

　佃島へのアクセスは長い間船によって行われていました。佃島と対岸の船松町（佃大橋西詰付近）との間に1645年に通ったのが、佃の渡しと呼ばれる渡し舟です。1964年に佃大橋ができるまでの約300年間続きました。大正時代には東京市の運営となり、蒸気船による曳舟渡船（通称ポンポン船）が使われていました。

　現在の東京都中央区佃に位置した石川島には、1856年に水戸藩により石川島造船所が創設され、現在の株式会社IHIの母体となりました。現・IHIの佃工場は1979年に役割を終え、跡地はタワー型超高層マンションの原型となった大川端リバーシティ21と名付けられ、東京都のウォーターフロント開発計画の先駆けとなりました。

生活文化

　月島界隈は、ドラマや映画などでしばしばロケ地として利用されていますが、文芸でも浅田次郎『月島慕情』、四方田犬

築地魚河岸（中央区都市整備公社提供）

彦『月島物語』の舞台であり、タワーマンションが林立しながらも、路地と長屋が残る、現在と過去が同居するまちといえるでしょう。月島の隣に位置する佃も同様で羽海野チカによる漫画『3月のライオン』の実写映画でも、朱塗りの佃小橋とタワーマンションが登場します。

食・産業

　築地には1935年から2018年まで築地市場が置かれていました。市場は豊洲へ移転しましたが、今なお築地場外市場には鮮魚などの販売店や飲食店など、約460店が並んでいます。さらに全国の漁協、生産・販売事業者が出店する産直市場「築地にっぽん漁港市場」を設置したり、市場移転後の築地の活気とにぎわいを継承する生鮮市場「**築地魚河岸**[*]」を中央区が建てて推進しています。月島には、東京発祥のローカルフードであるもんじゃ焼きの店舗が、**月島もんじゃストリート**[*]に約50店舗並んでいます。レバーフライや佃煮も、月島や佃の名物となっています。佃の石川島は、**日本の近代的造船業の発祥の地**[*]としても知られています。

＊日本万国博覧会
1940年「日本万国博覧会」計画のこと。1929年に民間から開催の建議があり、「日本万国博覧会協会」（1934年設立）によって準備が進められた。しかし、日中戦争（1937年）の長期化に伴い、1938年半ば頃から万博中止論が高まり、同年7月15日、万博開催の「延期」が閣議決定された。

＊築地魚河岸
中央区が設置した、仲卸を経営母体とした小売店などが入居する生鮮市場。小田原橋棟と海幸橋棟の2棟で構成される。小田原橋棟の3階には市場飯が食べられるフードコート形式の食堂や、食のイベントを開催するキッチンスタジオ、イベントスペースも設けられている。

＊月島もんじゃストリート
東京メトロ有楽町線の月島駅からほど近い西仲通り商店街を中心に54軒（月島もんじゃ振興会協同組合加盟店：2019年現在）のもんじゃ焼き店が並んでいる。

＊日本の近代的造船業の発祥の地
佃地区の北に位置する石川島は、1853年に水戸藩の徳川斉昭によって石川島造船所が創設された。のちのIHIである。創業の地の跡地となる大川端リバーシティ21には、株式会社IHI広報・IR室が運営する石川島資料館があり、造船所の創業から現在までの産業やこの地域の変化を知ることができる。

▊観光スポット

　鉄道発祥の地として知られる汐留は、旧国鉄の貨物操車場跡地を中心に進められた再開発によって、2002年には超高層のオフィスビルやホテルが建ち上がり、汐留シオサイトの愛称で生まれ変わりました。その中のカレッタ汐留*は多くの飲食店、ショップの他、広告ミュージアムやミュージカルシアターなどの文化施設を含む複合商業施設です。

　ゆりかもめの汐留駅を降りて5分程のところに浜離宮恩賜庭園があります。この庭園は将軍家の鷹狩の場で、明治になって皇室の所有となり浜離宮と名付けられます。1945年に東京都に下賜され、国の特別名勝および特別史跡に指定されました。浜離宮庭園の特徴は回遊式築山泉水庭園で都内に残る唯一の潮入り庭園で、潮の干満で風景が変わる面白さを味わえます。

　浜松町駅の東に隣接する旧芝離宮恩賜庭園は、老中大久保忠朝*が上屋敷内に作庭した楽寿園に始まる汐入回遊式泉水庭園でした。明治期に有栖川宮家の所有となり、宮内省が買い上げて芝離宮となります。1924年に皇太子の御成婚を記念して東京市に下賜され、国の名勝に指定されました。2つの庭園は、池、島、庭、植栽など日本の伝統的な文化と美意識が凝縮した都会のオアシスとして貴重な空間となっています。

　WATERS takeshiba（ウォーターズ竹芝）は、浜松町駅北口やゆりかもめ竹芝駅から歩いていける範囲にあり、JR東日本が開発したホテルやオフィス、JR東日本四季劇場[春]と[秋]、竹芝地区船着場や竹芝干潟を見せるなどを含む複合施設として2020年に竣工しました。東京湾や隅田川のクルージング、伊豆諸島や小笠原（父島）への航路の発着点としても重要なポイントエリアになります。

▊歴史

　1606年に浅野幸長*によって溜池が造成されます。溜池から流れる溜池川は江戸城の外堀として、池の水は神田上水や玉川上水が整備される前の飲み水の水源として貴重でした。その溜池に海からの汐が入らないようにしたことで、汐留の名が残されていますが、どのようなものであったかは定かではありません。

　汐留地域は海辺に近い湿地帯で、徳川家康が入府した後に天下普請によって埋め立てが行われ、大名の上屋敷が多く並ぶ武家地となりました。旧国鉄の貨物操車場には、幕末の絵図を見ると播磨国龍野藩（現・兵庫県たつの市）の脇坂家や仙台藩伊達家の上屋敷、会津藩松平家の

*カレッタ汐留
カレッタは、アカウミガメの学名Caretta Carettaに由来し、長い時を悠々と生きる亀のイメージを都市生活者のライフスタイルのイメージに合わせたもの。

*大久保忠朝
(1632-1712)
肥前国唐津藩（現・佐賀県唐津市）藩主で老中となり、佐倉藩主で老中首座、小田原藩主に国替となって、祖父の領地に復帰する。江戸時代前期から中期の大名・老中。芝離宮は佐倉城主になった年に4代将軍徳川家綱から拝領した。

*浅野幸長
(1576-1613)
江戸時代初期の武将で、豊臣秀吉五奉行の1人浅野長政の子として秀吉に仕え、文禄・慶長の役(秀吉の朝鮮侵略)にも参戦した。五奉行の石田三成と対立したことで徳川家康側につき、関ケ原の戦いで功績を上げて紀伊国37万石を与えられ、和歌山城主となった。娘の春姫が家康の九男徳川義直の正室になったことで徳川家の縁者となり弟の長晟が安芸広島藩初代藩主となり幕末まで大名として存続する。

浜離宮（(公財)東京観光財団提供）

中屋敷など広大な大名屋敷があり、明治になって大名屋敷の跡地を鉄道敷設と駅の建築に利用したことがわかります。

建造物・インフラ

1872年10月14日に新橋—横浜間の鉄道開通を前に、汐留には木造石張り2階建ての新橋停車場（新橋ステーション）がリチャード・ブリジェンス*の設計で建設され、横浜から鉄道で来た客を西洋建築の駅舎で迎え、銀座煉瓦街へと送り込む、まさに文明開化東京の玄関口となりました。

竹芝埠頭*にある竹芝客船ターミナルは、伊豆諸島をつなぐ東海汽船、小笠原の父島をつなぐ小笠原海運の船が発着する場所で、東京島しょ部への玄関口となっています。竹芝埠頭は関東大震災直後に全国から来る支援物資の陸揚げ用の貨物港として築港されました。東京湾の奥はもともと水深が浅いため大型船の接岸が難しいことと、横浜港との関係もあり開発が遅れました。関東大震災を機に本格的な埠頭建設に踏み切ることになり、1925年に日の出埠頭ができると、昭和になって芝浦埠頭、竹芝埠頭と相次いで完成します。1941年に東京港は国際港として開港します。

日の出桟橋*からは浜離宮、浅草をつなぐ航路をはじめ、お台場海浜公園、豊洲や東京ビッグサイト（有明）、パレットタウンなどレインボーブリッジ*をくぐって東京湾岸をつなぐルートなど8航路あり、漫画家の松本零士がデザインしたエメラルダス・ホタルナ・ヒミコや龍馬・海舟・道灌などの船名を持つ水上バスが東京湾内をクルージングします。

浜松町駅の横に建っていた世界貿易センタービルは、1970年に完成した超高層ビルでした。オフィスだけでなく、展望台、バスターミナル、さらにはJRや

ウォーターズ竹芝　（公財）東京観光財団提供

羽田空港へ向かうモノレール浜松町駅ビルと接続する複合施設でしたが、全面的に建て替えられることになり、2027年に完成の予定です。

東京モノレールは1964年に、東京オリンピックを前に東京国際空港（羽田空港）から浜松町駅に人を運ぶために設置されました。このモノレールは桁にまたがる跨座式でコンクリート軌道の上をゴムタイヤの車輪で走行する方式が導入されました。

ゆりかもめの愛称で1995年に開通した東京臨海新交通臨海線は、レインボーブリッジを通って新橋駅—豊洲駅を14.7Kmでつないでいます。お台場や有明地区の発達、豊洲市場の開場、東京ビッグサイトでの数々のイベント、さらには大学の開校によって利用客は増加の一途をたどっています。新交通として、運転士や車掌のいない無人自動運転を実施しており、ホームも天井まであるフルスクリーンの壁で電車とホームを隔てるなど画期的な安全策が講じられています。

生活文化

1914年に東京駅が開業すると、新橋駅は汐留駅と名称を変えて貨物駅に生まれ変わります。1986年に貨物機能が品

*リチャード・ブリジェンス（1819-1891）
1864年に来日したイギリス系アメリカ人の建築技師で、2代目清水喜助とともに築地に出て、なまこ壁を用いた擬洋風建物の築地ホテル館を設計した。「横浜西洋館の祖」とも呼ばれている。

*埠頭・桟橋
埠頭は、船舶が岸壁に接岸して係留し、客や車の乗降、荷物の積み下ろしのため岸壁と一体化した構造を持つ。一方、桟橋は岸から突き出るように海面に降ろした脚に桁を渡し、床板を張ったもので、満潮時に桟橋を浮かせる浮桟橋もある。

*レインボーブリッジ
港区芝浦と台場地区を結ぶ吊橋。正式名称は東京港連絡橋。1993年8月26日に開通。全長約800m。二重構造で、上には首都高速11号台場線、下には新交通システム「ゆりかもめ」と一般道路と歩道がある。設計当時、豪華客船クイーン・エリザベスⅡの通過を想定して橋桁の高さを52mにしたが、その後のクルーズ船が大型化したため難しくなった。日本の飛鳥Ⅱは通過可能。

戦後すぐにはじまった露天マーケット。新宿をはじめ主要駅前にできた。戦時中から食料不足が慢性化していたが、戦後、食料不足が深刻化したために物々交換、食料や酒、日用雑貨などが多く売られた。地方への買い出しやヤミ市など配給以外で入手した食料は、食糧管理法により没収された。1951年に米以外の食品は自由販売となり、ヤミ市は姿を消して駅前商店街や繁華街へと再編された。

川区八潮にある東京貨物ターミナル駅に移り、汐留駅の約31ヘクタールの広大な土地が再開発の対象となりました。再開発に先んじて発掘調査が進められ、明治期の旧停車場駅舎の基礎石やプラットホーム、転車台、溶鉱炉などの跡が発掘されました。汽車土瓶や乗車券など鉄道史に関わるものも多く出土し、これらは汐留遺跡と呼ばれています。旧新橋停車場跡は国の史跡に指定され、2003年に開業当時の駅舎の外観が復元され、鉄道歴史展示室・旧新橋停車場があります。また文化施設として、ジョルジュ・ルオーの油彩と版画を多く収蔵するパナソニック汐留美術館や電通四季劇場［海］や日本初の広告ミュージアムであるアドミュージアム東京もあります。

　その他、JR新橋駅の汐留口を出て左側、ゆりかもめ新橋駅入口の正面には「鉄道唱歌の歌碑」とD-51蒸気機関車の動輪があり、JR線を挟んで新橋駅日比谷改

札口を出た新橋駅西ひろば（通称SL広場）にはC-11蒸気機関車が保存され、鉄道発祥の聖地となっています。

　JR新橋駅周辺は「サラリーマンのオアシス」とも呼ばれる飲み屋街としても知られています。戦後すぐにヤミ市＊が立ち並んでいましたが、駅前の再開発により新橋駅前ビルやニュー新橋ビルの中に食堂、居酒屋、スナックなどの飲食店として入ったものもいくつかありました。新旧の再開発の中に新橋と汐留の生活と文化が見られるといえるでしょう。

食・産業

　株式会社若松が運営する東京港醸造は、東京23区内で唯一の清酒醸造会社です。東京都の水道水を仕込水に使いながら、狭小スペースでの製造技術を開発し、「江戸開城」ブランドの清酒をはじめ、リキュールやどぶろく、しょうゆやみその製造を行っています。

昇斎一景「汐留より蒸気車通行の図」1872（明治5）年（東京都江戸東京博物館所蔵　画像提供：東京都江戸東京博物館／DNPartcom）

東京23区 東部

東京東部に位置する浅草は、日本の伝統文化と下町風情が残る人気の観光エリアです。向島もまた江戸時代から墨堤の花見や自然とふれあう行楽スポット。先端技術の粋を集めて押上に建設された東京スカイツリーからの眺めは圧巻の極みですが、ものづくりのまちの伝統工芸や産業にも職人らの伝統と革新の逸品を堪能できます。

東京スカイツリー （（公財）東京観光財団提供）

▌観光スポット

浅草寺は浅草観光の中心といえるスポットです。浅草寺の門前通りは、仲見世通りと呼ばれ、人形焼きや煎餅、土産物店などの商店が並んでいます。仲見世通りの入口には大きな提灯が目印の雷門*があります。雷門の向かいにある浅草文化観光センターの展望台からは、仲見世通りや浅草寺を一望でき、夜景もきれいです。

浅草寺の西の敷地には、浅草寺の本坊である伝法院（重文）があり、非公開ですが、小堀遠州作と伝えられる回遊式庭園があります。浅草寺の西側には、日本初の遊園地とされる浅草花やしきがあります。園内には現存する日本最古のローラーコースターがあるなど、昔ながらの雰囲気を味わうことができます。

浅草寺から隅田川を渡り、東に少し歩いたところにあるのが東京スカイツリーです。東京タワーに代わる電波塔として、2012年に完成しました。タワーの高さは武蔵になぞらえて634mとなっています。低層棟の商業施設である東京ソラマチなどを含め、墨田区の新しい顔となる観光スポットといえます。

また、東京スカイツリーの北部、向島にある向島百花園は、江戸時代の仙台藩の骨董商佐原鞠塢によって梅園として開

*雷門
正式名称は風神雷神門という。1865年の大火で門が焼失し95年間再建されなかった。現在の門は、1960年に松下幸之助が寄進し、頭部のみ焼け残った像を補刻彩色して安置する。雷門の背面にはパナソニックグループ有志が寄進した龍神像が立ち、現在6代目の大提灯が「松下電器」「松下幸之助」の銘板も新調された。

*隅田川花火大会
この名称は1978年からで、それ以前は「両国の川開き」として両国橋付近で江戸時代から1961年まで行われていた。大飢饉と疫病によって多数の死者を出したことから1733年に両国橋周辺の料理屋が花火を打ち上げたことが行事化したとされている。現在は7月の最終土曜日、桜橋と言問橋の間、駒形橋と厩橋の間の2会場でコンクール玉を含む約2万発の花火が打ち上げられている。川幅が狭く、ビルに囲まれているため5号玉・5寸玉とも呼ばれる、直径約15cm、花火の到達高度約190m、開花時の半径約85mまでに制限されている。

浅草のシンボル雷門　大提灯は高さ3.9m、幅3.3m、重さ約700kg
（東京都提供）

園されました。現在では梅に加えて、萩や各種の七草、藤棚やショウブなど、多くの花を味わうことのできる庭園になっています。

浅草寺周辺では人力車が盛んです。また、隅田川の水上バスの乗り場からは、お台場などへの船が出航しています。また、隅田川で屋形船から隅田川花火大会*を観覧することも人気です。

浅草寺の西側には、多くの居酒屋が並ぶホッピー通りがあり、下町飲み屋街の雰囲気を味わうことができます。浅草六区と呼ばれたこの地区は、江戸時代から盛り場として栄え、東京最大の寄席、浅草演芸ホールや浅草東洋館があり、ビートたけしなどを輩出しています。

さらに西へ歩くと、調理や厨房器具を購入できるかっぱ橋道具街があり、日本にしかない食品サンプルが、土産物として訪日外国人にも人気です。

東武鉄道の高架下のエリアには、飲食店やホステルなどからなる東京ミズマチがオープンし、浅草からスカイツリーまでの一帯が観光エリアとしてさらに充実しました。

加えて、隅田川には多くの橋が架かっており、それぞれの意匠や名称が特徴的で、隅田川12橋*がライトアップされ楽しむことができます。

歴史

浅草は、かつては宮戸川（現・隅田川）の河口近くに位置し、海上交通と河川交通の結節点として古くから人々が住んでいた地域です。7世紀の推古天皇の時代、土地の漁師であった、檜前浜成・竹成兄弟が川で引き上げた観音像を土師真中知が安置して祀るようになったのが、現在の浅草寺の秘仏の本尊とされています。

1657（明暦3）年正月の明暦の大火の際に浅草御門が閉められてしまい、多くの

死者を出しました。また、1923（大正12）年9月に発生した関東大震災では、浅草周辺も類焼し、浅草凌雲閣（浅草十二階）*が半壊してしまい、解体されました。

建造物・インフラ

仲見世は、境内や参道の清掃をする代わりに境内で営業する特権を江戸時代の初めに与えられたことが起源とされています。現在の建物は、関東大震災後の1925年に鉄筋コンクリート造で再建されたもので、お土産物屋などが軒を連ねています。

浅草寺の本堂や五重塔、宝蔵門といった主要な堂宇は戦災で焼失したため、現在の建物は戦後再建されたものです。本堂の東側に建つ二天門（重文）は、1649年に建てられたものです。同じ年に建てられた浅草神社（重文）は、明治維新後の神仏分離までは、浅草寺と一体のもので、「三社様」といわれます。

関東大震災後の1927年には、浅草と上野の間で日本最初の地下鉄である東京地下鉄道（現・東京メトロ銀座線）が開業しました。吾妻橋の袂にある4番出入口は、浅草寺に合わせた和風の意匠が採用され赤門と呼ばれています。

さらに1931年には、東武鉄道の浅草駅（当初は浅草雷門駅）が開業しました。それまでは隅田川の対岸にターミナルがありましたが、川を渡り浅草に延伸したのです。久野節*の設計によるアール・デコ調の駅ビルは、戦後長らくパネルに覆われていましたが、近年取り払われ、創建当初の外観を取り戻し、浅草EKIMISEとしてオープンし、松屋浅草のテナントの扱いになりました。

隅田川の対岸の一帯を向島といいます。向島周辺一帯には、桜餅で有名な長命寺など、隅田川七福神*を構成する寺社が点在しています。

*隅田川12橋
徳川家康入府後から江戸時代に架橋されたのは、古い順に千住大橋、両国橋、新大橋、永代橋、吾妻橋。現在、隅田川には30以上の道路橋や鉄道橋があるが、千住大橋以南で18橋あり、そのうち12橋がライトアップ（☆印）されている。水神大橋、白髭橋☆、桜橋、言問橋、吾妻橋☆、駒形橋☆、厩橋、蔵前橋☆、両国橋、新大橋☆、清州橋☆（重文）、隅田川大橋、永代橋☆（重文）、中央大橋☆、佃大橋☆、勝鬨橋☆（重文）、築地大橋☆。

*浅草凌雲閣（浅草十二階）
浅草公園に建てられた12階建ての展望塔で、1890年に建てられた。10階までは八角形の総煉瓦造、11階から上は木造で、日本初の電動式エレベーターを備え、当時日本で最も高い建築物で、東京の代表的な名所となっていた。

*久野節（1882-1962）
日本の建築家。東京帝国大学卒業。鉄道省で駅舎など数多くの建築を手がける。国鉄だけでなく、参宮急行電鉄宇治山田駅、南海鉄道難波駅など私鉄の大規模駅舎も手がける。

*隅田川七福神
隅田川七福神は、江戸時代の後半に生まれたが、世間で広く知られるようになったのは、明治30年代以降のこと。三囲神社も七福神のひとつだが、三井の守護神として崇敬され境内には三井関係者が寄進した石造物などが点在する。

生活文化

浅草寺の参詣客を受けて、江戸時代には両国と並ぶ盛り場となった浅草地域の賑わいは、現在も年中行事として祭りやイベントなどに引き継がれています。

正月に九社を巡るコースが人気の浅草名所七福神巡り＊に始まり、浅草神社の祭礼である５月の三社祭は、東京に初夏の訪れを告げる風物詩となっています。境内から出る神輿が町会をまわり、びんざさら舞（東京都無形民俗文化財）をはじめとするさまざまな舞踊が披露されます。

７月10日は四万六千日分の功徳が得られる日で、浅草寺では前日の７月９日から境内にほおずき市が立ちます。江戸時代後期には、落雷除けの御守りとして赤玉蜀黍が売られましたが、やがて、現

＊浅草名所七福神巡り
浅草寺（大黒天）→浅草神社（毘沙門天）→待乳山聖天（恵比寿）→今戸神社（福禄寿）→矢先神社（福禄寿）→不動院（布袋尊）→石浜神社（寿老尊）→鷲神社（寿老人）→吉原神社（弁財天）と進むコースが人気。

在のような竹串に挟んだ三角形の守護札が授与されるようになりました。

７月の入谷朝顔市は、明治期の中頃に最も盛んとなり、その後衰えましたが、第二次世界大戦ののち鬼子母神境内で復活しています。

11月の酉の日に鷲神社と長國寺で行われる酉の市は、商売繁盛を願う人たちで賑わい、福をかきこむ縁起物の熊手や切山椒が売られています。

年の瀬に浅草寺境内で正月用の品や縁起物を扱っていた歳の市では、江戸時代末期から羽子板を売る店が増え、現代では羽子板市として親しまれています。

明治期に公園地に指定された浅草では、江戸以来の見世物小屋が六区と呼ばれる一角に移り、やがて一帯は活動写真館（映画館）へと姿を変えました。当時の日本一の高塔・凌雲閣や、大正中期に全盛を

浅草酉の市（長國寺）（公財）東京観光財団提供

迎えた浅草オペラなど、六区には娯楽を楽しむ人の波が絶えませんでした。

こうした特徴は、現代にも受け継がれ、落語定席の浅草演芸場では、落語を中心に漫才、手品、曲芸、ものまねなどの演目が行われています。また、かつての浅草区役所の地に建てられた浅草公会堂では、歌舞伎、民謡、漫才や、映画上映会、舞踏などの公演を楽しめます。

向島では明治期に、森鷗外に漢文を指導し歌舞伎の近代化を目指した依田学海（1834–1909）、外国奉行、朝野新聞社長の成島柳北（1837–1884）、文語体の小説『五重塔』や古典研究を残した幸田露伴（1867–1947）らの学者・作家が居を構えました。

浅草の誓教寺には浮世絵師・葛飾北斎（1760–1849）の墓があり、また歌人・石川啄木（1886–1912）の葬儀が行われた等光寺には、生誕70年を記念して建てられた歌碑があります。

江戸の下町を舞台とする時代小説を著した池波正太郎（1923–1990）の足跡は、池波正太郎記念文庫でたどることができます。

食・産業

浅草の定番のお土産の雷おこしは、大阪土産の粟おこしを参考にうるち米を用いて製造販売したのが始まりとされ、浅草土産として普及しました。

カステラにあんこなどを入れて焼いたのが人形焼です。発祥は人形芝居のまち人形町ですが、人形焼職人が雷門や五重塔、ハトなどの型を用いた人形焼を仲見世通りで販売することで浅草土産の定番として定着したといわれています。

ドジョウ料理でも知られる駒形どぜう浅草本店は1801年の創業です。浅草一丁目1番地には、1880年に創業し電気ブランで知られる神谷バーがあります。

神谷ビルは1921年の建物です。

現在の東向島の近辺は、かつては寺島村といわれ、江戸にコメや野菜を供給する近郊農村でした。隅田川による肥沃な土壌がナス栽培にも適しており、「寺島ナス」の名前で出荷されていました。都市化の進展でナス栽培は一度は途絶しましたが、現在では復活の取り組みが行われています。また、向島の古刹、長命寺の門前には、長命寺桜もちと言問団子の店があります。

ものづくり・伝統工芸

台東区には日用雑貨を生産し流通させる中小零細企業が高い密度で集まることで知られます。

浅草を中心に発達したのが履き物産業で、浅草寺の参詣前に草履を履き替える参詣客に向けて、履き物を作り始めたのがはじまりといわれています。西洋靴が導入されると、革靴産業の地域として発展することになりました。

一方、台東区の春日通りより南の**カチクラ***もまた、カバン・ハンドバッグ等のメーカー、皮漉き、箔押し、紙器、各種材料商の集まるところです。また、浅草橋駅から蔵前駅にかけての江戸通り沿いには、玩具やひな人形などの問屋が集まっています。最近では、**台東デザイナーズビレッジ***でスタートアップしたクリエイターの人たちが、付近に工房兼ショップを持つようになっています。

また、このほかにも、台東区内には、江戸指物や江戸木目込人形などの伝統工芸品やアクセサリー品など、さまざまなものづくり関係の事業所があり、なかには**アトリエ店舗***として見学者を受け入れている場合があります。区内の伝統工芸については、浅草二丁目にある江戸たいとう伝統工芸館で学ぶことができます。

＊カチクラ（徒蔵）
御徒町と蔵前の間の地域を指して用いられる俗称。雑誌『東京ウォーカー』でこのエリアの特集がなされる際に台東デザイナーズビレッジの村長（インキュベーションマネージャー）鈴木淳が命名したもの。エリアの各所にものづくり機能や問屋機能、また「おかず横丁」と呼ばれる近隣商店街もある。一部に残る銅板張りの建物群もこのエリアの魅力を醸し出している。

＊台東デザイナーズビレッジ
旧小島小学校の校舎を活用して2004年に設立された、デザイン関連ビジネス分野の創業支援施設。イベント時以外は非公開。旧小島小学校の校舎は、関東大震災後の復興小学校の一つで、円筒形の塔屋がシンボル。

＊アトリエ店舗
台東区において、作業風景の見学やものづくりの体験が可能な事業所を区および台東区産業振興事業団が登録を受け付け、紹介するもの。ほとんどの事業所では見学・体験に事前予約が必要。

＊KAMEIDO CLOCK
（カメイドクロック）
名称の由来は、この場所に1939年から1993年まで、第二精工舎（現・セイコーインスツル）の東京工場があったことによる。

＊太田道灌
室町時代に鎌倉公方を補佐する関東管領上杉氏の一族である扇谷上杉家の家宰（家老）。江戸城を整備し、享徳の乱等で扇谷上杉家のために戦ったが、その名声が高まる中、1486年に扇谷定正の糟屋館（現在の神奈川県伊勢原市）で暗殺された。

＊山吹の和歌の逸話
道灌が鷹狩りの最中に雨に降られたので民家に簑を借りに行くが、その家の娘は山吹の花を差し出すのみ。道灌は、後に、古歌に「七重八重花は咲けども山吹の実の（簑）ひとつだに無きぞ悲しき」を表していたことを知り、不学を恥じたという故事。

観光スポット

JR両国駅北側にある両国国技館では、年6回の大相撲本場所興行のうち、1月、5月、9月場所が開催されます。さらに北にある旧安田庭園は、江戸時代に常陸国笠間藩主が築造した汐入回遊式庭園です。

錦糸町のすみだ江戸切子館やアトリエ創藝館では江戸切子や江戸文字の体験ができます。

JR亀戸駅北西方向の亀戸天神社は、菅原道真を祀る神社です。梅の名所としても有名で、加えてフジは江戸時代から知られており、多くの浮世絵に描かれてきました。同駅の南東にある2022年に開業したKAMEIDO CLOCK＊は、地域共生をテーマにした商業施設です。

両国駅から南に進むと、明治時代に岩崎弥太郎が造営した深川親睦園を前身とする清澄庭園があります。広い池のある回遊式林泉庭園です。清澄白河の周辺は、江戸時代に運河が整備され、物流拠点として機能していました。その倉庫等を改装し、アートギャラリーやコーヒーショップの店舗が増えています。

清澄庭園（（公財）東京観光財団提供）

歴史

法恩寺は、1458年に太田道灌＊が平河村（江戸城平川口）に建立し、17世紀末に墨田区太平に移転しました。山吹の和歌の逸話＊を刻んだ石碑があるなど道灌ゆかりの歴史を伝えています。

回向院は1657（明暦3）年1月の大火の死者10万人以上を葬った寺です。その後、地震や様々な災害の死者、無縁仏も埋葬し、動物すべてを供養する寺として、「犬猫供養塔」などがあり、また鼠小僧次郎吉など著名人の墓が多数あります。

両国駅北の清澄通り沿いにある横網町公園一帯は、軍服を製造する陸軍本所被服廠の跡地で、ここに関東大震災で避難してきた約4万人近くの方が火災旋風で亡くなりました。そのため東京市は震災慰霊堂（元は震災記念堂）を設け、1945年の空襲で亡くなった約7万7千人あまりの都民の遺骨も収め、1951年に東京都慰霊堂と名称を変えています。1931年に伊東忠太の設計で建てられた東京都復興記念館では、震災遺品や絵画・写真に加え、空襲で亡くなった方の遺品も展示しています。東京都慰霊協会では、3月10日の東京大空襲と9月1日の関東大震災の日に慰霊の法要を行っています。

建造物・インフラ

相撲は鎌倉時代には武士の戦闘の訓練として行われましたが、江戸時代に入ると相撲を職業とする人たちが現れ、全国で寺社建立や修繕費用を集める勧進相撲が行われるようになります。富岡八幡

宮は勧進相撲が許されてから100年間興行が行われ、江戸勧進相撲発祥の地といわれています。1768年、回向院境内で初めて相撲が行われ、これが現在の大相撲の起源となりました。1936年には力士の霊を祀る「力塚」が建立されました。1791年に勧進相撲の定場所が富岡八幡宮から回向院に移りました。

　1909年、辰野金吾らが設計した日本初のドーム型鉄骨板張の建物が回向院境内に建設され、雨天も相撲が行われるようになります。しかし震災・戦災などで火災に遭い、戦後は進駐軍に接収され娯楽施設や日大講堂と名を変えながら1983年に解体されました。蔵前国技館は1954年から1984年まで使われ、1985年から2代目両国国技館で大相撲を継続しています。

生活・文化

　墨田区や江東区では地域や歴史に根差した生活文化がみられます。江戸期に木場の筏師(いかだし)が水辺に浮かべた材木の上を鳶口(とびくち)を使って乗りこなして筏に組む仕事から発生した角乗や出初式などでの江戸木遣り唄もその一つです。

　東京一の藤の名所といわれる江東区の亀戸天神社では1月に鷽替神事が行われます。「鷽」と「嘘」の読み方が同じことから「凶事を嘘にして吉事に取り(=鳥)替える」と縁起を担いだものです。幸運を招く鳥である、前年の「うそ」の人形を神社へ返納しての新しいうそに取り替え、一年の幸運を祈願します。

　相撲博物館は両国国技館内にあり、相撲に関する資料を収蔵しています。刀剣博物館は日本刀文化の普及のため国宝や重要文化財を含む日本刀を保存し、展示しています。江戸後期の浮世絵師である葛飾北斎が生涯を本所界隈で過ごしたことから、同じ墨田区にすみだ北斎美術館

が開かれ、4kの高精細モニターなどを使用した作品解説で北斎とその作品がわかりやすく紹介されています。

　江東区常盤(ときわ)には松尾芭蕉ゆかりの地として、芭蕉と俳文学関係の資料を展示する深川芭蕉記念館とその分館があります。隅田川と小名木川が合流する分館の屋上は芭蕉庵史跡展望庭園になっており、隅田川にかかる橋や行きかう水上バスなどを見ることができます。

　富岡八幡宮例大祭、別名、深川八幡祭は、3年に1度行われる本祭では大小あわせて120数基の町神輿が練り歩き水かけ祭ともいわれます。深川七福神は3つの神社と4つのお寺に祀られています。

食・産業

　亀戸から大島(おおじま)にかけての一帯ではガラスや食器産業が、錦糸町から両国にかけてはニット製衣服産業がみられます。前者の代表格は江戸切子*です。ガラス工芸がこの地域に立地している理由は、ガラス原料や燃料の輸送に水路網の存在が不可欠だったからです。後者はポロシャツなど外衣生産が中心で、原宿や青山に集積するアパレル企業やブティック等の商品企画先から注文を受けて、材料の選定や調達、デザイン補助などの役割を担っています。

　相撲の街として知られる両国の周辺には、ちゃんこ鍋の名店が並びます。また、江戸時代にアサリがよく採れた深川では、地元の漁師が考えた庶民的料理である深川丼や深川飯*を楽しむことができます。

両国国技館（東京都提供）

＊江戸切子
ダイヤモンドホイールを用いてガラス食器等の表面にさまざまな模様を刻んだもの。江戸切子協同組合（1955年設立）には2022年現在47の組合員が加入している。

＊深川丼や深川飯
アサリやハマグリに油揚げ、ねぎ等を加えた味噌汁をご飯の上にかけたものを「深川丼」といい、同じ材料を醤油風味でご飯と一緒に炊き込んだものを「深川飯」と呼んでいましたが、現在は正確な区分はされていないようだ（農林水産省郷土料理百選パンフレットより）。

2-3 木場・豊洲・有明・東京湾

観光スポット

　江東区の湾岸エリアは、江戸時代からの埋立によって造成されました。深川の木場の地名は、江戸幕府の命により材木商が大火を機に材木河岸（貯木場）をこの地に移転してきたことに由来しています。明治以降現在に至るまで、東京湾の埋立が進み、貯木場や物流拠点の機能は1969年に新木場へ移りました。江戸情緒の残る深川エリアはすっかり内陸になり、一帯は東京臨海副都心として現在も埋立が進んでいます。東側には辰巳、夢の島、新木場、若洲海浜公園ができました。

　高度経済成長の時代には東京のゴミ処理場であった夢の島は、1988年にゴミ燃焼時の熱でドーム内を温める施設「夢の島熱帯植物館」を開業し、現在では自然保護思想が育まれる島になりました。一方西側には、豊洲、東雲、有明が出現し、工業用地から新興の商業居住地域に発展しました。豊洲には2018年に築地から移転した東京都中央卸売市場があります。

　豊洲の卸売市場は最新の衛生管理が施され、東京湾の新鮮な水産物や都内市場に出回る青果類の質の向上だけでなく、活気あるマグロの競り見学デッキや獲れたてのネタで江戸前の寿司を満喫できる飲食店街も充実し、国内外の観光客必見のスポットになっています。

　東京臨海副都心の一画を占める有明には、日本最大のコンベンションセンターの東京ビッグサイトがあり、約12万㎡の展示エリアでは国内外の見本市が週替わりで開催されています。

　また豊洲には、デジタルアートが体験できる**チームラボプラネッツ***や子供たちだけの体験型商業施設の**キッザニア東京***があります。

歴史

　東京湾の埋立は日比谷入江や佃・築地など江戸時代に始まり、明治時代から大正時代にかけては水深が浅い湾内の航路を確保する隅田川河口改良工事として浚渫(しゅんせつ)が行われます。その土砂を埋立に使って1号地の月島が造成されました。東京港の整備は関東大震災以降に本格化し、1939年から京浜運河の開削工事が始まります。高度経済成長とともに港湾埠頭施設の整備が急務となり、5号地の豊洲、6号地の東雲1丁目、7号地の辰巳、10号地の有明、11号地の東雲2丁目へと整備が展開されます。14号地の夢の島は1938年から飛行場建設を目的として埋立が始まったものの、羽田に取って替わります。その後、住宅地の確保と年々増えるゴミ処理の課題解決のために、夢の島をはじめ、1965年からは15号地の若洲、新夢の島が埋立てられていきます。23区全域から出るゴミが江東区を経由して埋立地に運ばれたことから、悪臭やゴミ火災、交通渋滞、ハエの大量発生などが深刻化しました。「ゴミ戦争」の名は美濃部亮吉知事の発言からといわれています。

建造物・インフラ

　有明地区の湾岸道路の北側は、1980年代には有明テニスの森公園、大田区の

田園コロシアムに変わって有明コロシアムができ、1990年代にはキノコ型とカマボコ型の建物が特徴の有明スポーツセンターができました。また、国家戦略特区として大規模開発によって生まれた複合施設の有明ガーデンには、2020年に最大8,000人を収容する日本最大の劇場型イベントホールの東京ガーデンシアター、大型商業施設のショッピングシティ有明ガーデンなど数多くの施設がオープンしました。

2020年東京オリンピック・パラリンピックに際しては、競技会場や選手村などが整備されていきました。辰巳の森海浜公園には競泳・飛込競技会場となった東京アクアティクスセンターがあります。

豊洲市場地区へはゆりかもめのほか豊洲大橋などのインフラが整備されることで、アクセスの改善が進み、東京ゲートブリッジの開通で、従来はアクセスが困難だった東京の港湾地区の外縁部へのアプローチが容易になってきています。

かつて貯木場のあった木場公園内には、東京都現代美術館があります。公園付近は、今やすっかりマンション街に変貌しているものの、ところどころに材木店が残るなど、木の町の面影を感じることができ、イベント池では、毎年10月の江東区民祭りで木場の角乗が見学できます。一方、新木場においても、木材関連の産業の割合は減って、物流ターミナル的な性格を強めています。

砂町運河に面した夢の島マリーナには660艇のボート・ヨットが係留可能な都内最大級のマリーナがあります。高度経済成長期に建設された都営辰巳一丁目アパートなど3,000戸を超える大規模団地の再開発が進められています。新木場の南の若洲公園には江東区が管理するキャンプ場、若洲海浜公園には東京都が管理するゴルフ場やサイクリング場などがあります。

産業

江戸・東京の建築資材として木材は重要な産業でした。江戸の材木河岸は現在の日本橋二丁目付近にあったのち、1641年の江戸大火を契機に材木商は隅田川の対岸（現在の江東区佐賀付近）に集められ、18世紀初頭までに深川に木場が誕生しました。現在の猿江恩賜公園のあたりが幕府直轄の材木貯蔵場で、現在の都立木場公園のあたりには材木商たちによる貯木場が置かれました。縦横の水路や金魚の養魚場とともに木場地区の風景を特徴づけていました。

高度経済成長期には、原木輸入量の増加から、台場、有明、豊洲、砂町、新砂、7号地（現在の辰巳）などに貯木場が設定され、14号地（新木場）貯木場への集約と、木場の木材関連産業の14号地への移転が方向づけられ、1976年までに第1次移転456社の新木場移転が完了しました。

新木場貯木場（江東区）1984年3月（東京都提供）

＊小合溜

東京都葛飾区と埼玉県三郷市との県境に位置する池で、小合溜井ともよばれる。1729年、徳川吉宗の命で紀州藩出身の井沢弥惣兵衛が古利根川（中川）の一部を堰き止めてつくった溜井で、用水を確保するための用水池。この用水で東葛西領の50あまりの町村に水を供給する水源となったことから「水元」と呼ぶようになった。1991年 準用河川に指定。桜土手が東京都側にあり花見の名所になっている。

＊西新井大師

西新井大師は通称で、正式には五智山遍照院總持寺で真言宗豊山派。関東の高野山とも呼ばれる。空海が通った際に本尊の観音菩薩の霊託を聞いて自ら彫って826年に寺院を建てたと伝える。1966年に火災に見舞われたが本尊は残り、再建され現在に至る。

観光スポット

葛飾区にある水元公園は小合溜＊を中心とする都内で唯一の水郷景観をもった公園で、水域面積が多く開園面積は約96haの23区内最大の公園です。広大な中央広場や、水辺のさと（水産試験場跡地）、水辺のいきもの館など多様な施設やポプラ並木やメタセコイアの森のほか、ハナショウブやスイレンといった水生植物が多いことが特徴です。

足立区にある西新井大師＊は、厄除の祈願寺として創建されました。弘法大師が悪疫流行に悩む村人のために自ら彫った観音像を枯れた井戸に投げ込んだところ、清らかな水が湧き、悪疫を退散させたと伝えられています。この井戸（加持水の井戸）がお堂の西側にあったことが「西新井」の由来です。

ここは「東国花の寺百ヶ寺」の東京一番の札所で、樹齢700年ともいわれるフジやボタンの名所として知られています。

北葛西にある行船公園は1933年に地元の住民から東京市に寄付された江戸川区立の公園です。園内には江戸川区自然動物園や和風庭園「平成庭園」と数奇屋造の「源心庵」があります。

荒川区西尾久にあるあらかわ遊園は、1922年に隅田川沿いのレンガ工場の跡地で民営の遊園地としてスタートしました。23区唯一の区営の遊園地で、2022年に大規模リニューアルを行い、低年齢層の子供中心にファミリーが楽しく遊べる施設が満載で、ふれあい広場ではヤギやヒツジ、カピバラに触れることができます。また、富士山が見える観覧車や日本で最もスピードが遅いローラーコースターなどアトラクションも楽しめます。

歴史

戦国時代、『南総里見八犬伝』で有名な里見氏は房総半島に勢力を伸ばし、現江戸川区域を治める小田原北条氏と対立を深めます。太田道灌が築城したとされる

水元公園（（公財）東京観光財団提供）

国府台城（千葉県市川市）を中心に江戸川区内でも攻防戦が展開され、1538年と1590年の二度の合戦で小田原北条氏が勝利します。

　江戸時代に入り、江戸の町が発展すると宇喜新田、一之江新田、伊予新田などが開発され、小松菜などの蔬菜栽培が活発化し新鮮野菜が江戸に運ばれました。幕府は行徳の塩を江戸に運ぶために早くから小名木川・新川・江戸川を結ぶ水運を整備します。その舟運が江戸への物資輸送に重要な役割を果たしていきます。

　江戸川区北小岩付近の江戸川河川敷には江戸川区運動公園（小岩緑地）があり、善兵衛樋（ぜんべえひ）の取水口があります。この一帯は小合溜から水を引いていましたが、1877年の大干ばつを機に、小岩田村（現在の江戸川区小岩地域）の石井善兵衛ら村民が目の前の江戸川から直接水を引く堀割をつくり、周辺地域に水を供給させます。その水路を善兵衛樋と名付け、水神碑を建てて功績をたたえています。

建造物・インフラ

　江戸川区・今井を通って千葉県の行徳へ通じる行徳道は、浅草寺や成田山新勝寺＊への参詣路でもありました。浅草方面から東へ向かい、平井の渡しで旧中川を渡ると平井聖天（しょうでん）＊があります。また、隅田川と旧中川を東西に結ぶ竪川（たてかわ）の先にあるのが逆井（さかさい）の渡しです。旧中川の西は亀戸で、富士山も見えたので、広重の名所江戸百景の一つに描かれています。

　小岩市川の渡しにあった常燈明（じょうとうみょう）は、成田不動を信仰する千住総講中によって1839年に建てられました。

生活文化

　足立区や葛飾区、江戸川区には美しい草花や樹木で有名な場所が数多くあります。葛飾区水元公園横に続いている桜並木が水元さくら堤（桜土手）で、千本桜とよばれる桜の名所です。江戸川区北小岩にある真光院には樹齢200年といわれるケヤキとスダジイがそびえています。同じく江戸川沿いの東小岩にある小岩不動尊善養寺では樹齢600年以上のクロマツで繁茂面積が日本最大級の影向の松（国指定天然記念物）がみられます。また江戸川区新堀に盆栽に関する春花園BONSAI美術館があります。

　東京スカイツリーライン竹ノ塚駅からアクセスできる、炎天寺は源義家や小林一茶ゆかりの寺院で、一茶の命日である11月19日に一茶まつりが開催されます。北原白秋は大正期に北小岩で暮らしていたことから、小岩公園にその歌碑があります。

　足立の花火は荒川河川敷を会場とし、「夏の花火は足立から」をテーマに東京の夏の大規模花火大会では最も早く開催されます。江戸川花火大会は江戸川河川敷で毎年8月第一土曜日に開催されます。趣の異なる8つのテーマで構成される大きな花火大会です。

食・産業

　23区東部に位置する江戸川区などは、かつて近郊農業地域として野菜や花卉の生産が盛んでした。とくに小松菜＊は今なお都内でもっとも収穫量が多く、区内に約150haの作付け延べ面積があります（2020年現在）。また、ポインセチアなどの鉢ものや花苗の生産も続いています。江戸川区は奈良県の大和郡山市、愛知県の弥富市とともに金魚の三大産地の一つとして知られていましたが、区内には2軒の業者を残すのみとなっています。一之江通り沿いにある東京都淡水魚養殖漁業協同組合では3月〜9月の毎週木曜日に金魚の競りが行われています。

＊成田山新勝寺
千葉県成田市にある真言宗智山派の大本山。本尊は不動明王。通称は成田不動。940年の開山とされ、平将門調伏の祈祷を命じたことに始まるといい、源頼朝や徳川将軍の崇敬を受けた。江戸時代は深川永代寺などで12回の出開帳が行われ、歌舞伎役者初代市川團十郎の帰依もあり庶民の信仰を集め、成田詣でが盛んになった。今も初詣では関東屈指の参拝客を誇る。

＊平井聖天
正式名称は明雅山明王院燈明寺で新義真言宗。埼玉県熊谷市の妻沼聖天、浅草の待乳山聖天とともに関東の三聖天として信仰を集める。創建年代など不詳だが15世紀半ばの創建ともいわれる。関東大震災で本堂が倒壊したため、現在の建物は1944年に宇治平等院を思わせる壮麗優雅な様式で再建。

＊小松菜
1719年、徳川吉宗が鷹狩りの昼食時に餅のすまし汁のなかに添えられた青菜を「小松菜」と命名されたと伝えられている。生産の中心地である江戸川区の小松菜の作付け延べ面積は149.6ha、収穫量は2,791トンで、この値は都内で第1位（都内の収穫量の約40％）となっています（「東京都農作物生産状況調査」2020年による）。

東京23区　西部

東京の23区西部は、ビジネスとショッピングの街として多くの人びとを集めると同時に、ファッションや芸術、演劇など文化の発信地として観光客にも注目され、さらには公園や緑地などを通じて自然を感じることができるエリアの中に住宅地が広がるなど、東京に暮らす人びとの生活を映すさまざまな顔を持っています。

渋谷スクランブル交差点（（公財）東京観光財団提供）

＊丹下健三
(1913-2005)
大阪府堺市生まれ。東京帝国大学工学部建築科で内田祥三らに師事し、卒業後は前川國男建築事務所に入所し、岸記念体育会館（現存しない）を設計。大学院終了後に同大学建築学科助教授に就任。建築物としては、広島平和記念資料館、東京カテドラル聖マリア大聖堂、国立代々木競技場第一・第二体育館（国立代々木体育館）、東京都庁舎、フジテレビ本社ビル、東京ドームホテルなどがある。

＊歌舞伎町
近年の話題として、旧コマ劇場跡地にあるホテルグレイスリー新宿には、8階部分にほぼ原寸大の「ゴジラヘッド」のオブジェがあり、それをもっともよく見ることのできる「ゴジラビュールーム」もある。2023年には、新宿TOKYU MILANO跡地に東急歌舞伎町タワーが開業した。

＊新宿ゴールデン街
戦後、日本で最初と呼ばれる「新宿マーケット」という闇市を仕切った露天商の元締め尾津組がいた。ほかに野原・和田・安田組が仕切る闇市もあり、GHQの指導で徐々に整理されていく。一部の闇市が花園神社の脇に集団移転して現在のゴールデン街を形成した。売春防止法後の1958年赤線廃止により朝まで飲める酒場として文化人が集まる場所に変わっていった。

観光スポット

　JR中央・総武線の市ヶ谷駅のホームから北を見ると、市ヶ谷橋のたもとで釣り糸を垂らす人びとの姿を見ることができます。市ヶ谷フィッシュセンターは、江戸城外堀跡にある釣り堀で、コイ釣りを楽しむことができるほか、金魚やメダカなどを購入できる観賞魚ショップもあります。

　新宿は、都庁舎と乗降客数日本一のJR新宿駅を持ち、大久保と合わせて外国人旅行者がもっとも多く訪れる街として、また現代の東京を象徴する街のひとつになっています。JR線や私鉄、地下鉄の駅に加え、新宿を東西に走る甲州街道（国道20号）、中央自動車道、2016年にオープンした高速バスターミナルのバスタ新宿など、交通の要衝でもあります。

　都庁舎は、現在の東京国際フォーラムにあった旧庁舎から西新宿の旧淀橋浄水場跡地に移転してきたもので丹下健三＊が設計しました。新宿のイメージを構成する超高層ビル群は、都庁と同じく新宿駅の西側に見ることができます。そのうち、都庁や新宿センタービル、新宿野村ビルには展望室や展望ロビーがあり、眺望や夜景を楽しむ人びとが多く集まっています。

　JR線に加えて、小田急線と京王線のターミナル駅でもある新宿は、さまざまな店舗や施設が集積し、大きな繁華街を形成しています。新宿駅西口には、京王百貨店、小田急ハルク、ヨドバシカメラなど、東口にはマルイ、伊勢丹など、南口には髙島屋、ハンズ、NEWoMan新宿などがあります。そのうち、伊勢丹新宿店は、1933年に新宿本店として開店し、2003年オープンのメンズ館など、特にファッション分野で人気を集めてきました。

　歌舞伎町＊は、新宿や東京のみならず日本を代表する繁華街、歓楽街で、多くの飲食店、娯楽施設、映画館などが集まっています。所狭しと並んだ飲食店などのビルとネオン看板が歌舞伎町の雰囲気を作り出しています。また、歌舞伎町の東端にある新宿区役所と花園神社の近くに、新宿ゴールデン街＊があります。スナックなどを中心に300軒近い飲食店が並び、昭和の雰囲気を味わうことができます。映画や演劇、作家などの文化人が多く訪れる場所であり、近年ではここを舞台にした漫画やアニメがブームになったほか、外国人旅行者も多く訪れるように

新宿歌舞伎町（（公財）東京観光財団提供）

なっています。

　新宿御苑は、江戸時代の大名屋敷が明治維新後に国営の農事試験場となり、さらに宮内省（現・宮内庁）の御料地から日本庭園とヨーロッパ式の整形庭園、風景式庭園からなる皇室庭園を経て、1949年に国民公園となったものです。風景式庭園の名作として、明治期の近代西洋庭園の代表です。都庁の西側にある新宿中央公園は、高層ビルが建ち並ぶ中で、ツツジをはじめとした花木を楽しむことができる場所として親しまれています。そのほか、新宿で楽しむことができる花木として、西武新宿線下落合駅近くにある薬王院の牡丹とおとめ山公園の桜があります。

　JR新大久保駅の周辺に広がるコリアンタウンは、以前から見られた韓国料理や焼き肉の店舗に加え、トッポギやホットク、一大ブームとなったチーズハットグといった韓国おやつ（スナック）のお店、韓国の化粧品のお店、K-POPアイドルのグッズを扱う店などが多数あり、週末を中心に多くの人びとで混雑しています。大久保駅周辺はさらに国際色豊かになっていて、中華系やイスラム系、中近東系、東南アジア系、南米系など、さまざまなジャンルの飲食店や食材店が出店しています。

　新宿には15を超える大学のキャンパスがあり、そのうち早稲田大学は新宿区内の地名を冠した大学であり、大隈重信が1882年に創立した東京専門学校から改称したものです。大隈講堂は、そのシンボルとして知られています。

歴史

　新宿の地名は、甲州街道道中の最初の宿場、内藤新宿に由来します。内藤とは1590年に家康が江戸に入った際、関東奉行（後に信州高遠藩初代藩主）の内藤清成に「馬でひと息に回れるだけの土

都庁外観（（公財）東京観光財団提供）

地を与える」として四谷から代々木の約20万坪の土地を得て、江戸時代を通じて中屋敷（現・新宿御苑）が置かれました。1698年に内藤氏の広大な敷地の一部に新たな宿場が置かれたことから内藤新宿と呼ばれました。大久保の町も鉄砲百人組を置いて江戸の西の守りとし、現在、百人隊行列や試射などで歴史を伝えています。

　歌舞伎町は、有数の歓楽街ですが、関東大震災後は閑静な高級住宅街でした。岡田啓介、平沼騏一郎ら歴代総理大臣の自邸をはじめ、現在のゴジラヘッドのある新宿東宝ビル（旧・新宿コマ劇場・新

宿プラザ劇場）の場所には、1920年に府立第五高等女学校が建ち、1948年に中野区富士見町に移るまで新宿のシンボル的な存在でした。新宿が大きく変わるのは震災後で、新宿駅をターミナル駅として武蔵野方面とつなぐ拠点となったことで乗降客が増えたことも大きいとされています。新宿高野、紀伊國屋書店、伊勢丹が開業し、映画館やダンスホールが増え、ムーラン・ルージュ新宿座も軽演劇で若いサラリーマンや学生の人気を集めました。

1970年11月に日本中を震撼させた「三島事件」が新宿区市谷本村町の陸上自衛隊（現在の防衛省）で起こりました。著名な作家である三島由紀夫が、憲法改正のために、自衛隊の決起、つまりクーデターを隊員に呼びかけた後に、割腹自殺しました。

淀橋浄水場＊は、現在の新宿西口高層ビル群の広がる地にあった東京の浄水場です。跡地は新宿副都心＊として再開発され、京王プラザホテルをはじめ、丹下健三の設計による東京都庁舎など多数の超高層ビルが建設され、新宿は都政の中心地となりました。淀橋とは青梅街道が神田川をまたぐ橋で、当時はこの地域一帯の地名になっていました。

建造物・インフラ

完成当時、243mの都庁第一本庁舎は、横浜ランドマークタワー（296m）に抜かれるまでは日本一の高さ、ミッドタウン・タワー（248m）に抜かれるまでは東京一の高さを誇っていました。200m以上の高さを持つビルは、新宿パークタワー（235m）、東京オペラシティ（234.3m）、新宿三井ビルディング（225m）、新宿センタービル（222.95m）、新宿住友ビル（211.3m）、新宿野村ビル（209.9m）、ザ・パークハウス西新宿タワー60（208.97m）、モード学園コクーンタワー（203.65m）、損保ジャパン本社ビル（200m）となっています（2022年10月現在）。

生活文化

関東大震災後、東京では被害の少なかった郊外の宅地化が進みます。なかでも新宿は、山手線と郊外電車を結ぶターミナル駅として急速な発展を見せ、現在につながる活況を見せ始めます。

第二次世界大戦下の空襲で新宿駅一帯は焼失しましたが、焼け跡に立ち始めたバラックの一つに紀伊國屋書店がありました。昭和初期に家業の炭屋の隣りで開業した店舗では、当初から文芸誌や学術書の品揃えとギャラリーの開設などによって独自の文化発信を行っていました。数回の建て替えを経て、1964年には前川國男による設計で、地上9階、地下2階の現在の紀伊國屋書店新宿本店＊が誕生しました。

新宿の夏の風物詩の一つに新宿エイサーまつりがあります。祖先をあの世へ送り出す念仏踊りのエイサーは沖縄の伝統芸能でもあり、7月の開催時には活気ある踊りが沿道を彩り観光客を楽しませてくれます。

江戸時代、宿場町として栄えた内藤新宿は、現在の新宿一、二、三丁目の一帯にあたります。近代に入っても歓楽街としての様相を保ち、近年では毎年8月に、新宿二丁目振興会主催のもと飲食店の店主たちによる東京レインボー祭りが開催されます。

映画「君の名は。」の舞台ともなった須賀神社は、四谷地区十八カ町の鎮守です。中井御霊神社の備射祭は、正月にその年の豊作を祈り弓を引く年中行事で、江戸時代に葛ヶ谷村の鎮守となった葛谷御霊神社でも行われています。また

穴八幡宮には、8代将軍徳川吉宗が世嗣の疱瘡平癒を祈願するために奉納した、高田馬場流鏑馬が伝わり、現在は10月に近隣の都立戸山公園内で執り行われています。

新宿末廣亭は、東京の落語定席では唯一の木造建築、畳敷きの桟敷席を持ち、江戸以来の寄席の伝統と雰囲気を現代にとどめています。

神田川の周辺で大正期の中頃から興った染色業は次第に拡大し、1950年代まで川筋の染工場の職人たちが水洗いをする光景が見られました。こうした伝統を受けて、現在でも落合・中井地域を中心に、地場産業の染色を軸とした街の活性化プロジェクト・染の小道が行われています。

消防博物館は、江戸時代から現代までの消防に関わる資料を展示しています。収蔵品の核となる東郷青児の作品をモチーフにした柔らかな曲線を持つ外観が印象的なSOMPO美術館では、コレクション展示や企画展などを開催しています。草間彌生美術館は、前衛芸術家である草間彌生の作品展示や講演会などを通して、その業績に触れることのできる場です。新宿区立新宿歴史博物館は、旧石器時代から現代までの歴史や人々の生活を、実物資料や模型などでわかりやすく紹介する地域博物館です。

明治後期の東京では、学問や芸術について興味、関心を同じくする人々が、自由な雰囲気の中で盛んに交流を行なう文士村・文化サロンが各所に誕生していました。その一つが中村屋サロンで、創業者と交流のあった芸術家たちの作品は、今も中村屋サロン美術館で見ることができます。

文豪・夏目漱石晩年の旧居跡に立つ新宿区立漱石山房記念館には、書斎の再現のほか、「猫の墓」もあります。新宿区立

林芙美子記念館では、作家・林芙美子が晩年を過ごした自宅が公開されています。また、新宿区落合には、大正から昭和の初めにかけて芸術家や作家が住んでいた落合文士村＊がありました。

早稲田大学構内には、世界有数の演劇専門総合博物館である坪内博士記念演劇博物館や、国際文学館（村上春樹ライブラリー）などの文化施設が多数あります。

食・産業

新宿、大久保、高田馬場、早稲田界隈は、かつて近郊農業地帯で個性的な野菜の生産が盛んでした。神田川沿いでは鳴子うり（まくわうり）、早稲田の水田地帯ではみょうが、新宿では江戸時代の内藤家下屋敷の菜園が由来の内藤とうがらしとかぼちゃなどです。内藤家の下屋敷であった現在の新宿御苑は、明治期に内藤新宿試験場として、欧米の技術と品種を導入して、果樹、野菜、養蚕、畜産などの研究が進められた場所でもありました。

神田川や妙正寺川沿いでは、大正期以降、神田・浅草から染色業が立地しています。とくに神田川の水はきれいで染物に適した硬水であったとされ、かつては染色した反物を川で水洗いする風景がみられました。新宿区染色協議会＊には、友禅模様、糊画、染小紋、紋章上絵、刺繍等の業種の事業者が加入しています。1974年に制定された「伝統的工芸品産業の振興に関する法律（伝統法）」に基づいて指定された伝統工芸品に、東京手描友禅が1975年に、東京染小紋が1976年にそれぞれ指定されています。また、東京都が1982年から始めた「東京都の伝統品」には、上記2品目をはじめ江戸更紗、江戸刺繍、東京無地染が指定されています。

＊落合文士村
西武グループの創始者の堤康次郎が大正時代から開発分譲を始めた目白文化村には多くの知識人や文化人が住み、落合文士村とも称された。作家の吉屋信子、矢田津世子、尾崎一雄、檀一雄、吉川英治、舟橋聖一のみならず、画家の中村彝、佐伯祐三、村山知義、歌人の會津八一、作曲家の近衛秀麿、山本直忠らなどもいた。

＊新宿区染色協議会
1980年に設立された組織。業種間相互の情報交換、業種別の団体が共同して新商品の開発・研究を行ったり、作品の発表会や展示即売会等を開催したりしている。

3-2 渋谷・代々木・千駄ヶ谷・代官山

＊渋谷川
新宿御苑内の池を源流に、渋谷区と港区を流れ、東京湾に注ぐ全長約10kmの川だった。かつてはいくつもの支流があり、その一つに唱歌「春の小川」の舞台になったとされる川もあった。

＊東急百貨店
1934年に渋谷駅のターミナルデパート「東横百貨店」（その後の東横店）として開業。1951年、老舗を集めて開業した東横のれん街は日本初の名店街であった。1967年、道玄坂に本店を開業し、1989年にはミュージアムやホールなどの大型複合文化施設のBunkamura（ぶんかむら）を併設した。大規模再開発のために東横店は2020年、本店は2023年に閉店。

＊渋谷ストリーム
東急東横線と副都心線の相互直通運転開始にあたり、東横線渋谷駅と代官山駅までの路線が地下化された。これにともない、飲食施設、ホテル、オフィス、ホールの複合施設と、渋谷川水辺広場が整備された。清流復活水で渋谷川に水の流れを取り戻している。

＊渋谷スクランブルスクエア
渋谷エリア最高の地上約230mの大規模複合施設。渋谷駅の駅上に建設され、200以上のショップや飲食店、オフィス、展望施設（「SHIBUYA SKY（渋谷スカイ）」）を展開する。

観光スポット

代官山は古くから武家や商家の屋敷があり、その跡地に各国の大使館が建てられました。代官山のヒルサイドテラスは、1998年まで約30年かけて建設された、住居・店舗・オフィスからなる複合建築です。建築家の槇文彦の手によるものでスタイリッシュな鉄筋コンクリートでありながら風景に溶け込むように高さを抑えています。そのすぐ近くの水戸徳川圀順邸跡地には、2011年に代官山T-SITEが開業しました。蔦屋書店を中核とし、専門店を遊歩道で結ぶ商業施設です。

渋谷は渋谷川＊が形成した谷にできた街です。1885年に山手線の渋谷駅が開業して以降、多くの路線が開通し、交通の要衝として発展していきました。1960年代には東急百貨店＊、西武百貨店などのデパートが開業して幅広い年代を集客してきましたが、1970年代に誕生した渋谷PARCO、SHIBUYA 109などは渋谷に「若者の街」という側面を加えました。

渋谷駅周辺は2010年代から回遊性の向上を目指して鉄道のホームを移設したり、歩行者デッキを設置したり、大型複合施設を開業したりと大きく変化しています。その中で誕生したのが、2012年の渋谷ヒカリエ、2018年の渋谷ストリーム＊、2019年の渋谷スクランブルスクエア＊です。また、渋谷駅前には新島のコーガ石を使用したモヤイ像、ハリウッドで映画化され、世界的にも知名度をあげた忠犬ハチ公像などがあります。

スクランブル交差点付近では、スポーツ競技に合わせてユニフォームやペイント、ハロウィーンでは仮装した多くの人たちが集い、DJポリスと呼ばれる警察官とのやりとりが注目されています。スクランブル交差点から北西に進むと一段

忠犬ハチ公像（（公財）東京観光財団提供）

渋谷ストリーム（（公財）東京観光財団提供）

渋谷スクランブル交差点（（公財）東京観光財団提供）

と若者の多いセンター街へ、公園通りを上っていくと、代々木公園の手前に**NHK放送センター***があります。

　明治神宮*は明治天皇と昭憲皇太后を祭神として1920年に代々木の南豊島御料地内に創建された神社です。

歴史

　代官山駅の程近くにある猿楽塚は6〜7世紀の古墳時代末期に作られた2基の円墳からなる古墳です。この地域の地名「猿楽町」の由来となっています。

　代々木公園の所在地は、第二次世界大戦以前は陸軍の**代々木練兵場***でした。終戦後はGHQに接収され、米兵やその家族のための団地であるワシントンハイツが建設されました。その後1964年の東京オリンピックで代々木選手村として一部が使用され、1967年に代々木公園として開園し、現在も都会のオアシスとなっています。

建造物・インフラ

　青山から渋谷を挟んだ代官山周辺の丘陵上は、かつて西郷従道（つぐみち）が邸宅を構えていた（西郷山公園、住宅の一部は博物館明治村に移築）ように、古くからの住宅が少なくありません。

　その1つに1919年に建設された旧朝倉家住宅があります。朝倉家は近くを流れる**三田用水***を利用した水車を使って精米業を営み、20世紀の前半に当主だった朝倉虎治郎は、家業の傍ら政界に進出し、要職を歴任しました。彼が建てた木造2階建ての和風建築は、現在国の重要文化財に指定されています。朝倉家は、住宅と店舗が複合するヒルサイドテラスの開発を手がけるなど代官山の都市形成に大きく関わってきました。

　丹下健三設計による国立代々木競技場は、戦後の日本を代表する建築の一つとされ、国の重要文化財にも指定されています。また選手村の跡地の一部は、オリンピック記念青少年総合センター（オリセン）となっています。

　駒場は、東京大学教養学部があることで知られていますが、明治以来、昭和初期までは**駒場農学校***や東京帝国大学農学部が置かれ、農学の教育研究の拠点でもありました。

　代々木八幡宮は、鎌倉時代に鶴岡八幡宮から勧請したとされています。境内には、明治時代の終わりに代々木練兵場が設置された際に立ち退きを余儀なくされた住民が建立した訣別の碑があります。

　初台（はつだい）は、甲州街道沿いの新宿に近い地域であり、かつては渋谷町、1932年の東京市域拡張以降は、渋谷区に属してい

***NHK放送センター**
ワシントンハイツ跡地の一部に1965年に開設された放送施設。見学施設のNHKスタジオパークは、施設の建替計画にともない、2020年に運営を終了し、2036年に再開予定。

***明治神宮**
日本初の林学博士の本多静六（ほんだせいろく）が、100年後に自然林のようになるようにと設計し、約70万㎡の土地に全国から献木された約10万本の木を植栽して森を作った。初詣客数は1980年から連続して全国1位。

***代々木練兵場**
明治時代の後半、代々木から渋谷にかけての一帯には、軍用地が広がるようになった。東京陸軍刑務所もこの一角にあった。現在、2.26事件で処刑された青年将校らの慰霊碑がその跡地に建てられ、かつて陸軍関係の施設があった記憶を呼び起す。

***三田用水**
下北沢付近で玉川上水から分水し、三田付近に達していた用水路。1974年に廃止。

＊駒場農学校
クラーク博士で有名な札幌農学校はアメリカ農業の教育に力を入れて1876年に開校したが、駒場農学校はドイツ農法を軸に1878年に開校した。1986年に農学校の跡地にできた駒場野公園にあるケンネル田んぼは、ドイツから招聘されたお雇い外国人のオスカル・ケンネルが土壌や肥料の研究で使用した水田である。

す。かつて初台には東京工業試験所という国立の研究機関が置かれていましたが、21世紀に入ってから跡地が再開発され、オペラ専門劇場である新国立劇場が建設されました。

生活文化

広尾には、近代日本画のコレクションに出会える山種美術館、松濤には日本有数の陶磁器専門の美術館・戸栗美術館と、建築家・白井晟一の設計で知られる渋谷区立松濤美術館があります。

道玄坂にあるBunkamuraは、オーチャードホール、シアターコクーン、ザ・ミュージアムなどを有する大型複合文化施設として、1989年の開業以来、地域の文化発信拠点としての役割を果たしています。コンサートホールを有する東京オペラシティの隣には新国立劇場があり、国際的なオペラやバレエの公演を楽しむことができます。渋谷区では「The Tokyo Toilet」として、区内17カ所の公共トイレを、世界で活躍する16人のクリエーターがデザインしました。

明治期の作家・国木田独歩が1896年から翌年にかけて住んだ豊多摩郡渋谷村（現・渋谷区宇田川町）は、NHK放送センターの近くです。東京近郊の風景を新鮮な感覚で表した『武蔵野』（1901年）は、古の武蔵野の面影を追いつつ、ウィリアム・ワーズワース、イワン・ツルゲーネフらの影響のもと落葉林の美しさを発見し、名もなき自然に対する賛美をうたっています。道玄坂にある歌人・与謝野晶子の歌碑「母遠うて　瞳したしき西の山　相模か知らず　雨雲かゝる」は、住まいに近い道玄坂の上から、ふるさとの堺に住む母を想って詠んだものです。

1906年、山手の牛込から郊外の代々木に転居した田山花袋は、自然主義文学を先導する役割を果たした小説家です。

勤務先から自宅へは「都会から野に向かう」車窓を楽しんでおり、当時の代々木が、自然豊かな場所であったことがうかがえます。

千駄ヶ谷にある将棋会館には、入門者から入場できる道場やプロ棋士の公式戦が行われる対局室があります。

食・産業

新宿西口の思い出横丁と双璧をなす昭和レトロの飲み屋街が渋谷ののんべい横丁です。500㎡ほどの土地に38軒の店がひしめいています。終戦後に道玄坂などで営業していた屋台や露天商が、行政等の指導でいくつかの場所に集められ、そのひとつが、渋谷川と山手線に挟まれた、この土地だったと言われます。

宮下公園の再開発などの影響もあって、いま、のんべい横丁には、四代目が営む老舗のおでん店をはじめ、バル、ビストロといった新しい店も増え、若者やツーリストを惹きつける場へと様変わりしています。

渋谷周辺には、日本におけるインターネットの創成期であった1990年代から2000年代の初頭にかけてWeb関連産業を中心とするIT企業の立地が集中しました。IT用語の「ビット」と渋いを意味する「ビター」をかけて、ビットバレーなどと言われるようになりました。ビットバレーが成立した要因としては、一つには日本のインターネット発祥の地が渋谷区富ヶ谷付近であること、また、当時若かったIT起業家の人たちが馴染む文化、交流の機会が渋谷から六本木にかけての地域にあったからだということが指摘されています。ビットバレーの活況は、恵比寿、五反田などに分散しましたが、昨今の渋谷の再開発を契機に、ビットバレーは新しい時代を迎えています。

3-3 原宿・表参道・青山

▒観光スポット

明治神宮を背に、JR原宿駅の竹下口に降り立つと、ポップカルチャーの聖地といわれる竹下通りがあります。全長350ｍ、幅５ｍほどの狭い路地の両脇にはファッション衣料雑貨やクレープやパンケーキなど、流行の最先端の店舗がひしめき合い、修学旅行生や外国人観光客にも人気です。

表参道と明治通りの交差点には、ラフォーレ原宿、東急プラザ表参道原宿など、大型のファッションビルが建ち並びます。また世界共通語となった「カワイイ（Kawaii）」文化の発祥とされるキデイランド原宿店、個性的な古着屋やコンセプトショップが多いキャットストリートがあります。

ケヤキ並木の表参道をまっすぐ南東に進むと、かつての表参道のシンボルの**同潤会アパート**＊跡地に建つ、建築家安藤忠雄＊による表参道ヒルズがあります。

表参道と青山通りの交差点より青山通りを北上すると、明治神宮外苑が広がります。外苑造営の一環として1923年に植栽されたイチョウ並木はロケーションスポットとして知られています。

青山通りを超えたエリアには、一層落ち着いた上品な街並みが広がります。古美術家が多く集まっていたという骨董通りと美術館通りの交差点を左折すると、その先には広い庭園を持つ根津美術館があり、さらには日本の名だたる政財界人、文化人から忠犬ハチ公までが眠る青山霊園があります。

▒歴史

青山という地名は、新宿の内藤家屋敷と同様、江戸初期に青山忠成が、徳川家康に「馬に乗って一回りした土地をやる」と言われる囲い込み伝説がもとです。

同潤会青山アパートは関東大震災後、1926年に同潤会により建築された日本最初の鉄筋コンクリート造のアパートメントです。2003年に壊されましたが、表参道ヒルズに一部が再現され、現在でも見ることができます。

明治天皇と昭憲皇太后を祭神とする明治神宮は、1920年に創建されました。約22万坪（73ha）の広大な敷地と内苑・外苑からなる造営は従来にない神社として特筆されます。空襲でいくつかの施設は焼失したものの社殿36棟と**宝物殿**＊は重要文化財に指定されています。

かつて内苑の大部分は原野で、神社設営のため人工林を設け、100年を経て都心の貴重な緑地となっています。

外苑（通称、神宮外苑）は青山練兵場跡地を使って、国民の寄付と勤労奉仕によって造営されました。記念施設が多くを占めますが、**聖徳記念絵画館**＊（重文）、明治神宮外苑競技場、明治神宮野球場、明治記念館などがあります。

▒建造物・インフラ

東郷神社は日露戦争で日本を勝利に導いたことで知られる東郷平八郎を祀った神社で、若者で賑わう原宿・竹下通りの1本裏手にあります。

国連大学は丹下健三の設計による国際

＊明治神宮野球場・
秩父宮ラグビー場

現在の神宮球場は
1926年の竣工で、東
京ヤクルトスワローズ
の本拠地。また、現在
の秩父宮ラグビー場は
ラグビー専用競技場と
して1947年に「東京
ラグビー場」として完
成した。日本ラグビー
フットボール協会の名
誉総裁であった秩父宮
殿下に因んで1953年
に改名した。

＊ウィズ原宿

2020年、旧駅舎の向
かいに複合商業施設の
ウィズ原宿（WITH
HARAJUKU）がオー
プンした。最大の見ど
ころは、2階、3階の
ウィズ原宿パークで、
緑の植栽に覆われたテ
ラス空間。また、建物
全体の意匠材として多
摩産の木材をふんだん
に用いていることも特
色。

連合大学の建物で、1992年に竣工しました。花崗岩打ち込みのシンメトリックなファサードを持ち、側面から見ると3層ごとのブレースが力強く配置されています。毎週土曜日には、大学前でファーマーズマーケットが開催されています。

現在の国立競技場は2019年に完成しました。前身となる明治神宮外苑競技場、1964年の東京オリンピックメイン会場として使用された国立競技場に続いて3代目の競技場です。2021年には東京2020オリンピック・パラリンピック競技大会のメイン会場として使用され、開・閉会式と陸上競技が行われました。

明治神宮野球場＊と**秩父宮ラグビー場＊**を含む地域では、順次建て替えを進め、2036年に新球場とラグビー場の竣工を目指しています。

生活文化

明治神宮ミュージアムは、鎮座百年祭記念事業の一環として2019年に開館し、明治天皇・昭憲皇太后 ゆかりの品々を公開しています。

スイスの建築家・マリオ・ボッタによる建物が印象的なワタリウム美術館では、国際的な現代美術展や日本文化の展覧会を開催しています。

日本オリンピックミュージアムには、オリンピック・パラリンピックの歴史や、競技体験コーナーなどがあります。

太田記念美術館は、世界有数の肉筆・版画の浮世絵コレクションを所蔵し、さまざまなテーマでその魅力を発信しています。根津美術館は、日本と東洋の古美術を幅広く所蔵・公開し、庭園の散策も楽しめます。

岡本太郎記念館は、芸術家・岡本太郎が42年間にわたって住み作品を生み出した南青山のアトリエを公開しているミュージアムです。

原宿の裏通りには、1990年代からストリート系のブランドが集積しています。裏原宿発信のブランドは、メジャーブランドとは異なる魅力から国内でのステイタスを獲得しています。

表参道は、8月には原宿表参道元氣祭スーパーよさこいの会場として、12月にはケヤキ並木がシャンパンゴールドの光で彩られるイルミネーションが人気の、観光スポットとなっています。

産業

青山一丁目駅から赤坂見附方向に3分ほど歩いた位置に伝統工芸青山スクエアがあります。これは経済産業大臣指定の伝統的工芸品の総合展示場で、全国130以上の産地からの工芸品が常設展示されています。江戸硝子、江戸切子、東京銀器、村山大島紬、江戸節句人形、江戸木版画といった江戸東京ならではの工芸品にも出会えます。この他、近年では原宿駅前に**ウィズ原宿＊**がオープンしました。

表参道のイルミネーション（（公財）東京観光財団提供）

3-4 下北沢・三軒茶屋・二子玉川

観光スポット

下北沢、三軒茶屋、二子玉川のエリアは、世田谷区の中でも商業地区と称される地域です。下北沢は、新宿から小田原方面に向って伸びる小田急小田原線と、渋谷と吉祥寺間を結ぶ京王井の頭線が乗り入れる世田谷区の一角です。新旧のカルチャーが混在したような雰囲気があり、個性的な古着屋*や雑貨屋、カフェのほか小劇場やライブハウスが多く、夢を追う若者の街ともいえます。

下北沢（通称シモキタ）は、小田急線が開通した昭和初期から個性的な商店街によって文化が育まれてきました。「演劇の街」としても知られ、最先端の新作演劇が上演される舞台が数多くあります。映画においては下北沢トリウッドのように、若手監督による短編映画を上映するミニシアターがあるなど、若い才能がチャンスをつかむ街、だといえます。

小田急線の地下化により、全長1.7kmの線路跡地を再開発し、レストランやカフェ、商業施設などが並ぶ「下北線路街」として生まれ替わりました。

三軒茶屋（通称サンチャ）の地名は、江戸時代にはすでに存在していました。その名のとおり、三軒の茶屋があったことが由来とされています。地域に密着した３つの商店街や、世田谷パブリックシアターがあることなど、下北沢とよく似た新旧混在のカルチャーを持ちながら、洗練された都会的な雰囲気も併せ持つ街です。駅前にそびえるレンガ色の複合商業施設でありランドマークであるキャロッ

トタワーの26階には、スカイキャロット展望ロビーがあります。地上126mから主に東京西方の眺めを望むことができます。

二子玉川（通称ニコタマ）は、世田谷区の南西部にある玉川・上野毛・瀬田・野毛のあたりの総称です。東急田園都市線と大井町線が乗り入れる二子玉川の駅舎は、多摩川河川敷上に掛かる場所に建設され、景勝地として知られていました。ホームで電車を待つ視界には、遠くは富士山を、近くには多摩川の広い河川敷と兵庫島公園を望むことができます。

1909年に玉川電気鉄道が玉川遊園地を開き、運動場や演芸娯楽施設に利用者を運びました。1922年には第二遊園地を開いてプールやテニスコートを設置しました。この第二遊園地が1954年に二子玉川園と改名して郊外型遊園地として人気を集めます。駅名も二子玉川園に改名し、1985年に閉園した後もしばらくそのままで、2000年に二子玉川駅に改名され、東急グループを中心に駅周辺の再開発が急速に進められます。

多摩川と野川の合流する三角地帯にある世田谷区立兵庫島公園は、多摩川の水辺の環境と歴史を生かした憩いの場になっていて、多摩川を歌に多く詠んだ歌人若山牧水*の歌碑があります。このエリアは、1969年に百貨店の髙島屋が国内初の郊外型S・Cを出店したことによって駅西口が大きく発展しました。広々とした施設の中でも、「フォレストガーデン」と呼ばれる屋上庭園は、子供たちが安全にのびのびと過ごせる空間で

*古着屋
下北沢で古着屋が多くなるのはバブル崩壊後の1990年代後半からといわれている。昭和時代末期には映画館やボーリング場、ライブハウスなどはあったが、古着屋は数軒程度だった。1993〜1996年頃、さらに2003年にブームが来て店舗が密集するように急速に増えたことから下北沢の古着屋が認知されていった。

*若山牧水
（1885-1928）
自然主義文学の歌人・書家。多摩川を詠んだ短歌は、生涯で出版された15の歌集のうち、第4歌集「路上」に多い。

＊名主齋田家
代田村の名主を務める家で、中世の世田谷城主吉良家の家臣で、吉良家没落後の江戸時代初頭に帰農して代田村を開き19世紀から代々名主を務めた。学者や文人を出してきたが10代平太郎によって茶の栽培が勧められ、11代又一郎が世田谷の茶業を発展させた。齋田記念館は、世田谷の茶業に関する資料を保存・展示している。

＊唐十郎
(1940-)
日本の劇作家・演出家・俳優、芥川賞作家。学生劇団「実験劇場」の俳優で活躍し、1962年に「状況劇場」を立ち上げ、1967年に新宿の花園神社境内で紅テントを建て話題を呼ぶ。1988年に劇団「唐組」を主宰するなどして数々の戯曲賞・文学賞を受賞している。アングラ演劇の祖・騎手といわれる。

す。二子玉川駅東口側は、再開発によって2011年に二子玉川ライズがオープンしたことに加え、大手企業が都心から本社移転するなど、注目を浴びる街へと変化し続けています。

歴史

　足利基氏が鎌倉府を開設すると吉良氏も鎌倉に入り、14世紀後半に世田谷は吉良氏の所領として広く治められることになりました。小田原北条氏と世田谷吉良氏が滅亡して徳川家康が入府すると北条・吉良の遺臣らが村役人となって村落の開発にあたります。

　世田谷区代田から梅ヶ丘一体は農地で、幕末から明治初年にかけて起伏のある斜面を利用して茶の栽培が行われました。世田谷の茶葉は絹と並んで横浜から広く海外に輸出されていました。世田谷の茶業の発展に尽力したのは代田村の名主齋田家＊でした。その歴史を伝える齋田記

念館があります。

　下北沢には淡島明神の灸や富士塚で知られた森厳寺があり、江戸時代から多くの参拝者が訪れる郊外の神社仏閣、流行神仏の一つでした。

生活文化

　小田急線・京王井の頭線下北沢駅から徒歩10分圏内におよそ10の小劇場が立地しています。茶沢通りに面した昭和レトロな飲食店街「鈴なり横丁」の2階にある演劇専用の小劇場がザ・スズナリです。本多劇場グループの最初の劇場として1981年に開設されました。下北沢駅から徒歩3分の本多劇場は1982年に開場し、本多劇場グループ最大の客席数380席あまりの劇場です。こけら落し公演は唐十郎＊作の「秘密の花園」で、開場以来、演劇界の登竜門、演劇人の聖地として注目の劇団や俳優らが作品を上演してきました。

二子玉川ライズ・ショッピングセンター（東京都提供）

中野・杉並・高円寺・阿佐ヶ谷・荻窪・高井戸

▌観光スポット

中野エリアの中心である中野駅には、JR中央・総武線と東京メトロ東西線が乗り入れています。駅南側には百貨店のマルイ、北側には中野サンモール商店街*、その先に中野ブロードウェイ*、昭和レトロの飲食店等が並ぶ中野北口昭和新道商店街があります。また、駅北西側には陸軍中野学校跡地の再開発で整備された中野四季の森公園、オフィスビルや店舗などからなる中野セントラルパーク、複数の大学、東京警察病院などがあります。そのうち、中野ブロードウェイは、漫画やアニメの関連グッズの店が多く集まり、都内のサブカルチャーの聖地の一つとして知られています。なお、同じく駅北側にある複合施設の中野サンプラザは建て替えが、中野区役所は新庁舎の建設がそれぞれ予定されています。

中野から北へ新井薬師を経て西武新宿線の線路を越えると、東洋大学創立者で哲学者の井上円了*（いのうええんりょう）によって創設され、哲学世界を視覚的に表現したとされる哲学堂公園があります。都内有数の花の名所としても親しまれ、公園北側には野球場や庭球場、弓道場があります。

杉並エリアには、下町情緒を感じる商店街があり、そのひとつであるJR高円寺駅北側の高円寺純情商店街は、ねじめ正一*の小説の舞台になったことでも知られています。また、同じく高円寺駅の周辺には、古着屋や中古レコード店が多く、多様な雑貨店や飲食店、劇場、劇団の拠点も含めて、中野駅から阿佐ヶ谷駅、西荻窪駅へと続く中央線沿線の共通する

*中野サンモール商店街
中野サンモール商店街は、JR中野駅北口広場に直結する全長224ｍのアーケード商店街で100店舗以上の店が並ぶ。1958年にショッピングアーケードができたものの、後発の中野ブロードウェイが1966年にできたことで客の流れが変わることを危惧して1975年にアーケードを改装してサンモールと命名した。自然光を取り入れた明るい商店街になっている。

*中野ブロードウェイ
中野ブロードウェイは木造密集地で、有志が買収してビルを建てて早稲田通りに抜ける通路を設けた。ブロードウェイの名は、広い通路に由来する。現在、オタクの聖地・サブカルの殿堂と化している。その背景には小売り・サービス業の経営者の高齢化による空き店舗に漫画古書専門店の「まんだらけ」が入ったことで変革をもたらした。

*井上円了
(1858-1919)
日本の仏教哲学者、教育者。東京大学文学部哲学科に進み、仏教改良運動など啓蒙活動を行う。哲学館（のちの東洋大学）を建てる。1902年の哲学館事件で学校運営から退き、現在の中野区野方にソクラテス、カント、孔子、釈迦を祀った哲学堂を造り、そこを拠点に哲学や妖怪学の講演活動など生涯教育の先駆的活動を行った。現在、哲学堂公園は中野区立の公園、国の名勝に指定されている。

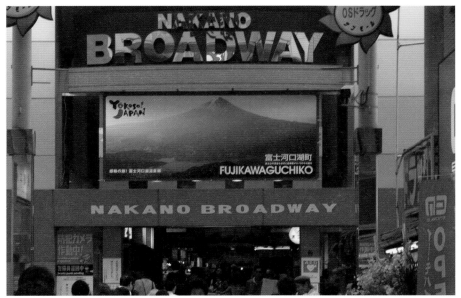

中野ブロードウェイ（公財）東京観光財団提供

＊ねじめ正一
（1948- ）
本名は襧寝正一。東京都杉並区生まれ。日本の詩人、俳人、小説家。高円寺北口商店街の乾物屋に生まれ、民芸品店を開店、区画整理で阿佐ヶ谷のパール商店街に移転し、2019年に閉店した。中学時代から詩を書き始め、1981年詩集『ふ』でH氏賞、1989年『高円寺純情商店街』で直木賞を受賞する。

＊陸軍中野学校
日本陸軍の情報機関の一つ。謀報、防諜、宣伝などの秘密戦の教育や訓練を目的とした学校。1939年に九段から中野の旧電信隊跡地に移転したが、空襲が激しくなったことから1945年4月に群馬県富岡町（現富岡市）に移転した。

＊寺町
寺の移転と同時に、歴史に名を残す人物の墓も移転している。高徳寺（浄土真宗）には江戸中期の朱子学者の新井白石、龍興寺（臨済宗）には側用人として幕政を主導した柳沢吉保、源通寺（浄土真宗）には歌舞伎狂言作者の河竹黙阿弥、功運寺（曹洞宗）には赤穂事件で知られる吉良上野介義央や作家の林芙美子などが眠る。

＊文化香る街
吉田拓郎は楽曲のタイトルや歌詞に「高円寺」を用い、村上春樹の『海辺のカフカ』『1Q84』の舞台は中野区野方である。東京工芸大学杉並アニメーションミュージアムは杉並区上荻にあるアニメの総合博物館。8月7日を中日として行われる阿佐ヶ谷七夕まつり（1954年開始）、毎年8月下旬に行われる東京高円寺阿波踊り（1957年開始）も商店街を盛り上げるまつりイベントである。

独特の雰囲気を象徴しています。

善福寺川や妙正寺川、神田川に沿って多くの緑地や公園があり、川の水源である善福寺池の善福寺公園、妙正寺池の妙正寺公園、各流域にある緑地や公園は、桜の季節のお花見スポットとして親しまれています。そのうち、善福寺川の流域に広がる善福寺川緑地と和田堀公園の南には大宮八幡宮があります。

歴史

中野駅北口側一帯には、5代将軍徳川綱吉が、1685年以降すすめた「生類憐みの令」により作られた野良犬等を養育する施設がありました。面積は、最終的には約100ha、数万頭以上の犬が養育されていたといわれています。1年間の経費は現在のお金にすると約122億円以上と言われています。

中野は、江戸時代から江戸近郊の町場として栄えてきましたが、特に甲武鉄道の電車が1904年に初めて運行されると、郊外の拠点として大きく発展しました。また、気球連隊をはじめとする陸軍の用地としても使われてきました。戦時中には謀報要員を養成する陸軍中野学校＊が置かれていました。戦後は警視庁警察学校などとして使われてきましたが、2001年に移転し、その後明治大学のキャンパスなどとして再開発されました。

生活文化

中野駅北側の商業エリアを抜けると、新井薬師があります。正式には梅照院（ばいしょういん）という真言宗豊山派の寺院で、江戸時代から郊外の参詣名所として多くの人びとが集まりました。「目の薬師」とも呼ばれ、特に眼病平癒にご利益があるとされています。現在でも最寄りの西武新宿線新井薬師前の駅前から門前町が続いています。

中野から南西方向に進むと、堀之内妙法寺があります。日蓮の祖師像が厄除けに利益があるということで、数多くの参詣者を江戸時代から集めてきました。和洋折衷のデザインの鉄門は、国の重要文化財ともなっています。

高円寺は、徳川家光が鷹狩の際にしばしば立ち寄ったとされる寺院で、地域一帯の地名としても知られています。高円寺自体は、江戸時代からこの地に続く寺院ですが、南側の青梅街道周辺には、明治時代以降、東京の市街地から移転してきた寺院が点在しています。

早稲田通り沿いから中野区上高田には寺が多く、寺町＊の風情があります。明治から大正にかけて東京都心の開発や地下鉄建設などで寺院が多く移転したこと、また落合斎場が近いことも理由としてあげられます。

さらに中野区や杉並区は音楽や小説の舞台でもあるほか、アニメや祭りでも賑わう文化香る街＊といっていいでしょう。

食

このエリアは、戦前から都市化が進み青梅街道沿いや中央線・総武線などの駅前の商店街やアーケード街を中心に個性的な飲食店・商店街が形成されています。中野駅北口の中のサンモール商店街や中野ブロードウェイ商店街、高円寺鈍情商店街、高円寺パル商店街、下高井戸商店街など、昭和時代の懐かしい味を引き継ぐ独立店が多く残っていて、店内で食べる店もありますが、手持ちで手軽に食べ歩きのスタイルも人気を集めています。また、西荻窪南口にある柳小路は、ノスタルジックな情景の中でタイや韓国、メキシコなどの料理を楽しむことができます。

東京23区　南部

東京23区南部のうち，古川，目黒川，立会川に面した谷地や多摩川沿岸の低地では，ものづくり産業が発達して庶民の街が作られました。一方，目黒台、荏原台、久が原台などの台地上では，早い時期から都心部への通勤者世帯の住宅地が形成されてきました。このような低地と台地のコントラストは23区南部にさまざまな魅力をもたらしています。

レインボーブリッジ（公財）東京観光財団提供）

4-1 お台場・青海

＊お台場海浜公園
人工海浜の海水浴場を持つ公園で東京都港湾局が所管する都立の海上公園。1975年に開園。1996年に今の形にリニューアルオープンした。フランス政府から贈られた自由の女神像のブロンズ製のレプリカは写真撮影スポットになっている。

＊フジテレビ
新宿河田町から1997年に臨海副都心へ移転したフジサンケイグループ（FCG）の本社ビルで、フジテレビ本社ビルと呼ばれる。建築家丹下健三が最後に直接指揮をとった建築物で、直径32mのチタン製の球体を設置した独特なデザインを持つ。愛称、はちたま。

＊夢の大橋
有明西運河をまたぐように江東区青海と同区有明を結ぶ歩行者自転車専用の橋。東京2020オリンピック・パラリンピック開催時には、国立競技場に設置できなかった聖火台を大橋中央に置いて、開会式の聖火を移して再度点火して期間中多くの見学者で賑わった。

＊日米和親条約
1854年、米国使節ペリーが求めて日本と締結した条約。米国船への薪水・食料の買い入れを認め、下田・箱館の開港、下田に領事を置くことが規定され、200年余り続いた鎖国から開国に転じた。神奈川条約ともいう。

観光スポット

　東京都心の南東部、東京湾をレインボーブリッジで渡った先にあるのが臨海副都心と呼ばれるエリアです。通称お台場と呼ばれるこのエリアは、正確には**お台場海浜公園*やフジテレビ***を中心とする港区のお台場と、フジテレビ湾岸スタジオや、日本科学未来館などのある江東区の青海からなります。東側の有明地区も含めたエリアとは、人道橋の**夢の大橋***で結ばれています。

　お台場海浜公園の背後には、大型商業施設のデックス東京ビーチとアクアシティお台場が隣接し、その背後にはフジテレビ本社屋、大型商業施設のダイバーシティ東京プラザがあり、うんこミュージアムや実物大のガンダムの立像などが人気を博しています。

　さらに青海の南へ進むと、本館展示は休止中ですが船の科学館や、様々なテクノロジーを学べる日本科学未来館があります。日本科学未来館は、実際に触れ、楽しむことができる参加体験型の展示や科学コミュニケーターとの交流を通じて科学を理解することができます。

　なお、2020年9月には船の科学館の南に、東京国際クルーズターミナルが開業し、今後は多くの大型客船が着港する東京の港の玄関口となる予定です。

　お台場海浜公園は人口海浜で磯辺エリアでは釣りができる一方で、浜辺エリアでは遊泳は禁止されています。また、お台場・青海地区にはバーベキュー広場を持つ潮風公園、お台場と青海を結ぶシン

ボルプロムナード公園などの公園や緑地があるのも特徴です。

　お台場・青海は、東京湾越しに東京都心を望む位置にあるため、夜景スポットが多いのも特徴です。これまでにあげてきたスポット以外に、テレコムセンター展望台からのレインボーブリッジや東京タワー、東京都心の夜景は日本夜景遺産にも認定されています。

歴史

　1853年、アメリカ東インド艦隊司令官ペリー率いる軍艦4隻が浦賀に来航し、開国を日本に求めてきました。翌年1月に再来航すると幕府は**日米和親条約***を結び開国に転じます。老中の阿部正弘は2度目の来航に備えて品川沖に11基の砲台建設を伊豆韮山代官の江川英龍*に命じます。埋め立て用の土は品川の花見の名所の御殿山を切り崩して調達しますが、資金不足によって6基のみの完成で終わりました。現存する台場は第三台場（都立台場公園）と第六台場（東京都管理の無人島）のみで品川台場として国の史跡に指定されています。1860年には**日米修好通商条約***批准書交換のため、勝海舟を艦長とする咸臨丸が品川沖からサンフランシスコに向かって出航します。

建造物・インフラ

　高度経済成長期の1965年ごろまでに、現在お台場と呼ばれる埋立地の13号地が出現することになりました。東京都は13号地に属する台場地区、10号地に属する有明地区、青海地区の埋立地全

域を7番目の副都心とする東京臨海副都心計画を鈴木俊一都知事が発表し、愛称レインボータウンとしてバブル景気絶頂期の1989年から27年計画で始めます。1996年に世界都市博覧会を計画していたものの、1991年からのバブル崩壊で副都心計画全体の見直しが迫られ、1995年に就任した青島幸男都知事が博覧会の中止を決定します。しかし、副都心計画の開発は止めなかったことで、1999年に就任した石原慎太郎都知事が開発事業を推進して今日に至ります。

お台場地区にはテレビ局のほか、商業施設やレジャースポットが整備され、企業、観光客を多く集めるようになりました。大きな役割を果たしたのは交通の整備です。現在、お台場へはゆりかもめのほか、東京臨海高速鉄道（りんかい線）、お台場レインボーバス、東京ウォータータクシーの他、レインボーブリッジと湾岸道路、東京都観光汽船の水上バス、東京都公園協会が運営する東京水辺ラインの運行もあり、さまざまな交通機関でのアクセスが可能となっています。

▌生活文化

お台場や青海エリアはサブカルやアニ

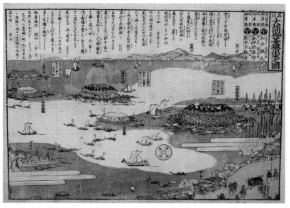

「品川大筒御台場出来之図」
（東京都江戸東京博物館所蔵　画像提供：東京都江戸東京博物館／DNPartcom）

メの聖地の一つです。1975年に参加者約700人の小規模な即売会からスタートしたコミックマーケット（コミケ）は、東京ビッグサイトで開催されますが、日本の漫画文化、創作活動を支えてきたサブカルチャーの祭典であり、2019年には夏冬ともに4日間で延べ70万人超もの参加者を記録しました。ダイバーシティ東京プラザの2Fフェスティバル広場には19.7mのユニコーンガンダム立像があります。ユニコーンモードからデストロイモードへの変身や各所の発光など原作での表現を可能な限り再現した機構が盛り込まれており、観光客の目をひいています。

＊江川英龍
（1801-1855）
江川太郎左衛門英龍（坦庵）は伊豆韮山の世襲代官として代々代官職を継ぐ家に生まれた。蘭学者渡辺崋山らに師事し、高島秋帆から西洋砲術を学ぶ。水野忠邦の下で砲術の普及と海防強化を買われ、ペリー来航時の阿部正弘の下ではお台場築造と大砲づくりの任に就いた。

＊日米修好通商条約
1858年、初代アメリカ総領事ハリスが通商を目的として日本と締結した条約。ハリス条約ともいう。領事裁判権を認め、関税自主権が無く、アメリカに最恵国待遇を約束するなど極めて日本に不利な不平等条約であった。

高さ11.5mの自由の女神像。レインボーブリッジと都心を望む。（（公財）東京観光財団提供）

4-2 六本木・麻布・白金台・芝

＊大使館
日本にある大使館は154（2023年現在）でその過半数が港区内にある。幕末の開国時、米・英・仏・蘭の公使館はすべて港区内の寺に置かれた。明治政府は、各国と国交が結ばれると当該地域で没収した大名の下屋敷を提供し、今日の大使館につながっている。

＊東京タワー
正式名称は日本電波塔。1958年竣工。設計は塔博士の異名を持つ内藤多仲。東京タワーを背景や題材に製作された主な作品には以下のものがある。
東宝映画「ゴジラ」シリーズ。江國香織『東京タワー』（1999〜2001連載、2005映画）、リリー・フランキー『東京タワー 〜オカンと、ボクと、時々オトン〜』（2003〜連載、2007映画）、西岸良平『三丁目の夕日』（1974〜連載）、東宝映画『ALWAYS三丁目の夕日』（2005）『ALWAYS続三丁目の夕日』（2007）。

▨観光スポット

麻布エリアの一角である六本木には、再開発よって複合型の大型商業施設「六本木ヒルズ」（2003年）と「東京ミッドタウン」（2007年）が相次いで建設されました。

麻布には、各国大使館＊や領事館が多くあります。美術館などの文化施設も多く、閑静な高級住宅地としても知られます。東側には東京タワー＊が、その膝元には増上寺があります。2012年に墨田区に東京スカイツリーができてもなお、東京のシンボル、ロケーションスポットとしても大きな役割を果たしています。

白金台は、麻布エリアの南端の高台にあります。目黒通りと外苑西通りを結ぶ「プラチナ通り」は、イチョウ並木沿いに洗練された雰囲気のカフェやレストランなどが並びます。

地下鉄六本木駅から地上に出ると、六本木交差点に出ます。1946年創業の老舗洋菓子店アマンドは待ち合わせスポットとして知られています。六本木通りを北東に行くとアークヒルズ、南西に行くと六本木ヒルズ、外苑東通りを北西に行くと東京ミッドタウンと国立新美術館があります。六本木ヒルズにはテレビ朝日本社や高級レジデンス、ホテル、毛利庭園などがあり、このビル群に入居するベンチャー企業の成功者、このビルで働く人が、かつて「ヒルズ族」と呼ばれました。東京ミッドタウンは「和」をコンセプトとした商業施設です。この2大ランドマークで催される美しく現代的なイルミネーションは、SNS映えのする注目のナイトスポットです。

麻布エリアは坂が多い特徴がありますが、有栖川宮記念公園は旧盛岡藩下屋敷の変化に富んだ台地の地形を生かし、丘や小川や滝など、都心には稀な、自然の趣のある日本庭園です。東京タワーのお膝元にある芝公園は、日本で最初の公園の1つで、公園造成のさきがけとして知られます。

白金台にある自然教育園は、国立科学博物館附属の自然緑地で、縄文時代の土器や貝塚が発見されるなど、都心にあり

東京タワー（公財）東京観光財団提供

ながら人の手の入っていない自然の姿を今に留める公園です。

歴史

　東海道添いにあって発展した芝には大名屋敷や寺院が多く、1868年、西郷隆盛と勝海舟が江戸城無血開城の交渉を行ったのは、田町の薩摩藩蔵屋敷でした。

　また、旧増上寺境内の芝公園にはペルリ提督の像があります。これはペリーが日本の開国を目指して出港したアメリカのニューポート市から、開国後100年の1953年、親善の印に東京都に贈られたものです。

建造物

　徳川将軍家の菩提寺で、浄土宗の大本山増上寺は、1598年に家康の命で現在地の芝に移されました。空襲で徳川家霊廟*や五重塔などに大きな被害を受けましたが、増上寺前には三門（三解脱門）*（重文）が堂々と構えています。1621年に建立されたこの門は、二階建ての各層に屋根がある二重門で、入母屋造の本瓦葺の重厚なつくりです。

生活文化

　このエリアには、建築物そのものがアートといえるミュージアムが多くあります。乃木坂には、斬新なデザインの国立新美術館（黒川紀章設計）、東京ミッドタウン内には、日本の古美術や東西のガラスを収蔵し「生活の中の美」を基本理念とするサントリー美術館をはじめ、デザインをテーマにしたミュージアム、21_21 DESIGN SIGHT（安藤忠雄設計）があります。六本木ヒルズ・森タワーの53階にある森美術館は、現代美術を中心に、ナイトミュージアムを楽しめます。

　日本・東洋の古美術品や近代絵画を有する大倉集古館（伊東忠太設計）は、現

東京都庭園美術館本館（東京都庭園美術館提供）

存する日本最古の私立美術館です。泉屋博古館東京では、住友家旧蔵の茶道具や近代絵画、近代陶芸を観ることができます。

　東京都庭園美術館は、アール・デコ様式の旧朝香宮邸（重文）で、茶室（同）を備えた日本庭園や芝庭、西洋庭園、建物の特性を活かした展覧会を楽しむことができます。

食・グルメ

　麻布十番で、下町情緒を漂わせているのは、1909年の創業のたいやき専門の浪花屋総本店です。ひとつずつ焼いていく伝統的製法で、店舗2階のカフェではたいやきセットのほか、焼きそばやかき氷が人気です。

　太麺、豚骨ベースの醤油味、キャベツともやしと豚肉のトッピングが特徴で、のれん分けという形で首都圏を中心に店舗を拡大してきたラーメン二郎の総本店が慶應義塾大学三田キャンパス正門から100mほど西に進んだ地点にあります。全国からファンが押しかけて行列をつくる聖地的存在になっています。

*徳川家霊廟
芝増上寺には15人の将軍のうち秀忠、家宣、家継、家重、家慶、家茂の6人が葬られている。空襲で焼失する前は旧国宝（建造物）に指定されており、日光東照宮に並ぶ豪華絢爛の霊廟建築であった。現存する霊廟建築で重要文化財に指定されているものは、旧台徳院霊廟惣門（芝公園内）、台徳院霊廟勅額門・丁字門・御成門（狭山不動尊に移築）、有章院霊廟二天門（東京プリンスホテル内）である。（P87参照）

*三門（三解脱門）
この門をくぐると三毒から解脱できるといわれている。三毒とは3つの煩悩を指す。すなわち、財・性・食・名誉・睡眠の五欲に執着する貪欲（どんよく）、怒りや憎しみや恨みを示す瞋恚（しんに）、無知ゆえに引き起こす妄想や混乱を示す愚癡（愚痴）のことである。

＊日本麦酒
現在のサッポロビールの前身である。1887年に設立、当時の東京府荏原郡三田村にビール工場を建て1890年に「恵比寿麦酒」を発売した。企画当初は同じ七福神の「大黒ビール」になる予定であったが商標登録の都合で変更された。1900年のパリ万国博覧会で注目されたことを機に、輸送用ビールの専用貨物駅が必要となり、「恵比寿停車場」（現在のJR「恵比寿駅」）が誕生した。

＊窓ぎわのトットちゃん
1981年に出版された、黒柳徹子が自身の少女時代を描いた自伝的小説。主人公トットちゃんが転校した「トモエ学園」は、自由教育を標榜する教育者手塚岸衛（てづかきしえ 1880-1936）が創設した自由ヶ丘学園の流れを汲む学校としてその名を知られることとなった。

＊青木昆陽
（1698-1769）
日本橋の生まれ。江戸時代中期の儒学者、蘭学者、甘藷先生と称される。南町奉行大岡忠相の信を得て幕府の書を読むことを許可され、甘藷を救荒食（飢饉の非常食）にするよう将軍の吉宗に提言して、試作が始まる。『蕃薯考』（1735）を著すと薩摩芋御用掛となり御家人身分となる。幕府は1743年から甘藷栽培を奨励している。「甘藷先生之墓」は国の史跡。10月28日の縁日には12日の命日と合わせ、甘藷まつりが行われる。

観光スポット

東京23区の中の南西部に位置する目黒エリアには、山手通りとほぼ平行に、桜の名所として知られる目黒川が流れています。都会のオンタイムとオフタイムのほどよいバランス感のある高感度なエリアでありながら、平安時代から神社仏閣の多い門前町の風情も漂う趣深い街でもあります。東側に位置する恵比寿エリアには、その地名の出自である大手ビール会社が手掛ける商業施設や美術館などが集積し賑わっています。目黒川の西側は東急東横線などの私鉄の敷設にともない閑静な住宅エリアが広く発展しています。

目黒駅から目黒川に向って南に進むと、川のほとりに日本美のミュージアムホテルとして知られるホテル雅叙園東京が現れます。戦前には昭和の竜宮城とも呼ばれ、当時の日本建築と美術工芸の技術の粋を集めた建築群でした。「百段階段」は絢爛豪華な昭和初期の情趣を残す建造物（東京都指定有形文化財）で、その壁面や天井の装飾美術の美しさが知られています。

恵比寿エリアは、もともと日本麦酒＊とともに発展した街で、今や隣接する白金、広尾、代官山と並び、洗練された都心の雰囲気があります。コミュニティスポットである恵比寿ガーデンプレイスでは、フランスのクリスタルメーカー、バカラ社による世界最大級のシャンデリアが冬の風物詩となっています。ガーデンプレイスタワーの38階からは東京を一望でき、目黒天空庭園は2013年の開業時より、全国初のジャンクション屋上公園として注目されています。

東急東横線と大井町線が交差し、目黒通りが北端を走るエリアに自由が丘があります。環七・環八通り、中原街道にも囲まれ、田園調布や奥沢を通る目黒線とも近いハイセンスなエリアです。自由が丘駅正面ロータリーには女神像があり、10月には自由が丘女神まつりが盛大に行われます。「自由が丘」の地名は、昭和初期にこの地に創立された学園の名にちなんでおり、黒柳徹子の自伝的小説『窓ぎわのトットちゃん』＊の主人公が通った土地としても知られます。現在は、スイーツの街と呼ばれ昭和初期から続くクラシックな洋菓子店から新進気鋭のパティシエも数多く出店しています。

建造物

このエリアを代表する神社仏閣として目黒不動が挙げられます。正式には泰叡山護国院瀧泉寺で、808年に慈覚大師（円仁）が創建した天台宗の寺院です。本尊の不動明王も円仁の作とされる関東最古の不動霊場です。青木昆陽＊の墓があることでも有名です。

下目黒にある天恩山五百羅漢寺は、初めは本所五ツ目（江東区大島）にあり、黄檗宗の寺でした。十数年の歳月をかけて1700年に松雲が彫り上げた羅漢像のうち、現存する305体（東京都指定有形文化財）が今も並んでいます。

山手通りと目黒通りが交差する下目黒にある大鳥神社は806年創建といわれ、

日本武尊を祀る神社で、今も11月の酉の市には多くの人が集まります。

　中目黒にある祐天寺は、芝の浄土宗大本山増上寺の住職を務めた祐天の廟所で、念仏道場の建立を願った祐天上人の遺命を受けて弟子によって建てられた寺です。本堂は国の登録有形文化財で木造祐天上人像は東京都指定有形文化財になっています。

　九品仏浄真寺は珂碩上人を開山として幕府から奥沢城跡地をもらい受けて1678年に創建しました。9体の阿弥陀如来坐像から九品仏の地名の由来にもなっています。3年ごとに行われる二十五菩薩来迎会（お面かぶり）は都の無形民俗文化財となっています。

生活文化

　駒場にある旧前田家本邸＊は、駒場公園（旧加賀藩主・前田侯爵駒場邸跡）の中に建つ前田利為の自邸で、洋館・和館（国の重要文化財）は建築の粋を集めて1929・30年に建設されました。洋館を利用して1967年に東京都近代文学博物館が開館しますが、2002年に閉館しました。建物は一般公開されています。

　日本近代文学館は、作家の原稿やゆかりの品々に出会える場所です。明治期以降の文学資料の収集・展示などを行っており、館内のカフェでは文豪の名前や作品にちなんだメニューを楽しむことができます。

　目黒には、民藝運動を唱えた柳宗悦＊の審美眼によって集められた内外の工芸品を有する日本民藝館、寄生虫の多様性などを紹介する研究博物館・目黒寄生虫館があります。

　東京都写真美術館では、世界的にも希少な写真・映像の黎明期を伝えるものから、現代作家の作品までを体系的にコレクションしており、多様な写真・映像表現による展覧会を観ることができます。

　桜の季節には花見客で賑わう目黒川のほとりに立つ、郷さくら美術館では、主に昭和期以降の桜を描いた日本画を楽しむことができます。

食・グルメ

　目黒の一大イベントになっているのがさんま祭りです。落語「目黒のさんま」にあやかり、目黒駅前商店街（品川区）による「目黒のさんま祭り」、目黒区民まつり実行委員会による「目黒のSUNまつり（目黒区民まつり）」、恵比寿でも「となりの恵比寿サンマ祭り」、東京タワーでも「三陸・大船渡東京タワーさんままつり」が行われ、旬のさんまを炭焼きする様子が、秋の風物詩となっています。

　モンブランは、フランスの伝統菓子が出自で、甘露煮の栗を使う日本らしい黄色いモンブランは、洋菓子職人、迫田千万億＊の手によって生み出されました。

＊旧前田家本邸

駒場公園にある旧前田家本邸は、加賀藩主であった旧前田利為侯爵家の本邸として、1930年に完成した洋館・和館。長らく園内にあった東京都近代文学博物館は閉館したが、建物はその後も一般に公開されている。

＊柳宗悦

(1889-1961)
現在の東京港区に生まれる。東京帝国大学哲学科を卒業。日本の哲学者・思想家で、民藝運動を唱えた。文芸雑誌『白樺』の創刊に参加。朝鮮陶磁器に関心を持ち、無名の職人が作る民衆の日常の美に開眼し、調査蒐集する。1925年に民藝運動を開始し、1936年に日本民藝館を開設。晩年は仏教美学を提唱。1957年、文化功労者。

＊迫田千万億

洋菓子職人で実業家。1933年に洋菓子店「モンブラン」を開業。店名にもなった洋菓子の開発は、登山で訪れたフランスの名峰モンブラン（Mont-Blancフランス語で「白い山」）を見て感銘を受けたことがきっかけといわれる。日本洋菓子業界の発展に寄与した。

日本近代文学館（東京都提供）

東京都写真美術館（東京都提供）

＊成城

世田谷区成城は、小田急線成城学園前駅を拠点として南北に展開する地域。駅の北は1924年から成城学園の校舎建設が始まり、1927年に小田急線開通で住民が移り住むようになる。駅の南は1932年に東宝の砧撮影所の前身である写真化学研究所が映画スタジオを建てると映画監督や俳優や音楽関係者が住むようになり、邸宅や豪邸が並ぶ住宅街として知られる。

＊ウルトラマン像

小田急線祖師ヶ谷大蔵駅南側の砧地区に円谷プロダクションの初代社屋があり、駅の北側には円谷英二の自宅があった。このことから駅前の3つの商店街は2005年からウルトラマン商店街と称するようになった。翌年には駅近くにウルトラマンシンボル像、各商店街の入口にウルトラマン、ゾフィー、ウルトラマンジャックが飛んでいる姿のアーチが設置された。

＊招き猫の寺

昔、鷹狩りに出かけた彦根藩2代藩主井伊直孝が、豪徳寺の寺の門前にいた一匹の猫に手招きされ立ち寄り、突然の雷雨を避けることができた、という逸話から「招福猫児」が祀られる寺となった。井伊家はこの縁で江戸の菩提寺とし、桜田門外の変で殺害された大老井伊直弼の墓もある。

観光スポット

　下北沢、三軒茶屋の西側から多摩川沿いまでの世田谷区全域には、閑静な住宅地が広がっています。この地域は、北から京王線、小田急線、東急田園都市線の3本の私鉄が都心と郊外を結んでいます。東西に走るこれらの鉄道をつなぐように東急世田谷線が走り、ノスタルジックな雰囲気のある街並みや歴史的な逸話を持つ史跡も多く点在しています。

　小田急線沿線の経堂駅周辺は迷路のように細い路地が多い一画です。祖師谷、成城＊のある砧地域には、緑が多く落ち着いた住宅街の佇まいや世田谷美術館をはじめとする文化施設があります。成城学園前駅周辺は学生街としても栄え、映画やアニメとゆかりの深い街でもあります。小田急線祖師ヶ谷大蔵駅の広場にはウルトラマン像＊が建ち、住民の生活を見守っています。

　豪徳寺は、東急世田谷線の中間にあり、小田急線と交わるあたりにある招き猫の寺＊として知られます。境内の建物やいたるところに招き猫があしらわれており、開運招福を願うたくさんの参詣者が訪れ、"猫さがし"を楽しみます。この寺の招き猫は人（縁）を招く猫であるとのことから、小判を持たずに右手を挙げています。

歴史

　世田谷通り（通称ボロ市通り）の北側には世田谷城阯公園があります。城は、関東管領足利基氏＊から世田谷領をもらい受けた吉良氏が築城し、世田谷御所と称される重要拠点でした。世田谷ボロ市は、1578年に小田原城主北条氏政がこの地に楽市を開いたのが始まりです。そ

世田谷代官屋敷前の世田谷ボロ市（(公財)東京観光財団提供）

のすぐ北にある豪徳寺も、元は吉良氏が建立し、後に井伊家の菩提寺となり井伊直孝の戒名から寺名をとりました。

世田谷通り南側にある世田谷代官屋敷は、彦根藩の飛び地を管理する代官大場家の屋敷で世田谷区立郷土資料館*があります。松陰神社は、安政の大獄で処刑された吉田松陰の遺骨を高杉晋作ら門人が小塚原から毛利家の別邸があったこの地に改葬して1882年に神社を創建しました。

1908年の松陰五十年祭に寄進された石燈籠には、伊藤博文、山縣有朋、桂太郎など元長州藩士の名が刻まれています。また、松陰神社通り商店街の街灯には松下村塾の塾生10人の紹介プレートが付けられ、肖像と業績が紹介されています。幕末維新の歴史好きな人たちのホットスポットになっています。

建造物・インフラ

世田谷区内をほぼ東西に走る世田谷通りは、国道246号線（玉川通り）の三軒茶屋で分かれ、川崎市を経て町田市につながっています。甲州街道や厚木街道（246号）の脇街道として、絹や川魚、王禅寺周辺（川崎市麻生区）で採れる禅師丸柿や黒川炭（同市）などを江戸へ運ぶ道として古くから利用され、今も生活・商業道路として重要な役割を果たしています。

東急世田谷線は、京王線の下高井戸駅から東急田園都市線の三軒茶屋駅までの全長5kmを走行する新設軌道線で、道路との併用軌道はなく、世田谷の住宅街を走り、環状七号線と交差する若林踏切では電車が信号待ちをする風景が見られます。

世田谷区役所の第一庁舎と区民会館は、前川國男が設計し、ピロティや吹き抜けの玄関ロビーなど自由で開かれたイメー

ジを示しましたが、半世紀以上が経過し、庁舎は改修されることとなりました。

世田谷全域は緑が豊かです。エリアの北側、環状八号線の大通り沿いにある蘆花恒春園は、明治の文豪徳冨蘆花の旧宅が残る公園です。

都立砧公園は、紀元2600年記念事業の一環として計画決定された大緑地で、戦時中は空襲被害者の避難場所となる防空緑地で、現在も防災公園として重要な役割を果たしています。1957年に公園として開園し、自然地形を活かし、四季折々の自然に満ちあふれた園内です。1966年から緑地の一部をファミリーパークとして開放し、サイクリングコース、バードサンクチュアリ、野球場、ミニサッカー場、アスレチック広場など家族ぐるみでアウトドアを楽しめると同時に、園内には文化芸術に触れることのできる世田谷美術館があります。

生活文化

岡本静嘉堂緑地内にある静嘉堂文庫は、三菱財閥の岩崎弥之助、岩崎小弥太父子が所有したコレクションを都心から1924年岩崎家の庭園に移して専門図書館として公開しました。三菱創業150年、美術館開館30周年を記念して、丸の内明治生命館に静嘉堂文庫美術館として再出発します。上野毛にある五島美術館は日本・東洋の古美術を中心に展示しています。

桜新町にある長谷川町子美術館は『サザエさん』の作者である漫画家・長谷川町子と姉の長谷川毬子が集めた美術品を展示している個人美術館です。

*足利基氏
南北朝時代の武将で足利尊氏の四男。初代鎌倉公方。観応の擾乱（かんのうのじょうらん）が起こると鎌倉にいた三男足利義詮（あしかがよしあきら）を京都に呼んで次期将軍として政務にあたらせ、弟の基氏を鎌倉に下向させて鎌倉府を足利政権の出張所として機能させた。十歳に満たない基氏を補佐した執事が後に初代関東管領となる上杉憲顕（うえすぎのりあき）である。

*世田谷区立郷土資料館
1964年に都内で最初に開館した公立博物館。旧世田谷代官屋敷内に前川國男の設計で建てられた。世田谷区の歴史、民俗、考古資料の収集、保存、展示を行っている。

▒観光スポット

＊羽田空港の利用実績
国土交通省の空港管理状況調査によると、新型コロナ感染拡大前の2019年の1年間の空港別乗降客数順位では東京国際空港（羽田）の年間の国際線・国内線旅客数は約8,741万人、1日平均約23.9万人。

＊東京湾の水深
狭義の東京湾（内湾）は三浦半島の観音崎と房総半島の富津岬を結んだ線の北側を指す。内湾の平均水深は15m程だが、羽田沖、15号地、お台場では5m〜8m程と10m以下が多い。

　東京の空の玄関となる東京国際空港、通称 羽田空港の利用実績＊は、乗降客数、着陸回数ともに国内1位です。都心に近く、24時間運用できる利便性の高さやモノレールや鉄道やバスなど都心や近郊へのアクセスの良さも大きいといえます。空港内の土産物ショップや飲食店も充実しており、東京観光の玄関口として重要です。

　開国後、横浜が貿易の拠点となり、東京港は出遅れました。東京の開港が難しかったのは東京湾の水深＊が浅かったからで、関東大震災を契機に念願の東京港が1941年に開港します。1960年代になるとコンテナ輸送が本格化して豊洲埠頭と品川埠頭、さらに大井コンテナ埠頭や青海コンテナ埠頭が完成して東京・首都圏の物流経済を支えていきます。

　品川の八潮パークタウン（八潮団地）は1983年から抽選で入居が始まった、憧れの団地でした。臨海部の再開発では天王洲アイルが2010年代以降注目され、商業店舗や飲食店、アートギャラリーや

イベントスペースを展開するまちづくりが進み、映画やドラマのロケ地になるなど、東京の観光振興を推進する水辺空間となりました。

　バブル経済を挟んで1991年に開館したしながわ水族館はトンネル水槽で人気を集め、大井競馬場もナイター競馬（トゥインクルレース）で集客力を高めました。

　一方、旧品川宿では、しながわ宿場まつりを毎年秋に開催し、おいらん道中などで地域おこしを推進しています。また、教科書に載るモースゆかりの大森貝塚遺跡庭園（国指定史跡）には全国から考古学ファンが訪れます。

　品川区や大田区の観光の魅力には、商店街のにぎやかさと下町的な雰囲気があります。戸越銀座商店街＊は全長1.3kmで3つの商店会に約400もの店が並んでいます。他にも青物横丁、中延商店街、武蔵小山商店街など元気な商店街が人々の生活を支えています。大田区でも蒲田西口商店街SUNROADや京浜蒲田商店街あすと、糀谷商店街、雑色商店街などアーケード街の商店街が多く残っています。

東京国際空港（羽田空港）

東京国際空港（羽田空港）（（公財）東京観光財団提供）

戸越銀座商店街（戸越銀座商店街連合会提供）

大田区の町工場は知られていますが、品川区も品川硝子、品川白煉瓦、品川縣麦酒*など日本の近代化に果たした製品が多く生み出されています。

港区高輪の泉岳寺は、赤穂藩主の浅野内匠頭長矩をはじめ、大石内蔵助良雄以下赤穂義士四十七士（墓塔は四十八基）の義士詣が江戸時代から始まり、現在も東京観光に欠かせない名所になっています。

高輪ゲートウェイ駅の開業とその再開発によって約150年前の明治初期の鉄道敷設で海上に築かれた高輪築堤跡が発見され、2021年に国の史跡に指定され、再開発整備の目玉として期待されています。

歴史

高輪築堤は、1872年に日本で初めての鉄道が新橋・横浜間に開業した際、海上に築かれた鉄道のための堤です。世界鉄道史上においても重要な近代化遺産*です。

中世後半の品川は、伊勢など西国から多くの船がやってきていて、東西交通の拠点として栄えた港町でした。江戸時代になると、東海道最初の宿場町、江戸四宿*の一つとして、江戸近郊の行楽地、遊興地として栄えました。大名が宿泊する品川本陣は、現在の聖蹟公園*の位置にありました。宿場の南側には鈴ヶ森刑場があり、刑場跡は都史跡に指定され、

当時の礎石などが残っています。

大森貝塚は、エドワード・モースにより日本で最初の発掘調査が行われた縄文時代の貝塚です。モースは1877年、横浜からの汽車の窓から貝層を発見し科学的な発掘調査を行い、その成果は、1879年「Shell Mounds of Omori」として出版されました。このことから大森貝塚は「日本考古学発祥の地」と呼ばれ、発掘で見つかった貝殻や土器は東京大学に保存され、品川区が発掘した貝塚や土器・骨などの一部は品川歴史館に展示されています。

大田区田園調布の多摩川の東側の台地上には、前方後円墳の亀甲山古墳と宝萊山古墳が並んでいます。これらは荏原台古墳群として国史跡に指定されています。宝萊山古墳は古墳時代前期から中期の多摩川下流域では最初の首長の古墳です。

大田区には多摩川の渡船場として、矢口の渡しがありました。ここは、南北朝時代の武将の新田義興が、足利氏の武将の計略により亡くなった地として知られています。1600年に徳川家康は六郷大橋を架けましたが、後に大洪水で橋は流され、明治に至るまで船渡しとなりました。

田園調布は、渋沢栄一らによる田園都市株式会社により「理想的な住宅地」として開発され、1923年から分譲を開始します。その理念は、都市の外側を田園や緑地帯で囲み、企業も誘致し、交通渋滞や公害のない、住宅環境に優れた都市を建設するというものでした。田園調布の駅前広場から放射状に延びるエトワール型の街路は、当時のヨーロッパの都市に見られた特徴をそのまま取り入れたもので東京の郊外住宅のモデルとなります。

建造物・インフラ

旧東海道である国道15号線を品川方向に進むと、江戸の出入口であった高輪

*戸越銀座商店街
全長1.3kmの長さをもつ戸越銀座商店街が日本一とよくいわれるが、実際は大阪天神橋筋商店街が2.6Kmで一番長いようだ。関東大震災で被災した銀座の道路舗装のレンガを戸越商店街でもらい受け、道路に敷き詰め復興を早く遂げた。これが戸越銀座商店街の名前の由来だという。

*品川縣麦酒
1869年-71年の短い期間だけ造られた日本初のビール。現在の京急線立会川駅近くに工場があり、元土佐藩の下屋敷。品川縣が大々的に売り出した。

*近代化遺産
日本の職人が築いた堤の上に、イギリスから輸入したレールが敷かれて蒸気機関車が走る、まさに日本の伝統技術と西洋の近代技術が融合して築き上げられた文明開化の象徴。

*江戸四宿
五街道で最初の宿場町の総称で、品川宿・千住宿・板橋宿・内藤新宿。江戸の出入り口として人・物資・情報・文化の集散地として機能し、周辺地域と異なった街並みをもっていた。旅籠一軒に2人までの飯盛女と称する給仕雑用をする下女を置くことが許されたが、実際は相当数の女を置いていたため宿場女郎と呼ばれた。

*聖蹟公園
1868年に明治天皇の行幸の際の行在所となったことに因み、聖蹟公園と命名されている。

77

大木戸（国史跡）があります。高輪付近を通る旧東海道は海沿いの道で、鉄道は海を埋め立てて通しました。品川駅の先、八ツ山を過ぎると旧品川宿＊の入口です。ここから江戸時代に刑場のあった鈴ヶ森までは、旧東海道の道筋が残っています。その東側はかつての目黒川河口、品川湊で、現在でも屋形船の船溜まりがあります。区立台場小学校には御殿山下台場跡があり、1870年に第二台場に設置された品川灯台は現在博物館明治村＊に移築されています。

北品川の鎮守は品川神社で、丘の上の境内には明治初期に建設された富士塚があり、京急線の車内からも見ることができます。目黒川を境に南品川となり、鎮守で海中渡御のかっぱ祭りで有名な荏原神社、3代将軍徳川家光が沢庵のために創建した東海寺、品川寺など、東海道沿いに神社仏閣＊が数多く点在しています。

さらに南へと進み大田区に入ると、台地上に池上本門寺があります。総門から仁王門へ上がる石段は、江戸時代の初めに加藤清正が寄進したとされています。五重塔は、江戸時代初めの1608年に完成したもので、五重塔としては関東最古です。

海辺に目を転ずると、羽田には穴守稲荷神社＊があります。明治時代に流行神（はやりがみ）

となり急速に成長した神社です。明治30年代には、京浜電鉄の穴守線（現・京急空港線）が開業し、東京の近郊海浜リゾートとして繁栄しました。東京国際空港（羽田空港）は、1931年の東京飛行場に始まります。戦後、米軍によって空港が接収されますが、1952年に日本に返還されると東京国際空港に改名します。高度経済成長期に離着陸の増加が問題となり、1978年に国際線を成田の新東京国際空港（現・成田国際空港）に移し、羽田は一部を除いて国内線専用空港としました。2010年からは再び羽田でも国際線就航を可能としてハブ空港機能を強化しています。現在は、滑走路4本と３つのターミナルビルを持つ日本最大の面積を有し、世界でも屈指の乗降客数が多い空港です。飲食店や東京土産などの物販も充実し、各ターミナル（ビッグバード）の屋上展望デッキから飛行機の離着陸を楽しむことができます。

大森と蒲田では映画に関わる施設がみられます。JR蒲田駅の発車メロディーは「蒲田行進曲」です。つかこうへい原作の『蒲田行進曲』（角川文庫）は直木賞作品ですが、舞台は東映京都撮影所であり、蒲田の街並みは登場しません。つかは「キネマの天地」としての松竹蒲田撮影所へのオマージュとして戯曲を創作しました。蒲田撮影所は1920年に開設さ

穴守稲荷神社（穴守稲荷神社提供）

れたものの、音の出るトーキー映画が広まると周囲に工場が立ち並び、騒音に悩まされるようになったため1936年に神奈川県大船町に移転することになりました。大森にあるキネカ大森は日本初のシネコンとして1984年にオープンし、最新映画はもちろん2本立ての旧作映画を上映する名画座としても有名です。

大田区は都内で最多の銭湯激戦区です。銭湯の中には黒湯とよばれるフミン酸を含む冷鉱泉が涌出するところもあります。JR蒲田駅からも近い「ゆ〜シティ蒲田」などは美肌・保湿効果が高い黒湯として親しまれています。

食・産業

目黒台から荏原台を経て久ヶ原台に至る台地上は、江戸・東京に野菜等を供給する屈指の近郊農業地帯でした。現在の青物横丁駅の近くは二日五日市村（ふつかいつかいち）と呼ばれ、青果物を取り引きする市が立ち並んだところでした。

昭和初期の荏原郡品川町ではカブやネギ、大井村のニンジン、大崎村のカボチャ、小山村のタケノコ、馬込村のキュウリや三寸ニンジンなどが知られていました。これらは、品川カブ*、馬込半白胡瓜（はんじろきゅうり）、馬込三寸ニンジン、タケノコ（孟宗竹（もうそうちく）*）などとして江戸東京野菜（JA東京中央会認定）に登録されている農産物です。西馬込駅の近くには「馬込半白節成胡瓜・馬込大太三寸人参発祥之地」の石碑、武蔵小山駅の近くには「孟宗筍栽培記念碑（もうそうたけのこ）」を見ることができます。また、「ムサコたけのこ祭り」「品川蕪品評会（かぶ）」など、江戸東京野菜にちなんだイベントも開催されるようになりました。

品川から大森、羽田にかけての地域は、東京湾の海苔養殖業の一大産地でした。1954年当時で、約1200世帯の漁家が海苔養殖に関わっていました。しかし、大井埠頭などの埋め立て事業に伴い1962年にすべての漁家が漁業権を放棄することで海苔養殖業に終止符が打たれました。今も、大森東地区の大森漁業組合の跡地には「漁業記念」の碑があり、大森駅東口広場には、本場乾海苔問屋協同組合の設置による「海苔養殖業発祥の地」の碑が置かれ、東糀谷5丁目の北前堀緑地には、海苔舟（ベカブネ）をイメージした「糀谷浦海苔漁業発祥之地（ひがしこうじや）」の石碑があります。海苔漁業の技術と歴史を体系的に学ぶための施設として、**大森海苔のふるさと館***があります。

大田区は日本でも屈指のものづくりのまちとして存在してきました。とくに、さまざまな技術をもった機械金属関係の中小零細工場が住工混在地域を形成し、受発注のネットワークを構築することで多品種少量生産に威力を発揮してきました。1980年代前半の全盛期には約9,200事業所を数えたものが、2016年現在では4,000を切る程度の数になっています。それでも大森東・大森西・北糀谷などの地区で、昔ながらの住居併用工場を見ることができ、活躍を続けています。

一方、多摩川沿岸の矢口・下丸子などの地区も有力な企業の多い工場街です。武蔵新田の駅に近いホワイトハウス新田は、昭和の蒲田のまちを彷彿させる典型的な工場長屋（貸し工場）で、500坪ほどの敷地に14の工場が入居しています。その一角には「くりらぼ多摩川」という地域交流施設があり、イベント開催時に見学が可能です。

ものづくりの現場はなかなか見ることはできませんが、2012年から始まった「おおたオープンファクトリー」の期間が大きなチャンスで、下丸子地区の工場や区が運営する工場アパート内の工場を見学できます。

＊品川カブ
長さが20cm程度にもなる品種で、東京長カブともいう。江戸時代の農書『成形図説』には近江蕪との対比で品川蕪が示されている。東海道品川宿なすびの会が中心となって品川カブ栽培の復活に取り組んできた。

＊孟宗竹
中国江南地方原産の孟宗竹の竹林で産出されるタケノコ。琉球から薩摩藩を経て、豪商、山路治郎兵衛勝孝が目黒台に導入し、農業条件に恵まれなかった戸越村、小山村、中延村等の特産品となった。なお、現代の日本で最も多く普及しているのは、この種類のタケノコである。

＊大森海苔のふるさと館
2008年に大田区平和の森公園にある博物館。地域の伝統産業である海苔づくりの歴史と文化を次世代に伝えることを目的に、自然、歴史、民俗を知り、学び、体験、講演などをする博物館。管理運営は特定非営利活動法人海苔のふるさと会。

東京23区　北部

武蔵野台地の東縁である豊島台および本郷台、これらの台地を刻む谷地、そして荒川低地にまたがって東京23区北部は広がっています。こうした台地と谷地・低地の境目あたりには魅力に満ちたスポットを多数見出すことができます。庶民の街を歩くと、伝統を引き継ぎながらもエリアリノベーションが進む息吹も感じられるでしょう。

アメヤ横丁商店街（アメ横）〈（公財）東京観光財団提供〉

5-1 池袋・巣鴨・駒込・雑司ヶ谷

観光スポット

　池袋は、1903年に池袋駅が開業したことにより、都市化が進んでいきました。1978年には、当時日本一の高さを誇ったビル、サンシャイン60が完成しました。サンシャイン60を含む5つのビルからなる複合商業施設のサンシャインシティには**サンシャイン水族館**＊、屋内型遊園地の**ナンジャタウン**＊や、プラネタリウム、ショッピングセンター、オフィス、ホテルなどがあります。サンシャイン60の西側の通りは「乙女ロード」と呼ばれ、主に女性向けのアニメや同人系ショップが並びます。

　池袋の南側にある目白から目白通り沿いは、閑静な住宅街が広がるエリアです。JR池袋駅の少し南には、自由学園明日館（みょうにちかん）があります。目白近辺には、**面影橋**＊や肥後細川庭園などの歴史を感じられるスポットもあります。

　巣鴨は中山道の最初の休憩所（立場）（たてば）として発展してきました。この旧中山道沿いに巣鴨地蔵通り商店街があり、「おばあちゃんの原宿」として親しまれています。1891年に上野にあった高岩寺（とげぬき地蔵）が移転し、また1903年に巣鴨駅が開業して大きく変わっていきます。この北西側には高村光太郎などが眠る都立の染井霊園があります。この周辺は江戸時代には植木屋が多く、幕府保護下の「薬園」もありました。

　雑司ヶ谷霊園＊は1874年に開設された都営霊園です。園内には、夏目漱石、小泉八雲など著名人も多数眠っています。

歴史

　サンシャインシティのあるエリアには、かつては第二次世界大戦前の**ゾルゲ事件**＊のスパイをはじめ、思想犯、反戦家等が拘置された東京拘置所がありました。GHQに接収されると戦争犯罪人を収容する巣鴨拘置所となり、通称、巣鴨プリズンと呼ばれ、極東国際軍事裁判にかけられた東条英機らA級戦犯7名の死刑が執行されました。1971年に東京拘置所が葛飾区小菅に移転したことで、副都心の再開発の一つとしてサンシャインシティができました。

建造物

　サンシャイン60は1978年に竣工しました。地上高240mの超高層ビルは、それまでの新宿三井ビルディング（225m）を越え、1990年に東京都庁舎（243m）が建つまでは日本一の高さを誇りました。

　自由学園明日館（みょうにちかん）(重文)は、**羽仁もと子**＊・吉一夫妻が帝国ホテルの二代目本館を設計したフランク・ロイド・ライトに依頼して建てられ1921年に開校した学校です。現在は一般公開され、結婚式など多目的利用されています。

　2015年に南池袋に完成した49階建てのとしまエコミューゼタウンは、超高層マンションと豊島区役所の庁舎が一緒になった日本初の複合施設です。3階から9階に豊島区役所の庁舎があります。1階から9階までの外装は、植栽と太陽光パネルを組み合わせたエコヴェールで、

＊サンシャイン水族館
日本初の都市型高層水族館。屋上エリアでは、来館者の頭上に水槽を配置している箇所があり、ペンギンやアシカが空を泳いでいるように見える。

＊ナンジャタウン
1996年、サンシャインシティ内にオープンした屋内型遊園地。園内を巡る推理ゲームなどの回遊型アトラクションのほか、昭和30年代の商店街を再現した「福袋七丁目商店街」などがある。

＊面影橋
神田川にかかる橋。江戸時代、鷹狩に来た太田道灌が急な雨に農家に蓑を借りようとしたとき、その家の娘が山吹の花を手折って道灌に渡した逸話がある。橋の名前は戦国時代、川面に写った我が身の不幸を嘆き、身投げした於戸姫（おとひめ）を思いやって名付けられたものという。

＊雑司ヶ谷霊園
江戸時代、霊園西側には徳川家光の御薬園があり、徳川吉宗の時代には将軍家の鷹狩用の鷹の飼育場として使用されていた。園内には「御鷹部屋の松」が残っている。

自由学園明日館（自由学園明日館提供）

トキワ荘外観（©トキワ荘マンガミュージアム）

「自然と建物の共存」を掲げたビルになっています。庁舎の屋上10階の屋上庭園「豊島の森」には、小川が流れ、低層部のテラスにせせらぎをつくり、武蔵野の雑木林と草花を再現した空間を見学することができます。

生活文化

　ターミナルの池袋では多様な芸術文化やイベントがみられます。毎年9月、10月に開催されるふくろ祭りは豊島区最大の規模で、前半はダンスショーやバンド演奏、和太鼓演奏、御輿の祭典、後半はかっぽれや佐渡おけさ、池袋やっさ踊りなどの踊りの祭典で、しめくくりに東京よさこいコンテストが行われます。

　池袋駅東口のサンシャインシティには古代オリエント博物館があり、日本初の古代オリエントをテーマとする博物館として考古、美術、歴史等の幅広い資料を展示しています。

　池袋駅西口には石田衣良の小説『池袋ウエストゲートパーク』の舞台となった池袋西口公園があります。池袋西口公園には東京芸術劇場があり、東口にはサンシャイン劇場や、ミュージカルや伝統芸

能を公演するホールやアニメ・サブカルチャーを楽しめる空間など個性の異なる8つの劇場を備えたHAREZA池袋が立地します。

　また池袋駅から西武池袋線で一駅の椎名町駅近くの南長崎には豊島区立トキワ荘マンガミュージアムがあります。ここは手塚治虫をはじめとする日本マンガの巨匠たちが青春をすごしたトキワ荘を再現したものです。

　巣鴨の慈眼寺には司馬江漢と芥川龍之介の墓があります。司馬江漢は江戸末期の蘭学者で洋風画家として活躍しました。染井霊園西側にある法華宗の本妙寺には遠山の金さんとして知られる遠山金四郎景元や千葉周作の墓、明暦の大火供養塔などがあります。都営の墓地である染井霊園には二葉亭四迷や岡倉天心、高村光太郎といった明治期の著名な文人の墓がみられるほか、園内のソメイヨシノも有名です。

　雑司ヶ谷の鬼子母神（法明寺・日蓮宗）は安産・子育ての守り神として、江戸時代から信仰を集めてきました。樹齢700年のイチョウが歴史の古さを物語っています。

*ゾルゲ事件
駐日ドイツ大使館顧問のリヒャルト・ゾルゲ（Richard Sorge）を頂点とするソ連のスパイ組織が、1941年9月から翌年4月まで相次いで逮捕された事件。ゾルゲが日本の政治・軍事機密情報をソ連に流していたことで逮捕され、尾崎秀実とともに東京拘置所で死刑が執行された。

*羽仁もと子
（1873-1957）
青森県八戸市の生まれ。報知新聞の校正係から記者になり日本初の女性ジャーナリストとなる。夫は報知新聞編集長の羽仁吉一。自由学園、婦人之友社の創設者。家計簿の考案者としても知られている。

5-2 上野・谷中・根津・千駄木

＊上野の山
上野の山の桜の起源は、江戸時代初期に天海僧正が吉野山の山桜を植えたのに遡り、江戸の中期にはすでに花見の名所として知られていた。上野戦争で当時の山桜は燃え尽きてしまい、現在見られる桜の多くは1948年に上野鐘声会が寄付したものである。

＊アメヤ横丁商店街
（アメ横）
アメ横は戦後の闇市から始まったが、その名前の由来としては大きく二つの説がある。一つは砂糖が手に入りにくかった時代に、中国からの引揚者会が飴を販売して人気を博したという説。もう一つはアメリカ進駐軍の放出物資を売る店が多かったからという説である。

＊根津神社
文京区根津にある神社。江戸時代までは根津権現。日本武尊が創建したと伝える古社で、東京十社の一つ。現在の社殿は1706年に甲府藩主徳川綱豊（のちの6代将軍家宣）が5代将軍綱吉の養嗣子となり、藩邸跡地の現在地に造営したもの。権現造りの傑作と称され、社殿七棟が国の重要文化財に指定されている。森鷗外の小説『青年』に神社が登場し、2021年に閉館した「水月ホテル鷗外荘」（台東区池之端）で使われていた鷗外の旧邸は根津神社に移築される予定。

観光スポット

　上野公園内の上野の山＊は、春には全国有数のサクラの花見スポットとして有名ですが、初夏になると上野の山下に広がる不忍池を覆いつくすように蓮の花が咲き、池の中央にある弁天堂が蓮の中に浮かび上がるように見える光景は幻想的です。

　不忍池のほとりにある上野動物園（東京都恩賜上野動物園）は、1882年に開園した日本で最初の動物園です。人気のジャイアントパンダをはじめ、約500種あまりの動物が飼育され、老若男女問わず多くの人が訪れます。

　上野の山のふもとにあるアメヤ横丁商店街（アメ横）＊は、約500ｍの中に食品、衣類、雑貨、宝飾品など400店の店舗が立ち並びます。成田空港へのアクセスが良いという立地から、外国人観光客も多く訪れ、特に年末には正月用の生鮮食品などを買い求める人たちで大変な賑わいをみせます。

　上野広小路に面する上野松坂屋は、1768年に尾張の伊藤屋が上野の松坂屋を買収して「いとう松坂屋」としたのが始まりです。2017年には松坂屋南館の跡地にパルコやTOHOシネマズ上野を複合した上野フロンティアタワーが開業し、周辺コミュニティと連携して「新しい下町文化」の創出と地域活性化を目指しています。

　東京国立博物館、東京藝術大学の前を過ぎて、言問通りを横切った北側には谷中があります。明暦の大火後に江戸各所にあった寺院がこの地に移転し、大規模な寺町が形成されました。谷中は上野戦争では罹災したものの、その後の関東大震災や第二次世界大戦での被害は少なく、古い町並みや寺院が今も数多く残されています。

　谷中霊園は、東京府が管轄する公共墓地として1874年に開設されました。面積約10haの広大な霊園には、多くの著名人の墓があります。

　言問通りと不忍通りが交差する辺りが根津です。不忍通を北に向かうと、1706年に5代将軍徳川綱吉によって造営された根津神社＊があり、ツツジの名所として有名です。ツツジは戦後に新しく植え直したもので、約100種3,000株と種類が非常に多く、長い期間さまざまな花を楽しむことができます。

　根津から北の千駄木駅近くの団子坂を西に登ると、二階から品川の海が見えたことから「観潮楼」と森鷗外が名付けた旧居跡に文京区立森鷗外記念館があり、千駄木のまちには高村光太郎旧居跡、文京区との区境の向丘には夏目漱石の旧宅跡（猫の家）もあり、文筆家や芸術家の住むまちでもありました。

　谷中銀座商店街は1945年頃に自然発生的に生まれた商店街で、現在も食料品やお惣菜、和菓子などを販売する約60店の小さな個人商店が、全長170メートルほどの短い通りに立ち並んでいます。その先には「夕やけだんだん」という階段があり、この上からは美しい夕焼けを眺めることができます。

　通称、「谷根千」と称されるこの界隈は、

下町風情にあふれ、寺町にレトロな商店街とおしゃれな店での買い物や食べ歩きが楽しめ、そして文化と芸術にも触れられる人気のエリアです。

歴史

上野の寛永寺は、僧天海の進言を受けた将軍徳川家光によって作られた寺で、創建時の年号をとって「寛永寺」としました。寛永寺は東京国立博物館の裏手にあり、根本中堂や将軍家の菩提寺として、歴代将軍の墓地*があります。幕末の1868年、彰義隊と新政府軍との上野戦争の主戦場にもなり、主要な堂宇を焼失しました。

1877年には旧境内にできた日本最初の公園*である上野公園で、第一回内国勧業博覧会*が開催されます。この博覧会で建てられた展示館は、その後博物館として利用されました。

東京タワーや新宿の高層ビルや東京駅と並んで、上野の西郷隆盛像は「上野の西郷さん」と呼ばれ、東京観光のシンボルの一つです。西南戦争で逆賊となった西郷は、1889年に大日本帝国憲法発布の恩赦で赦免され、1898年に高村光雲作の銅像が設置されました。

建造物

不忍池は、かつての東京湾の入江が、海岸線の後退によって池になったものとされています。

上野の台地は、摺鉢山古墳や五條天神社があるように、寛永寺創建以前から人々の信仰を集めていました。伽藍の中心となる根本中堂は、現在、噴水がある付近にありましたが、伽藍は上野の山全体に及ぶ大規模なものでした。1651年に建てられた上野東照宮も権現造の社殿が現存し、国の重要文化財に指定されています。一方、17世紀に建立されたとされる上野大仏は、仏殿、さらに胴体などが次々となくなり、顔だけになってしまいました。

本坊の跡地には、現在、東京国立博物館*の展示館が建っています。片山東熊の設計で1909年に開館した表慶館、渡辺仁の設計で1938年に開館した本館など、

東京国立博物館本館（東京国立博物館提供）

*歴代将軍の墓地
家康　日光東照宮
秀忠　増上寺
家光　日光東照宮
家綱　寛永寺
綱吉　寛永寺
家宣　増上寺
家継　増上寺
吉宗　寛永寺
家重　増上寺
家治　寛永寺
家斉　寛永寺
家慶　増上寺
家定　寛永寺
家茂　増上寺
慶喜　谷中霊園に囲まれた寛永寺墓地

*日本最初の公園
1873年の太政官布達によって最初の公園となったのは、寛永寺の上野公園、増上寺の芝公園、浅草寺の浅草公園、永代寺の深川公園、花見で有名な飛鳥山の5か所。上野公園は1924（大正13）年に宮内省を経て東京市に下賜されたことから恩賜公園の名前がついている。

*内国勧業博覧会
内務省が殖産興業を目的として開催した博覧会。第1回から第3回までは上野公園を会場として開催されたが、第4回は京都、第5回は大阪での開催となった。

*東京国立博物館
現在、東京国立博物館は6つの展示館を持つ。本館（渡辺仁設計、1938年開館、重文）、東洋館（谷口吉郎設計、1968年開館）、表慶館（片山東熊設計、1909年開館、重文）、法隆寺宝物館（谷口吉生設計、1999年開館）、平成館（1999年開館）、黒田記念館（岡田信一郎設計、1928年竣工、2007年所管替）。
公式HP
https://www.tnm.jp/
開館時間
9：30〜17：00
観覧料
（一　般）1,000円
（大学生）　500円

現在合わせて６つの展示館が日本、東洋などのジャンルごとに展示をしています。道路に面して建つ旧因州池田屋敷表門は、かつて丸の内にあったものを移築したものですが、江戸時代の大名屋敷の姿を伝える貴重な門です。上野にはこのほか、国立科学博物館、東京都美術館、国立西洋美術館、奏楽堂、国際子ども図書館など、数多くのミュージアムや図書館などがあり、いずれも展示もさることながら、建築としても見どころが少なくありません。

▍生活文化

台東区立書道博物館は、洋画家・書家の中村不折が蒐集した、日中書道史研究における重要なコレクションを収蔵し、その作品や関係資料を展示しています。

大名時計博物館では、陶芸家の上口愚朗（かみぐちぐろう）が蒐集した、不定時法*に合わせたさまざまな和時計を紹介しています。

弥生美術館は、挿絵画家・高畠華宵（たかばたけかしょう）の作品や、明治末期から昭和期の挿絵や出版美術を展示し、隣接する竹久夢二美術館は、滞在した菊富士ホテル*にほど近い場所で、竹久夢二作品や手紙などの資料を鑑賞できる美術館です。

台東区立下町風俗資料館では、明治期から昭和中期ごろまでの東京下町の文化や人びとの暮らしの様子を展示しています。

横山大観記念館では、画家の横山大観が90歳で没するまで暮らした旧宅を公開しています。建物の構造や内装のデザインには画家ならではの工夫が施されており、大観デザインの庭の散策も楽しめます。2017年に旧宅と庭園が国の史跡および名勝に指定されています。

前川國男の設計による東京都美術館では、すべての人に開かれた「アートへの入口」を目指し、国内外の名品を紹介す

る展覧会や鑑賞体験を深めるさまざまな工夫を行っています。

旧帝国図書館*の建物を活用した国際子ども図書館は、児童書専門図書館として子どもが本に親しむ機会を提供し、関連展示も行っています。

東京国立博物館は、1872年に湯島で開催された博覧会にその歴史を遡ることができます。1882年に上野公園に移転し、現代に至るまで絵画、書跡、彫刻、工芸、考古などさまざまな分野の収蔵品を受け継いできました。

国立科学博物館では、地球や生命の歴史、人類の歩みである科学技術の歴史に関する研究成果や標本などの資料を活用した展覧会を開催。飛行機型の平面をもつ1931年竣工の本館は、重要文化財に指定されています。

国立西洋美術館では、フランス政府から寄贈返還された松方コレクション（印象派の絵画とオーギュスト・ロダンの彫刻を中心とするフランス美術コレクション）を基礎に、西洋美術に関わる作品や資料を収蔵しています。これらの作品を、世界遺産として知られるル・コルビュジエ設計の本館（1959年）や、前川國男設計の新館（1979年）で公開しています。

向かいに立つ東京文化会館もまた、前川國男の設計で、世界各国のアーティストによるオペラ、バレエ、クラシックコンサートなどの公演が繰り広げられ、その音響の良さから世界に広く知られる音楽の殿堂となっています。

上野の森美術館では、さまざまなジャンルの美術展を定期的に開催し、また、公園にほど近い東京藝術大学大学美術館では、前身の東京美術学校以前からのコレクションを収蔵・展示しています。

上野公園にある寛永寺ゆかりのスポットとしては、寛永寺時鐘堂*や1639年の再建で、重要文化財に指定された旧寛

東京文化会館外観（東京文化会館提供）

＊寛永寺時鐘堂
1669年に設けられ、1787年に改鋳された寛永寺時鐘堂の「時の鐘」は、現在も正午と朝夕6時の計3回、毎日時を告げている。俳諧師・松尾芭蕉（1644～1694）の「花の雲鐘は上野か　浅草か」の句や文豪・永井荷風（1879～1959）の随筆『日和下駄』などの文学にも登場する。

永寺五重塔（動物園内）があります。

　落語定席の鈴本演芸場では、落語をはじめ多彩な色物を楽しむことができます。

　幸田露伴『五重塔』（1891年）は、谷中天王寺の五重塔建立をドラマにした作品で、職人気質を持ちながらひたすらに自己の技に生きようとする主人公の、近代人としての姿が描かれています。

　江戸最初の寄席興行が行われたとされる下谷神社には、俳人・正岡子規の句碑「寄席はねて　上野の鐘の夜長哉」があり、拝殿の天井絵は横山大観によるものです。

　正月、都内最古の七福神として知られる谷中七福神めぐりは、元旦から10日、約5.5kmを2時間程かけて巡拝します。

　上野公園の桜やツツジをはじめ一帯は花の名所で、根津神社のつつじまつり、明治期にルーツを辿ることのできる入谷朝顔まつり（朝顔市）、団子坂菊人形＊の再現を目的とした谷中菊まつりなど、四季折々の花にちなんだ催しが行われています。

食

　谷中銀座商店街をはじめ千駄木や根津

の駅周辺には、老舗だけでなく新しい飲食店が軒を連ねています。

　谷中というと谷中しょうがが有名ですが、その産地は台東区の谷中ではなく、かつての北豊島郡谷中本村（現在の荒川区西日暮里一、二丁目）です。諏訪神社の境内の脇の下町低地が見渡せる場所に、谷中しょうがを紹介する看板が設置されています。

　上野には、日本にフランス料理を広めた上野精養軒＊があります。また、東京市下谷区西黒門町（現在の台東区上野一丁目）には、「日本最初の喫茶店『可否茶館』」跡地の碑が建てられています。

入谷朝顔市（東京都提供）

＊団子坂菊人形
菊細工は江戸時代後期から巣鴨付近の植木屋たちが腕を競い合ったもので、日本人に親しみのある菊を用いて趣向を凝らしたことから人気を集めた。生人形師［いきにんぎょうし］・安本亀八（1826-1900）らが関わり、人形の頭や手足を菊に纏わせ、生きているかのような演出が評判を呼んだ。1856年以降に、駒込の団子坂に移り、見世物興行として隆盛を迎えたが、両国や浅草で同様の催しが盛んになると、明治末期には衰退した。

＊上野精養軒
上野恩賜公園内にある老舗西洋料理店。1872年に三条実美や岩倉具視の援助で西洋館ホテルを創業し、翌年、精養軒ホテルと改称し築地精養軒（関東大震災で焼失）が誕生する。1876年に上野公園開設に伴い、支店として上野精養軒を開業した。明治の鹿鳴館時代に、国内外の貴賓客や名士を集めて食事がなされ、森鷗外や夏目漱石の文学作品にも名を連ねる。

▓観光スポット

浅草の北部、隅田川に架かる千住大橋の北が北千住、南が南千住です。千住大橋の近くには、水産物を扱う中央卸売市場の足立市場があります。千住は日光街道（正式には日光道中）の宿場町千住宿として栄え、北千住駅周辺は今日でも足立区における中心的な繁華街となっています。

西口にはマルイやルミネなどの大規模商業施設があり、少し進んだ宿場町通りでは、千住絵馬屋の吉田屋や地すき紙問屋の横山家住宅など、宿場町の名残を感じることができます。

このエリアの最も著名なスポットは柴又帝釈天*です。1629年に開かれた帝釈天は、今日でも参道の団子屋や煎餅屋、川魚屋と共に休日になると賑わいをみせます。

江戸川は東京都と千葉県の境を流れる一級河川です。江戸時代を通じて橋が架けられることはなく、代わりに渡し船が活躍しました。矢切の渡しは、現在に残る貴重な東京の渡し船です。伊藤左千夫の小説「野菊の墓」や歌謡曲「矢切の渡し」でも有名となりました。

東京の下町を代表するこのエリアには昔ながらの施設が見られるのも特徴です。北千住のタカラ湯、葛飾の金町湯など多くの銭湯が残っています。また、立石仲見世商店街は狭い通りに多くの商店や飲食店が並び、昭和の時代の雰囲気を味わうことのできる貴重な商店街です。

このエリアには、歴史ある庭園もあります。帝釈天と寅さん記念館の間には和風庭園と大正から昭和期の和洋折衷建築で有名な山本亭、歌川広重の浮世絵にもなった花菖蒲で有名な堀切菖蒲園*などがあります。また、中川と江戸川の間に位置し、花見のスポットともなる水元公園は、23区でも最も広い、約96haを有する公園です。それ以外にも、鉄道をはじめとするさまざまな交通遊具で遊ぶことのできる葛飾区新宿交通公園、野球場などのグラウンドを複数持つ東綾瀬公園など、ユニークな公園があります。

▓歴史

小塚原刑場は江戸の刑場の1つで、日光街道千住宿の手前にありました。また、刑場での死者の埋葬と供養を行うため、隣接地に小塚原回向院が創建されました。安政の大獄で処刑された吉田松陰や蘭学者杉田玄白らが『解体新書』完成のため刑死者の解剖（腑分け）に立ち会った場所でもあります。

*柴又帝釈天
正式には経栄山題経寺。日蓮宗の寺院で、開山は中山法華経寺19世の禅那院日忠、その弟子の題経院日栄ともいう。帝釈天は仏教の守護神の天部の一つ。1629年に開創。18世紀末頃から帝釈天信仰が高まり、縁日の庚申の日に多くの参拝者を集めるようになる。

*堀切菖蒲園
葛飾区堀切にある公園（植物園）。百姓の小高伊左衛門が始めたとされている。花菖蒲の名所として江戸時代から知られている。ほりきり葛飾菖蒲まつりは6月初旬〜20日頃。

柴又駅前の寅さん（東京都提供）

建造物・インフラ

　荒川区荒川にあった旧三河島汚水処分場喞筒（ポンプ）場施設は、1922年に東京市が建設した日本最初の近代下水処理場で、国の重要文化財にも指定されています。

　1899年には、帝釈天への参詣者を輸送するため、金町と柴又の間で人が客車を押す帝釈人車鉄道*が開業し、多くの参拝者を運びました。

　西新井大師總持寺は、弘法大師が開創したともいわれる古い寺院で、現在の本堂は1971年に建立されたものですが、1884年に改修された三匝堂は、都内では非常に珍しい栄螺堂となっています。

生活文化

　堀切菖蒲園は江戸の名所として知られており、歌川広重や歌川豊国らの錦絵などにも登場しています。園内には江戸花菖蒲200種6,000株が植えられており、その見頃は毎年6月上旬から中旬頃です。

　柴又の葛飾柴又寅さん記念館には東映大船撮影所から移設した団子屋「くるまや」やタコ社長の「朝日印刷所」のセット、フーテンの寅さんが旅の道中いつも携えていたトランクが展示・公開されています。山田洋次ミュージアムも併設されています。柴又帝釈天へと続く参道にある昭和レトロな外見の建物が柴又ハイカラ横丁、柴又のおもちゃ博物館で、フォトスポットとしても大変人気があり、週末はカメラを持った観光客で賑わいます。

　常磐線のJR亀有駅北口前に人気漫画「こちら葛飾区亀有公園前派出所」の両さんの等身大ブロンズ像*があります。葛飾区四ツ木は「キャプテン翼」の原作者である高橋陽一の出身地であり、「サッカーの聖地」となっており、泪橋や山谷は漫画「あしたのジョー」の舞台で、土

帝釈天参道（東京都提供）

手通り沿いの日本堤には等身大の矢吹丈の像が立っています。また、この近辺に点在する簡易宿泊施設は、その料金の安さから外国人旅行者や日本の若者の利用が多く見られるようになってきました。

食・産業

　城東の近郊農村地帯であったこのエリアは、亀戸大根（江東区亀戸・香取神社）、三河島菜と枝豆（荒川区荒川・稲荷神社）、水セリ（足立区扇・御嶽神社）、ツマモノと下千葉コカブ、糸ミツバ（足立区栗原・氷川神社）、千住ネギと金町コカブ（葛飾区東金町・葛西神社）など、多くの園芸品目の栽培記録や由緒碑が神社などに残されています。なかでも千住河原町にあった千住市場*には、地元の千住ネギや金町コカブをはじめ日光街道を使って埼玉方面からも多様な野菜、芋類、川魚などが集まっていました。

　近年では、このエリアでも再開発が盛んに進められており、大規模な集合住宅や商業施設がみられるようになりました。北千住駅前などはその典型的な地区で、西口側の再開発に続き、現在は東口側の再開発も進行しています。このあたりは、古くからのディープな雰囲気の飲み屋街と近代的な街並みがともに楽しむことができる街です。

*人車鉄道
人車軌道ともいう。人が客車や貨車を押して走らせる鉄道のこと。小型軽量のトロッコに2人から4人程度を定員として、押し屋が人力で動かす。人車から馬車鉄道に変わることが多い。

*両さんの等身大ブロンズ像
南口には両津勘吉祭り姿像、ゆうろーどポケットパークには少年両さん像、亀有公園のベンチに座った両さん像など現在亀有には全部で15体のこち亀キャラクターの像がある。

*千住市場
江戸時代には、神田・駒込・千住が幕府の御用市場だったが、千住市場は規模が最も大きく、「やっちゃ場」と呼ばれた青物市場。1945年に東京北魚市場とあわせた総合市場となり、中央卸売市場足立市場として発展的に解消された。

5-4 練馬・石神井・大泉学園・板橋・高島平

＊高島平団地
住宅不足解消のために
日本住宅公団（住宅・
都市整備公団を経て、
現在、都市再生機構）
によって開発された。
総戸個数は1万戸余り。
14階建ての高層住宅
群で、現在は老朽化の
ため建て替え事業が進
行中。

＊スタジオツアー東京
ワーナー ブラザース
スタジオツアー東京-
メイキング・オブ・ハ
リー・ポッター
世界的に有名な児童文
学作品、ハリー・ポッ
ターの世界を楽しめる
体験型エンターテイメ
ント施設。ロンドンに
次ぐ世界2番目の開業。

観光スポット

　板橋区は東京23区の北部にあり、埼玉との県境を流れる荒川の河川敷には緑地が広がり、スポーツ施設が集積しています。高島平には1972年に入居が開始され、「東洋一のマンモス団地」と呼ばれた高島平団地＊があります。

　東武東上線の大山駅に接する商店街、ハッピーロード大山は東京で初めてクレジット事業を開始し、全国で初めて商店街共通のポイントカードを発行した商店街で、1978年に完成したアーケードが有名です。

　都営三田線板橋本町駅近くの中山道に

は、皇女和宮が徳川家茂に嫁ぐ際、縁起が悪いと迂回したとされる縁切榎があります。かつて庶民の間では悪運を絶ち良縁を生むとされてきました。

　遊園地のとしまえんが2020年に閉園した後、大部分は練馬城址公園として整備される予定で、一部は、2023年にハリー・ポッターの映画の世界を再現した**スタジオツアー東京＊**が開園しました。

歴史

　板橋区徳丸ヶ原では、高島秋帆により日本最初の洋式砲術調練が1841年に行われ、徳丸ヶ原公園には記念碑が立っています。板橋区立加賀公園には、加賀藩

高島平団地全景（1989年）（東京都提供）

下屋敷の富士塚や、国指定史跡の「陸軍板橋火薬製造所跡」があり、露天式発射場の土塁や、的などの遺構を見ることができます。

中世に練馬城（旧としまえん内）を居城としていた豊島氏は練馬城の他に平塚城（北区平塚神社付近）、練馬区の石神井城*を拠点として石神井川流域を支配していました。1477年、太田道灌は江古田（中野区）で豊島氏と戦い、打ち破りました。この戦いを江古田原沼袋合戦といい、妙正寺川が分岐する区立江古田公園内に石碑が立っています。この後、道灌は石神井城を攻め、豊島氏は滅びました。

練馬区の北側に広がる光が丘公園は、戦前に大緑地計画*の一環として計画されますが、1943年には首都防衛のため、陸軍の成増飛行場が建設されます。戦後は米軍の管理下でグラントハイツとして利用され、1973年に返還されました。

建造物・インフラ

大山道道標は、高さ約1.5メートルの石造物で、旧川越街道と大山道*の分岐点に立っています。1753年に下練馬村講中によって建てられたもので、大山への参拝の助けになっています。

石神井にある三宝寺には、勝海舟家の長屋門が移築されています。三宝寺の北には三宝寺池が広がり、三宝寺池沼沢植物群落が1935年に国の天然記念物に指定されました。三宝寺池の周りには、石神井ホテル*がかつてあり、また日本で最初の100mプールもありました。

生活文化

練馬区はジャパンアニメーション発祥の地です。1958年に東映動画（現東映アニメーション）が日本で最初につくった劇場用カラー長編アニメーション『白蛇伝』や1963年に虫プロダクションがつくった連続テレビアニメ『鉄腕アトム』などで知られており、区内には約100社のアニメ制作関連会社が立地し、日本有数の集積地となっています。練馬区東大泉の東映アニメーション大泉スタジオ1Fには東映アニメーションミュージアムがあり、東映アニメーションの豊富な資料を展示しています。また、西武池袋線大泉学園駅北口のペデストリアンデッキには大泉アニメゲートがあり、『鉄腕アトム』のアトムや『銀河鉄道999』のメーテルと星野鉄郎、『あしたのジョー』の矢吹丈といったアニメキャラクターの等身大モニュメントや、大泉のまちづくりを写真で振り返るグラフィックウォールなど、練馬区の産業・文化から造り上げる「アニメ・イチバンのまち 練馬区」を体感できる空間となっています。

食・産業

この地域には都市農業が存続しており、練馬区は、戦前は大根（練馬大根）の、戦後はキャベツの産地として知られてきました。今日では、キャベツ、ブロッコリー、大根、枝豆、ブルーベリー、柿など多品目の野菜や果樹の栽培が盛んです。あわせて、練馬区では農業体験農園、区民農園、観光農園など消費者との交流型の農園事業が盛んです。区内には多くの個人直売所やJAの共同直売所が設けられており、練馬野菜カレーなどの特産品も生まれています。

*石神井城
石神井城は、15世紀の城としては土塁などが良く残っており、都の指定史跡。内郭では、区民が参加した発掘が行われ、出土資料は近くの石神井公園ふるさと文化館に展示されている。城の南には、豊島氏に関係し、板碑の展示室を持つ三宝寺や、一族の墓がある道場寺、そして氷川神社が並んでいる。

*大緑地計画
東京市の外周に環状に緑地帯を設定する計画で、1940年の都市計画法改正により、拠点部分は都市計画緑地として買収し整備された。これは首都東京の防空、防災としての意味もあったが、現在でも東京を取り巻く都立公園としてみることができる。

*大山道
大山は古くから霊場として有名な神奈川県下の山。この大山へ至る道は、「大山道」と呼ばれ、江戸周辺各地から神奈川県の伊勢原へ通じていた。現在の富士街道がこれにあたる。

*石神井ホテル
三方寺池の南側斜面に建っていた木造のホテル。大正後半には営業しており、戦後は「石神井アパート」と変わり、檀一雄らの作家が逗留し、作品を執筆した。1977年に取り壊され、現在は公園内の平坦地となっているが、詳細は、池の北側にある石神井公園ふるさと文化館分室で確認することができる。

*日本の都市公園100選
一般社団法人日本公園緑地協会が選定。都内では、国営昭和記念公園、都立上野恩賜公園、都立日比谷公園、都立水元公園、代々木公園、そして音無親水公園が選ばれている。

*郡衙
律令時代の郡の役人（郡司）が政務を行った役所をいう。稲を保管する倉や宿泊用の建屋を持つ。国府とともに郡衙はその地域の行政の中心で、郡司は地方の有力豪族が多いが、国府と郡衙の交通路や所在地は不明なことが多い。

*豊島近義
生没年不詳
「平塚明神弁別当城官寺縁起絵巻」（北区指定文化財）によれば、豊島太郎近義が平塚城をつくったと伝える。南武蔵に勢力を持ち、平氏一門で坂東平氏の秩父武常の子とされるが、近年の研究では二代後の秩父康家が豊島氏の初代とする説もある。

*長尾景春
室町時代後期から戦国時代の武将。白井長尾氏の五代当主。主君上杉顕定の陣を急襲して上杉勢を一掃するも、豊島氏をはじめとする関東武士を集めて乱の拡大をはかろうとするが、扇谷上杉氏の家老太田道灌が反乱軍を鎮圧する。長尾景春の乱は上杉にとってかわろうとする下剋上の反乱とされる。

▊観光スポット

　西日暮里駅の西の高台にある西日暮里公園内に道灌山の碑があります。道灌山は、武蔵野台地の最東端に位置し、江戸時代から江戸郊外の虫聴き、月見などの名所として知られていました。

　京浜東北線・山手線を眼下に田端駅から田端文士村記念館を過ぎると、1956年から都立公園として一般公開されている旧古河庭園が見えてきます。

　飛鳥山公園は桜の名所として都内屈指の公園です。その公園には北区飛鳥山博物館、旧王子製紙収蔵資料を展示する紙の博物館、実業家の渋沢栄一関連の資料を収蔵・展示する渋沢史料館があり、飛鳥山古墳群もあります。

　飛鳥山の北側には石神井川（音無川）を整備してできた区立の音無親水公園があります。**日本の都市公園100選***の一つに選ばれ、春は桜、秋は紅葉の名所となっています。その北には名主の滝公園があり、落差8ｍの男滝を見ることができます。

　王子製紙に代表されるように、北区の王子・滝野川エリアは洋紙産業の近代化をいち早く推進した地域として、2007・2008年に周辺の建造物や機械等が近代化産業遺産として認定されました。日本の産業遺産を訪ねてみるのもおすすめです。

▊歴史

　平塚神社周辺には、武蔵国豊嶋郡の**郡衙***があったとされる場所で**豊島近義***

太田道灌坐像　（北区飛鳥山博物館所蔵・提供）

が平安時代に築城したと伝える平塚城跡があります。隣接する甲冑塚古墳は、後三年の役（1083～87）の帰路に源義家ら一行がこの館に逗留し、その礼として鎧を埋めて城の鎮守としたとの伝承があります。

　室町時代中期に関東管領上杉氏を支持してきた豊島氏は、石神井城（練馬区）を本拠地とし、練馬城と平塚城を支城として勢力を伸ばしました。**長尾景春***の乱（1476～80）に呼応した豊島泰経・泰明兄弟は、上杉氏に反旗を翻します。これに対して扇谷上杉氏家臣で江戸城主の太田道灌は、江古田・沼袋の戦いで石神井城を落とし、1477年に豊島氏宗家を滅亡させ関東の争乱に終止符を打ちました。

　このエリアには太田道灌ゆかりの地が多くあり戦後の歴史が刻まれています。静勝寺（北区赤羽西・曹洞宗）には**道灌の坐像***が安置されています。

建造物・インフラ

　旧古河庭園（きゅうふるかわていえん）にある旧古河邸は明治の元勲・陸奥宗光の邸宅で、次男が古河家の養子になった後、古河家の所有となりました。、1917年のジョサイア・コンドル最晩年の設計の洋館です。

　隅田川沿いには、大型の赤羽体育館をはじめ、豊島北コミュニティアリーナが2012年にオープンしています。高台には、東京都障害者総合スポーツセンター体育館や滝野川体育館などの大型の施設があり、スポーツ・文化芸術、健康づくりなど多目的な施設としても利用されています。

　このエリアでは鉄道が注目されます。現在、唯一の東京都電となった荒川線（東京さくらトラム）は、新宿区の早稲田停留場から荒川区の三ノ輪橋停留場の約12.2kmを1時間程でつないでいます。台地と低地の間を山手線、京浜東北線、高崎線、宇都宮線、東北新幹線が走り、池袋方面からはかつての赤羽線＊から埼京線に代わって板橋・十条・赤羽の駅をつないでさいたま副都心方面に向かいます。

東京さくらトラム（（公財）東京観光財団提供）

生活文化

　日暮里の北に位置する田端には田端文士村があり、芥川龍之介や室生犀星、板谷波山（いたやはざん）といった作家や芸術家などが居を構え、その作品や原稿、書簡等の資料が田端文士村記念館に展示されています。JR田端駅南口に続く坂やそこからの景色は新海誠監督作品の映画『天気の子』でも取り上げられました。

　王子神社で行われる王子田楽＊（北区無形民俗文化財）は戦後中断していましたが再び復活させ、中世の面影を今に伝えています。すぐ北には、江戸時代中頃から人々の信仰を集めてきた王子稲荷神社があります。王子駅北の装束稲荷神社には王子の狐の行列や狐火といった伝承も残され、装束榎の碑があります。歌川広重の「名所江戸百景」にも描かれています。1993年の大晦日から広重の浮世絵にならって揃って王子稲荷神社に初詣をする「狐の行列」が始まり、多くの観光客に親しまれています。

食・産業

　王子には、明治期に渋沢栄一が石神井川の水利を手漉き用・動力用に用いた日本で最初の洋紙会社である「抄紙会社」（後の王子製紙）を設立しました。これと関連して1876年には印刷局抄紙部が設立され、現在の国立印刷局王子工場に継承されています。

　下町低地にある日暮里中央通りには大正時代初期に浅草の古繊維、裁落業者が集団移動して、およそ1キロにわたって90軒以上の生地織物を扱う繊維問屋街、ファッション・小物・手芸用品などを揃えた日暮里繊維街を形成して賑わいを見せています。

　北区十条には1964年のオリンピックを契機に生まれた「からし焼き」があります。ニンニクとショウガとトウガラシを利かした甘辛のたれで煮込んだ肉豆腐ともいえるスタミナ料理は、製紙工場などで働く人びとの活力源となったといわれています。

＊道灌の坐像
木坐像は胎内にあった銘札により1695年静勝寺第6世風全恵薫の造立で、1989年に北区指定有形文化財に指定されました。道灌堂は道灌の250回忌にあたる1735年に建立され、厨子は350回忌にあたる1835年に製作された。月命日の26日に開扉され像を見ることができる。

＊赤羽線
1883年に開業した上野―熊谷間の2年後に、赤羽・板橋・新宿・渋谷・品川を結ぶ品川線に始まる。品川線は、群馬方面から横浜港への生糸輸送をはじめ、物資輸送に重要な役割を果たした。1925年に山手線が環状運転を開始したことで赤羽線を正式名称としたが、通勤ラッシュ緩和の通勤新線として1985年に埼京線（正式名称ではなく系統名）を開業し、その後、南に延伸し、東京臨海高速鉄道（りんかい線）乗り入れや相鉄線直通など大きく鉄道輸送の運行スタイルを変える重要路線となる。

＊王子田楽
1322年に勧請とともに始まったとされる王子田楽は戦後中断していたが、1983年に地元有志が復興させた。8人の小中学生からなる舞童が大太鼓、笛の音に合わせてびんざさらを鳴らしながら踊る。武者が回りに配置されるなど中世の芸能の特徴を持つ。魔除け災難除けとして花笠をかぶって踊り、終わると菓子や手ぬぐいなどを撒く「福まき」が行われる。

東京多摩 北部

この地域は、現在では東京の郊外の住宅地などが広がっていますが、一方で武蔵国の中心地として、古代や中世からの歴史が重層的に積み重なってきています。近代的な都市整備が進む中で、時に顔を出す土地の記憶がこの地域独特の特徴と奥行きを醸し出しています。

井の頭恩賜公園 （（公財）東京観光財団提供）

観光スポット

　吉祥寺駅の南側一帯には、武蔵野市から三鷹市方面に都立井の頭恩賜公園＊が広がっています。ここには、神田川の源流の一つであり、井の頭弁財天が祀られている井の頭池を中心とした公園部分のほか、動物園と水生物園からなる井の頭自然文化園、テニスコート・野球場などのスポーツ施設、三鷹の森ジブリ美術館があります。

　吉祥寺駅と井の頭公園をつなぐ位置に百貨店のマルイがあり、その周辺から駅北側のロータリー、さらに北に伸びる吉祥寺サンロード商店街を中心に飲食店をはじめとした繁華街が広がります。駅北西側にある東急百貨店の周辺（通称東急裏）には、吉祥寺の雰囲気を象徴する雑貨店や飲食店などが集まっています。同じく駅北側すぐの路地を入ると、細いアーケード街が連なり、狭い間口の店舗がまるでハーモニカの吹き口のように立ち並ぶハーモニカ横丁＊があります。地元の人たちから「ハモニカ横丁」の名で呼ばれ、飲食店など昭和の雰囲気を感じることができます。

　JRの三鷹車両センターには、線路を南北にまたぐ三鷹跨線人道橋があり、昭和初期に古レールを再利用して作られた陸橋からは、中央線の車両を眺めることができ、晴れた日には富士山も望むことができます。かつて三鷹に住んでいた太宰治＊のお気に入りの場所としても知られています。

歴史

　武蔵野市八幡町の五日市街道沿いに御門訴事件の碑があります。御門訴事件とは武蔵野新田十二カ村の農民が幕末からの凶作と維新後の物価高騰に苦しみ、品川県＊から出された社倉＊制度に反対するため、1870年に日本橋浜町河岸にあった品川県庁門前で数百人が武力を伴わない集団直訴を決行し死者を出した事件で、当時の農民の様子がわかります。石碑はその悲劇を後世に伝えるため24年後に返金された社倉金と寄付で建立されました。

建造物

　玉川上水は、1653年に、江戸に水を供するために多摩川から引かれた水道で、現在も羽村で取水して四谷まで流れています。武蔵境から三鷹にかけては、桜並木沿いに水路が流れ、人々の憩いの場ともなっています。上水に沿って建つ作家山本有三の住んでいた洋館は、現在、山本有三記念館として一般公開しています。また、1948年に玉川上水で入水自殺した太宰治の碑も上水沿いに建っています。

生活文化

　武蔵野市の中心地である吉祥寺は、賑やかな繁華街と、閑静な住宅街が集まっています。さらに、文化・芸術に触れることができる施設が充実していて、住みたい街ランキング上位の常連になっています。文化施設も充実しており、映画館の吉祥寺オデヲンや吉祥寺プラザ、劇場の吉祥寺シアターや武蔵野芸能劇場、

三鷹の森ジブリ美術館（東京都提供）

ミュージアムは武蔵野市立吉祥寺美術館や武蔵野ふるさと歴史館があります。

　三鷹は、作家や文化人が暮らしたまちです。太宰治は、1939年から家族とともにこの地に暮らし始め、『乞食学生』（1940年）や『黄村先生言行録』（1943年）、『作家の手帖』（1943年）『ヴィヨンの妻』（1947年）などの作品にも当時のまちの様子が描かれています。山本有三は、1936年から1946年まで、家族とともに三鷹に居を構え、代表作の『路傍の石』や戯曲『米百俵』を執筆しました。また、蔵書を利用した「ミタカ少国民文庫」を開きました。国木田独歩の代表作『武蔵野』（1898年）には、現在の武蔵境駅付近が登場します。こうした著名な作家・文化人に三鷹の地が愛された歴史は、三鷹市山本有三記念館、太宰治文学サロン、太宰治展示室・三鷹の此の小さい家、森鷗外・太宰治の墓（禅林寺）、野口雨情童心居・歌碑（井の頭自然文化園内）や国木田独歩の碑などから知ることができます。

　また、2001年に開館した三鷹の森ジブリ美術館は、宮崎駿の作品を中心とするスタジオジブリの映画に関するミュージアムで、外国人旅行者にも人気があり

ます。その他、世界天文年の2009年にオープンした三鷹市星と森と絵本の家は、市内の国立天文台の敷地内にある大正時代の建築物を保存・活用して、絵本の展示と絵本に触れる空間が提供され、自然や科学への関心につながる活動が行われています。

食・産業

　いせや総本店は、吉祥寺の焼き鳥の老舗店です。昭和初期に創業し、風情のあった店舗は残念ながら建て替えられたものの、燻煙の立ち込めるなかで食べる焼き鳥は格別です。

　吉祥寺土産の定番は、ダイヤ街にある老舗和菓子店の小ざさの羊羹と最中です。とくに羊羹は1日150本限定で早朝から行列ができる名物です。美味しさの生命線は武蔵野の地下水にあるといいます。古くて新しい吉祥寺銘菓は「井」桁の形の井の頭煎餅＊です。

　江戸時代の新田開発によって拓かれた武蔵野台地ですが、新田といっても水に乏しく大麦や小麦を中心とした畑作農業でした。農民たちの普段の主食は大麦を用いた麦ごはんで、一方、小麦は重要な販売用作物だったため、うどんは祝い事などがなければ食べられないごちそうでした。こうした歴史に着目して、武蔵野市内で小麦栽培を復活させて、地域ブランド化したのが武蔵野地粉うどん＊です。やや茶色がかったコシの強い太麺を具だくさんのつけ汁で食べるのが特徴で、吉祥寺および武蔵境の蕎麦店など6店舗ほどで提供されています。

＊品川県
品川県は1869年に明治政府によって設置された県。現在の練馬区、杉並区、中野区、新宿区、渋谷区、目黒区、品川区、大田区、世田谷区および多摩地区と埼玉県と神奈川県の一部。

＊社倉
災害や飢饉の非常時に備えて囲い米を備蓄保管する倉をいう。一定の人数で穀物を出し合って貯蔵し、飢饉の時などに借りだして、収穫時に返済するなどの自治的な取り組みが行われた。

＊井の頭煎餅
昭和初期から中頃にかけて親しまれ、惜しまれながら廃業した小美濃煎餅に替わり、吉祥寺の花見煎餅吾妻屋の手によって東急百貨店吉祥寺店の開店30周年記念で復刻。

＊武蔵野地粉うどん
武蔵野商工会議所と東京都麺類協同組合武蔵野支部が協力して企画した商品。古くより、武蔵野台地上の農家ではうどん食の文化があり、「武蔵野うどん」の総称が用いられるようになっているが、「武蔵野地粉うどん」は市内産の小麦を3％含んで商品化したもの（他の97％は埼玉県産）。乾麺としても販売されている。小麦栽培はJA東京むさし武蔵野支店とも連携しており、市内の小学校の食育にも活かされている。

＊深大寺
浮岳山昌楽院深大寺。天台宗別格本山。733年に法相宗の満功上人の開創とされ、平安時代に天台宗に改宗。火災により現在の本堂は大正時代の再建である。国分寺崖線の崖面に抱かれるように建つため境内に複数の湧水が見られる。名物の深大寺そばも、蕎麦栽培、そば打ち、茹でと水晒し、水車による製粉も水を利用したもの。厄除元三大師は毎年3月3日・4日に行われ、深大寺だるま市、元三大師御影供が行われる。

観光スポット

武蔵野台地の南部に位置するこのエリアは、昭和の時代に都心の近郊として開発が進んだ地域であり、広大な面積を必要とするスタジアムや公園、大手食品製造企業の工場などが多い地域です。歴史的にみれば、武蔵国の国府が置かれた場所でもあり、中世までは地域の中心地でした。

奈良時代の古刹深大寺＊の周辺は、だるま市や豊かな水を活かしたそばが有名です。近くには一級河川の野川が流れ、東京スタジアム（味の素スタジアム）があります。野川の上流には日本初の公園墓地である多磨霊園があります。

国府が置かれた府中には武蔵国の総社である大國魂神社があります。また、東京競馬場は、競馬観戦だけでなく、乗馬体験や競馬博物館で競馬の歴史が学べ、キッズエリアで楽しむこともできます。

深大寺の南には、東京の天然温泉を楽しめる湯守の里があります。また、サントリーや、キユーピーの工場などの工場見学ができるのもこのエリアの特徴です。

多摩地域で最大規模の大東京綜合卸売センター（府中市場）が東京競馬場の南側にあり、一般客でも商品を購入することができます。

多摩川に近く、また崖線上に豊富な水が湧出るこの地域には、古代から人々が生活をしていた形跡が多く残っています。

府中駅から伸びる馬場大門のケヤキ並木や、郷土の森公園からのびる新田川緑道は散策に適したスポットです。東京の街路樹を育成する樹園地（圃場）を起源とする神代植物公園は、都内唯一の植物公園です。

歴史

この一帯は古代の古墳群が多く、狛江にある古墳群を総称して狛江古墳群、または狛江百塚といい、13基の古墳が現存しています。

調布市深大寺元町にかつて存在した深大寺城は、後北条氏が支配したのち廃城になったものの、城が手付かずで残り、城郭史上、貴重な城館跡（国の史跡）になっています。

調布市は新撰組ともゆかりがあります。局長近藤勇は同所野水の富農の家に生まれ、1868年の処刑後は、生家近くの三鷹市の龍源寺に埋葬されました。

建造物・インフラ

深大寺は、733年に開創したとされる都内でも屈指の古刹です。本尊の「銅造釈迦如来倚像（白鳳仏）」は国宝に指定されています。府中は、その名の通り国府が置かれた古代武蔵国の中心地でした。大國魂神社＊で5月に行われるくらやみ祭は、この神社の例大祭で、東京都の指定無形民俗文化財となっています。武蔵国府跡は、この大國魂神社に隣接し、国の史跡にも指定されています。

多磨霊園は、大正時代に深刻化した東京市の墓地不足に対処するため、1923年に開設された大規模な郊外墓地です。東京の郊外では、長い歴史を持つ公園墓地で、著名人の墓も数多くあります。ま

大國魂神社（東京都提供）

＊大國魂神社
武蔵国の総社。武蔵国の一之宮小野神社（多摩市）、二之宮二宮神社（あきる野市）、三之宮氷川神社（さいたま市）、四之宮秩父神社（秩父市）、五之宮金鑚神社（埼玉県児玉郡神川町）、六之宮杉山神社（横浜市）を合わせ祀る総本社。神社境内地がかつての国府跡として国の史跡となっている。参道の欅並木は国の天然記念物。東京都指定無形民俗文化財のくらやみ祭は、国府で行われた国府祭が起源だとされている。街の明かりをすべて消した深夜の暗闇の中で行ったことからこの名がある。

た近くには東郷平八郎の別荘跡に建立された東郷寺があり、枝垂桜（しだれざくら）の名所としても知られています。

　調布飛行場＊は1941年竣工した飛行場で、戦時中は軍用飛行場として使われましたが、現在は東京都営空港としてコミューター航空路線のターミナルとなり、伊豆七島や小笠原諸島など島嶼部へのゲートウェイとなっています。

生活文化

　京王線調布駅の北側にのびる天神通り商店街は布多天神社の表参道で、その通りでは「ゲゲゲの鬼太郎」に登場する妖怪モニュメントを目にすることができます。2019年にオープンした「鬼太郎ひろば」は調布駅と西調布駅の中間にあり、妖怪をモチーフとした遊具は親子連れに人気です。

　調布には宇宙や航空に関する施設もみられます。調布のJAXA調布航空宇宙センターは航空技術の研究を推進する唯一の拠点であり、その展示室では航空宇宙の研究活動全般をわかりやすく紹介し、風洞設備や実験用航空機など航空宇宙のテクノロジーをまるごと体験できます。

食・産業

　東京西郊に位置するこの地域は、食品製造業の立地が特徴の一つとなっています。府中市にあるサントリー〈天然水のビール工場〉東京・武蔵野、キユーピー中河原工場がよく知られています。近年では、市内産のぶどう（藤稔（ふじみのり））を使ったクラフトビール「藤みのりぶどうエールビール」の製造と販売が話題になっています。

　また、府中市には1930年代に京浜工業地帯にある鶴見から進出した東芝の事務所があり、鉄道車両や各種の発電設備などが作られてきました。隣接する調布市は、映画の街として知られています。1960年代に3つの撮影所（日活、大映、独立映画）と2つの現像所（東映化学工業、東京現像所）があったことから、「東洋のハリウッド」とも呼ばれたほどです。

＊調布飛行場
東京と伊豆大島、新島、神津島、三宅島を結ぶ空の玄関口。旅客の他、海産物や農産品も空輸する。1941年に開設され、大戦中は首都圏空襲に備えて戦闘機隊が配備されたが、末期には偵察機のみとなった。戦後は米軍に接収され、全面返還されたのは1973年。2013年に新旅客ターミナルが完成した。

観光スポット

都立小金井公園*は都心から約20km西方に位置し、小金井・武蔵野・小平・西東京の4市にまたがり、玉川上水沿いに位置する、面積約80ha（日比谷公園の約5倍、上野恩賜公園の約1.5倍）の広大な公園です。

玉川上水堤は新田開発期に植えられたサクラの名所で、1924年に小金井サクラとして国指定名勝となりました。

また、広さ16haの雑木林（コナラ、クヌギ、アカマツ等）は都内では少なくなった武蔵野の面影を残しています。

1993年に、江戸東京博物館の分館として、都立小金井公園内に敷地面積約7haを擁する「江戸東京たてもの園」が開設されました。園内に足を踏み入れると、江戸から昭和の時代にタイムスリップしたような懐かしい世界が広がっています。武蔵野の農家と山の手の住宅を展示している西ゾーン（三井八郎右衛門邸、前川國男邸、デ・ラランデ邸など）、重厚な歴史的建造物が並ぶセンターゾーン（高橋是清邸、旧自証院霊屋、伊達家の門など）、そして下町の街並みを再現した東ゾーン（子宝湯、小寺醤油店、武居三省堂など）に分かれています。また、たてもの園内の下町の商家建築が宮崎駿監督の映画『千と千尋の神隠し』（2001年）のモデルになったといわれています。

ＪＲ国分寺駅で下車し、南口を出て徒歩1分の所に都立殿ヶ谷戸庭園*があります。この庭園から東へ約1.5キロメートルのところにあるのが滄浪泉園*です。どちらも武蔵野の地形の特徴の一つであ

都立小金井公園芝生広場（東京都提供）

高橋是清邸（東京都提供）

る国分寺崖線＊上に建てられた別荘庭園です。現在は公共緑地として多くの市民の憩いの場となっています。

　国営昭和記念公園＊は、昭和天皇御在位50年記念事業の一環として1983年に米軍の立川飛行場跡地に造られた、立川市と昭島市にまたがる総面積180haにおよぶ国営公園です。「緑の回復と人間性の向上」をテーマとして、豊かな緑につつまれた広大な広場と文化施設を備え、多彩なレクリエーション活動ができる公園です。

　園内は、西洋的なイメージの空間と武蔵野の景観を再生した自然的なイメージの空間をみどりの文化ゾーン、展示施設ゾーン、水のゾーン、広場ゾーン、森のゾーンの5つに分けています。

歴史

　小金井市の玉川上水緑道のサクラは、小金井のサクラとして1924年に国の名勝に指定されています。8代将軍徳川吉宗の命で武蔵野新田開発世話役の川崎平右衛門定孝が、吉野（現・奈良県）や桜川

（現・茨城県）からヤマザクラを取り寄せ、小金井橋を中心に東西約6kmに植樹します。18世紀の終りから19世紀初頭に著名な文人らが多く花見に訪れるようになります。その風景は浮世絵や絵図などに描かれ、近隣の神社仏閣への参詣とともに武蔵野の名所を紹介してさらに多くの人を招くようになりました。

　1965年に新宿淀橋浄水場の廃止に伴い、上水路の機能を失い、生育環境の悪化によってヤマザクラが700本前後に減少します。1986年に水流の復活をみて補植をし、小金井市も市民を巻き込んで並木や緑道の整備を推進しています。

　かつて小金井には江戸から小金井街道を1日歩いて花見に訪れていました。そのスタイルを一変させたのが1889年の甲武鉄道の開通です。当初は手前の境駅と先の国分寺駅が開業しており、都心から40分程度で到着して上水縁を歩いて並木ザクラを楽しみ小金井橋の柏屋や茜屋橋の茜屋、角屋などの老舗の花見茶屋で宴を催したり、堤の休憩所や屋台で飲食を楽しみました。しかし、武蔵小金井

＊国分寺崖線
多摩川が武蔵野台地を削りながら南流する過程でできた河岸段丘の連なり（崖）をいう。立川市から大田区まで延べ約30kmにおよぶがけ。地元ではハケ、バッケなどという。このハケの上の家を舞台に小説を書いたのが大岡昇平の『武蔵野夫人』（1950年）である。

＊国営昭和記念公園
広大な敷地ではファミリー層を中心に多くの人が利用する。夏に開催される立川まつり国営昭和記念公園花火大会には市内外から75万人が訪れる。都内で1.5尺玉の大玉が上がる花火大会は、立川と東京湾の2か所のみ。

＊はけの森美術館
財団法人中村研一記念
美術館の寄贈を受けて
2006年に開館。洋画
家中村研一の作品を中
心に水彩画、素描、陶
磁器作品などを収蔵・
展示している。

＊アキシマエンシス
アキシマエンシスの名
前は公募によって生ま
れたもので、その由来
は市内で発掘されたア
キシマクジラの学名
「エスクリクティウス
アキシマエンシス」に
ちなんでいる。

＊家具の博物館
家具の博物館は、フラ
ンスベッド株式会社の
創業者である池田 実
氏の発起により、
1972年に中央区晴海
のジャパン・インテリ
ア・センタービル2階
に開館。その後2004
年に昭島市内のフラン
スベッド東京工場の一
角に移転。池田氏のコ
レクションを中心に、
1800点あまりの資料
を収蔵し、その中から
常時180点ほどを展示
している。

＊国分寺
仏教による国家鎮護を
目的に、741年に聖武
天皇の詔によって諸国
に建立された寺院。国
分僧寺と国分尼寺に分
かれる。武蔵国では都
と国府を結ぶ「東山道
武蔵路」沿いの東に僧
寺、西に尼寺が建立さ
れた。

＊日本初のロケット
　　発射実験
1955年、国分寺町の
銃器試射場（現在の早
稲田実業学校テニス
コート付近）で糸川英
夫教授率いる東京大学
生産技術研究所がペン
シルロケットの水平発
射実験を行った。この
ことから、糸川氏は「日
本の宇宙開発・ロケッ
ト開発の父」と称され
ている。

駅は1926年に停車場が開業すると、直接小金井橋に向かうことになり、堤の上をあまり往来せず、トンボ返りするようになり、茶屋等は経営不振になったといいます。

建造物・インフラ

小金井市のはけの森美術館＊（旧中村研一美術館）は、洋画家の中村研一の自宅兼アトリエの寄贈を受けた市が2006年に開館しました。庭に入る藁葺きの門があり、ハケの小路を楽しむことができます。

立川駅北側の国文学研究資料館と同じ建物にある国立極地研究所南極・北極科学館は、昭和基地の資料や標本、映像などの情報発信施設として2010年に開設しました。立川駅の南側の旧市庁舎を活用して子ども未来センターが2012年、翌年には立川まんがぱーくが開館し、約4万冊の蔵書を畳や座布団や押入れのような空間で閲覧できて子どもから大人まで人気です。

昭島では、今から約160万年前のクジラの化石が、ほぼ完全な形で多摩川の河川敷で1961年に発見されました。これを記念して昭島市民くじら祭が毎年8月に開催され、2023年に50周年記念大会を迎えました。同じくアキシマエンシス＊では「つなぐ・広がる・見つける・育む」をコンセプトに市民図書館、郷土資料室のほか教育と児童福祉関連のさまざまな施設を集約した教育施設として市民の知の拠点になっています。家具の博物館＊は、フランスベッド株式会社の創業者池田実が1972年に中央区晴海に家具の歴史館として開設し、名称を変えて2004年に昭島に移転したものでユニークで充実した文化施設です。

奈良時代に建立された武蔵国の国分寺＊の跡地に開館した武蔵国分寺跡資料館では、武蔵国国分寺の出土資料および文化財などを見ることができます。国分寺市内の早稲田実業学校がある敷地では、かつて日本初のロケット発射実験＊が行われ、2006年に同校の正門前に日本の宇

殿ヶ谷戸庭園（東京都提供）

国営昭和記念公園（東京都提供）

宙開発発祥の地の顕彰碑が建てられました。

小平市ふれあい下水道館には、1990年に開設した本物の下水道管の中に入れるふれあい体験室があります。下水の色やにおいなどを体験できます。ガスミュージアムは、東京ガスの歴史や人びとの暮らしとガスとのかかわりを展示資料を通して学ぶことができます。小平市では、日本近代彫刻家の**平櫛田中**＊が晩年の約10年間を小平市に住んでいたことから、過ごした邸宅を小平市平櫛田中彫刻美術館として公開し、功績を伝えています。

国立市は一橋大学やくにたち郷土文化館、明窓浄机館などの文教施設が多く、東京で初めて文教地区の指定を受けて発展した学園都市です。国立駅から一橋大学に向かって伸びる大学通り沿いの緑地帯を会場にして開催される国立朝顔市のアサガオはすべて国立で生産されています。

市内には映画「**おおかみこどもの雨と雪**＊」の前半の舞台のモデルになっている場所が多数あり、アニメの聖地としても知られています。

食・産業

都心からわずかに20〜30kmというこの地ですが、地産地消の拡大に向けて農業に関わる人たちの熱き想いを感じることができる地域です。

小金井市では、2006〜07年あたりから江戸東京野菜に向けた取り組みが着手され、今や12種類の江戸東京野菜が栽培されています。収穫時期は限定されますが、JA東京むさし小金井ファーマーズ・マーケットなどで購入することができます。また、市内の約20の飲食店がその普及に協力しています。東京ゴールドは小平で生まれた品種のキウイフルーツで、果肉は黄色く、やや小ぶりです。また、日本におけるブルーベリー栽培発祥の地でもあります。小金井市ではルバーブの栽培が促進されています。

国立市では「くにたち野菜」のシールを作って、地場野菜の消費拡大に努めています。

＊平櫛田中
（1872-1979）
日本の彫刻家。岡山県後月郡西江原村に生まれる。明治末期から大正初期にかけて、岡倉天心に師事した。東京藝大構内の六角堂にある「岡倉天心像」は田中の作品である。

＊「おおかみこどもの雨と雪」
スタジオ地図制作の日本のアニメーション映画。細田守監督による長編オリジナル作品第2作として2012年に公開。19歳の女子大学生「花」と「おおかみおとこ」との間に生まれた「おおかみこども」の「雨」と「雪」の成長と自立を描いている。国立市は物語の前半で主人公花とおおかみおとこが過ごした町のモデルとなっている。

観光スポット

東京の武蔵野北部に位置するこのエリアはほとんどが武蔵野台地上にあります。東村山から武蔵村山の一部は狭山丘陵で、埼玉県側の狭山湖や西武ゆうえんち、西武ドームにも近いエリアです。西武鉄道が主要な公共交通機関で、池袋や新宿ともつながりの強いエリアです。

西東京市のシンボルとなっているのが電波塔の田無タワーです。周囲に高い建造物がないため目立ちます。

東村山と埼玉県との県境付近は八国山緑地と呼ばれ、映画『となりのトトロ』に登場する七国山のモデルとされています。八国山には出土した縄文時代の品を見たり、工作体験などができる八国山たいけんの里があります。

東村山は志村けんの「東村山音頭」で一躍知名度が上がりました。そこで1976年には駅前に志村けんの木が、2021年には銅像が設置されました。このエリアには複数の大規模な温泉施設もあり、東久留米のスパジアムジャパンが有名です。

武蔵野台地および狭山丘陵は、豊富な自然環境を味わえることが特徴で、西東京の西原自然公園・いこいの森公園、東久留米の竹林公園などで散策ができます。竹林公園内には落合川が流れ、南沢湧水群は東京で唯一国の「平成の名水百選」に選ばれています。

東村山の秋津ちろりん村では都市郊外の農業景観が残り、農作業体験が可能です。また、東大和の狭山緑地にはフィールドアスレチックが整備され、子供たちにも人気の公園となっています。貴重な樹木としては、東村山の万年橋のケヤキや梅岩寺のケヤキが市や都の天然記念物です。また、清瀬の中里の富士塚は、この地域の富士山信仰を示すものとして、都指定有形民俗文化財となっています。金山緑地公園は冬場のニホンスイセンや鳥の観察などを楽しむことができます。

歴史

東村山市にある八国山は、かつて上野・下野・常陸・安房・相模・駿河・信濃・甲斐の8つの国を望むことができたことからその名がついたといいます。八国山は鎌倉時代最末期に鎌倉幕府勢と新田義貞*率いる反幕府勢との間で行われた「久米川の戦い」の際、新田義貞が陣を張ったとされる場所で、これに因んで尾根の東部にある塚には「将軍塚」と書かれた石碑があります。

近代になると、1894年に、川越と国分寺を結ぶ川越鉄道が着工し、東村山の町の発展には鉄道が必要と考えた住民の運動で東村山停車場がつくられました。現在もそのことを記念した石碑が駅前ロータリーにあります。

また、同市にはハンセン病に対する正しい知識の普及啓発による偏見・差別の解消および患者・元患者の名誉回復を図ることを目的とする国立ハンセン病資料館があります。

建造物・インフラ

大正時代後期、東京市は水道の水源を

*新田義貞

（1301-1338）
上野国新田荘の御家人新田氏本宗家の7代当主・新田朝氏の嫡男として生まれた。元弘の乱（1331−1333）ではいち早く鎌倉に侵攻し、鎌倉幕府を倒幕、また後醍醐天皇による建武の新政樹立の立役者のひとりとなった。しかし、足利尊氏と後醍醐天皇との間で建武の乱が発生すると、義貞は後醍醐天皇側の総大将に任命され、各地で転戦したものの、最期は越前藤島で戦死した。

拡張するために狭山丘陵の村山貯水池*を築造し、多摩湖の通称で呼ばれるようになりました。1927年に完成した村山下貯水池第一取水塔は、多摩湖を代表するランドマークとなっています。

狭山緑地の近くの東大和市にある旧吉岡家住宅は、故吉岡堅二画伯の旧宅兼アトリエで、もともとはこの地域で名主を務めた池谷家の屋敷でした。現在は登録有形文化財となっています。

全国各地に巨人伝説が伝えられていますが、東村山にもデエダラボッチ（大多羅法師）という巨人が掘ったと言われる大多羅法師の井戸があります。

正福寺千体地蔵堂は、室町時代の1407年に建てられた禅宗様のお堂で、国宝建造物に指定されています。

生活文化

最も多い星を映し出す世界一のプラネタリウムを備えた多摩六都科学館（たまろくとかがくかん）は、観察、実験、工作が楽しめる体験型ミュージアムです。

東村山ふるさと歴史館では、原始・古代から現代までの地域の歴史や民俗の展示を行っています。分館の八国山たいけんの里（さと）では、縄文時代の漆工（しっこう）に関係する遺跡（重要文化財・下宅部遺跡（しもやけべいせき）*漆工関連出土品）を紹介しています。

都内最大級のひまわり畑で8月に開催される清瀬ひまわりフェスティバルは、約2.4ha敷地に約10万本のひまわりが咲き誇り、地元の農産物などの販売が行われています。

食・産業

東久留米、清瀬あたりは、今も住宅地の中に農地が残っていて、野菜や花き栽培が続いています。また、東久留米では特産の柳久保小麦*の栽培が続けられており、それを活用したうどんやラーメン、かりんとうなどを楽しむことができます。ポールスタアで製造されるソースは、ご当地グルメ「東村山黒焼そば」でも使われています。武蔵村山市は、江戸時代から続く木綿紺絣の村山大島紬*の産地として知られています。

1962年にプリンス自動車工業（後に日産自動車と合併）が市の東部で操業しましたが、2001年から2004年にかけて順次閉鎖となり、現在その跡地は一部で商業施設や病院などに利用されています。跡地の一角に「プリンスの丘公園」があり、「スカイラインGT-R発祥の地」の碑が設置されています。

村山貯水池（多摩湖）（（公財）東京観光財団提供）

*村山貯水池
都内最大の人造湖の多摩湖。正式名称は村山貯水池。ダムの東側は狭山公園で、堤防からの眺めを楽しむことができる。多摩湖の奥、埼玉県との県境に近い場所には、当時の東京府水道局によって建造された玉湖神社がある。貯水池を建設する際の物資輸送のため軽便鉄道が敷設され、工事の完成後廃止された。

*下宅部遺跡
遺跡の所在地は、東村山市多摩湖町にある。縄文時代後期・晩期（今から4,000～3,000年前）、古墳時代、奈良・平安時代の遺構・遺物が数多く発見されている。通常は残りづらい木製品が多く残り、さらに赤色の顔料と赤色の漆が付着する弓や杓子が出土しており、漆液を採る土器など、縄文人の技術の高さがうかがえる。

*柳久保小麦
一説によると、1851年に柳窪に住む奥住又右衛門が、旅先から持ち帰った麦を育てたとされ、「又右衛門種」「柳久保小麦」と呼ばれるようになった。1940年代にいったん生産が途絶えたものの、又右衛門の子孫が1980年代に生産を復活させた。味や香りがよく、コシが強いため、うどんに最適とされる。

*村山大島紬
明治期から大正期に技術革新もともないながら生産量が増加した。1921年に八王子織物同業組合村山大島部会が結成された後、1929年に村山織物同業組合として独立し、生産振興が図られてきた。1975年に国の伝統工芸品、1982年に東京都の伝統工芸品に登録されている。

東京多摩 南部

多摩（南部）は、八王子市、町田市、日野市、多摩市、稲城市からなる地域です。この地域では、戦後の都市化や工業化の影響を受けて、大きな地域変化を経験してきました。そのなかで地域間競争も激化しています。他方で、古くからの伝統産業や縮小傾向にある都市農業のなかで、新たなブランド価値を生み出そうとする取り組みも進められています。

高尾山（（公財）東京観光財団提供）

*高尾山さる園・野草園
ケーブルカー高尾山駅から徒歩3分のところにあり、さる園では80頭以上いるというニホンザルの姿をガラス越し、もしくは屋上の観察スペースから観察できる。併設された野草園では高尾山で発見された「タカオスミレ」をはじめ、高尾山中で見られる約300種類の山野草を楽しむことができる。

*森林総合研究所
  多摩森林科学園
江戸時代は幕府の直轄地で、明治以降は御料林として管理・保護されてきた。科学園は1921年に宮内省が管轄する林業試験場として発足し、1992年から一般公開となった。2015年からは国立研究開発法人森林総合研究所多摩森林科学園となった。都市近郊の森林の管理・利用技術の開発や動植物の生態研究やサクラの遺伝子解析などの研究をしている。

▌観光スポット

高尾山は八王子市にある標高599mの比較的低い山ですが、山頂からは、八王子市や相模原市などの街並や遠くは江の島、丹沢山地や富士山を見渡すことができます。都心からの交通の便が良いことに加え、複数の登山道やケーブルカー、リフトが整備され、ビアガーデンや高尾山さる園・野草園*など観光客向けの施設も多く、自然をさまざまなかたちで楽しむことができることから、2009年にミシュラン観光ガイド「ミシュラン・グリーンガイド・ジャポン」で3つ星の評価を得ました。近年の人気の高まりをうけて高尾山の玄関口である高尾山口駅がリニューアルされ、周辺では観光施設の集積が進み、駅の隣接地には日帰り温泉施設「京王高尾山温泉 極楽湯」が開業しました。

また、高尾山は青梅市の御岳山と同様に修験の山で、山腹には薬王院という寺院が鎮座する歴史ある山です。薬王院の参道にあるスギの並木(都の天然記念物)は平均樹齢が700年ともいわれる古い巨木です。

高尾山周辺は大変自然に恵まれており、森林総合研究所 多摩森林科学園*敷地内には森の科学館、樹木園、桜保存林などがあり、自然を学ぶとともにその美しさを楽しむことができます。多摩森林科学園に隣接する武蔵陵墓地は皇室墓地で、約46万㎡の敷地に大正天皇陵・貞明皇后陵・昭和天皇陵・香淳皇后陵が造営され、辺りは荘厳な雰囲気が感じられます。

高尾山の足元に広がる八王子市は、人口57万人を超える多摩地域南部の中核市です。JR八王子駅前にはショッピングセンターやホテルが立ち並び、市内には三井アウトレットパーク多摩南大沢や

八王子千人同心組頭の家　(江戸東京たてもの園提供)

高尾山（（公財）東京観光財団提供）

八王子総合卸売センターといった商業施設も充実しています。市街地として発展する一方で、八王子駅前には全国でも珍しい桑の並木があり、さらに甲州街道追分交差点付近から高尾駅前にかけて全長約4kmにわたってイチョウ並木が続きます。また、童謡「夕焼小焼」のモデルとして知られる夕やけ小やけふれあいの里や、丘陵地に広がる都立平山城址公園ではキャンプやハイキングなど自然とのふれあいが楽しめます。

町田市は多摩地域で八王子市に次いで人口が多く43万人を超える商業都市です。東京都心へのアクセスの良さから、ベッドタウンとして開発が進められ、南町田グランベリーパーク＊は、東急と町田市の共同による再開発が進められており、商業施設と公園、そして都市型住宅の複合都市として2019年にまちびらきをしました。

町田市民の憩いの場として親しまれて

いる町田薬師池公園四季彩の杜は、薬師池を中心に、リス園、ぼたん園、ダリア園など豊かな自然と、歴史・文化施設が複合的に存在するエリアで、年間約70万人の人々が訪れます。

歴史

八王子市追分町に、江戸の治安防備に重要な役割を果たした千人同心屋敷跡碑があります。1582年に武田氏が滅亡すると徳川家康と謁見した武田家の旗本とその配下の同心が甲州に入る九つの道筋奉行を命じられます。1590年に徳川家康が江戸城に入ると、直轄地八王子に配置した後、現在の千人町に移転させます。さらに関ケ原の戦いを前に代官頭大久保長安＊の発案で、治安防備を行う八王子千人同心を発足しました。武士としての役目以外に、日常は農業に専念して年貢を納める半農・半士の生活をし、その組

＊南町田グランベリーパーク
もともとこの土地にはグランベリーモールというオープンモール型のアウトレット複合商業施設があったが、再開発のため2017年に閉館。再開発を経て2019年にまちびらきを迎えた。現在も開発が進められている。

＊大久保長安
（1545-1613）
戦国時代から江戸時代初期の武将で、甲斐武田信玄に取り立てられ、後に徳川氏の家臣となり、勘定奉行や老中となる。武蔵国（江戸）の防御の必要性を家康に具申して、関東代官頭の一人として家康から8,000石の所領を与えられ、八王子に陣屋を構え、自らも千人同心となった。

頭の家は江戸東京たてもの園に現在見ることができます。八王子駅から西へ向かう線路脇にある産千代稲荷神社が大久保長安の陣屋跡で、石碑が建っています。

町田市山崎町にある七国山は標高128.5mの山です。名前の由来は文字通り相模、甲斐、伊豆、駿河、信濃、上野、下野の7つの国を見る山で、東京都は七国山緑地保全地域、鳥獣保護区に指定して自然保全に力を入れています。

薬師池公園は町田市野津田町にあり、隣接する福王寺薬師堂は天平年間の行基の開山とされ、行基作と伝わる木造薬師如来坐像は町田市の有形文化財に指定されています。本町田遺跡公園は高度経済成長期の藤の台団地の造成に先駆けて発掘調査を行い、縄文時代前期と弥生時代の竪穴住居を確認し、1軒ずつ復元し、約5,500年前の人の営みを知る遺跡公園となっています。

建造物・インフラ

高尾山は今も豊かな自然が残っていますが、これは小田原北条氏による篤い飯縄信仰＊によって、山内での殺生が厳しく禁止されていたことや、江戸幕府によって保護されたこと、明治時代は御料林、戦後は国有林、現在では国定公園に指定されるなど、長く保護されてきたためです。1927年にケーブルカー、続く1964年にリフト営業が開始され、現在では山の中腹まで容易に行けるようになりました。山頂までも、ほぼ全面舗装された登山道が伸びており、毎年沢山の登山者が訪れています。

高尾山へのアクセス駅となる京王電鉄高尾山口駅は、1967年に開業します。2015年に完成した新駅舎は隈研吾による設計で、高尾山のスギ並木にちなんで杉材を多用しているのが特徴です。

滝山城は、多摩川と秋川の合流点にあ

る加住丘陵の標高170mにつくられた平山城の中世城郭です。都立滝山自然公園の中に城址公園として整備され、国の史跡、「続日本100名城」に選定されています。北条氏康が河越の夜戦＊で扇谷上杉氏を滅ぼし、山内上杉氏の勢力を排除すると、その子どもの北条氏照が滝山城を大改修して多摩支配の要にします。しかし、武田信玄が小仏峠を越えて関東に遠征してきたため八王子城の築城を命じます。

八王子城は、標高460m、東西約1.6km、南北約1kmの大城郭を持つ山城です。1584年頃北条氏照によって築城され、1590年に豊臣秀吉の関東制圧の中で落城しました。城跡の発掘調査により、1990年に通路の一部が整備され、できるだけ当時の形に忠実な復元がされています。2006年に「日本100名城」に選定されました。

小田急線町田駅南口付近には「絹の道」の石碑が立っています。江戸時代から明治時代にかけて、八王子や町田が発展した要因の一つは、この絹の道にあります。繭や生糸の生産地であった八王子と、開港した横浜をつなぐ道で、そのほぼ中間に位置した町田は中継地として賑わい発展しました。この道は、横浜から海外の物や自由・平等・人権思想なども伝えられ、町田では自由民権運動の有力な指導者を複数輩出しています。

町田の民権家の中心人物であった石阪昌孝＊の長女美那と、青年時代に自由民権運動に参加した、評論家で詩人の北村透谷＊が出会った場所に、自由民権の碑が建てられています。現在のぼたん園内にあり、旧石阪昌孝の屋敷跡です。少し離れた場所には自由民権資料館があります。

白洲次郎＊・正子夫妻は、戦況の悪化から、1943年に鶴川の農家を購入し、武蔵

と相模の境にあることから「武相荘」と名づけました。現在は記念館となり一般に公開されています。

生活文化

高尾山トリックアート美術館では、だまし絵を楽しむことができます。TAKAO 599 MUSEUMは、高尾山の生態系と歴史や文化に関わる展示、情報発信を行っています。

八王子市夢美術館は、くらしの中の美術館を目指しさまざまな展覧会を開催しています。また桑都日本遺産センター八王子博物館では、八王子の歴史と文化が学べます。西洋絵画や写真コレクションを収蔵する東京富士美術館では、海外文化交流展などの展覧会を開催しています。そして村内美術館では、世界の名作家具や西洋絵画のコレクションを展示しています。

髙乗寺にあるロックミュージシャン・忌野清志郎の墓所には、自身のイラストをもとにしたヒトハタウサギのブロンズ像や趣味の自転車のオブジェがあり、多くのファンが訪れる場所となっています。八王子出身のシンガーソングライター・松任谷(荒井)由実の作品には、近辺の風景を歌詞に取り入れたものが多くあります。

町田市立国際版画美術館では、国内外の優れた版画作品や関連する美術資料を収集・保存し、展覧会を行っています。西山美術館では、モーリス・ユトリロの絵画やオーギュスト・ロダンの彫刻などを収蔵・展示しています。また、天保年間(1830〜1844)に立てられた名主の家を活用・公開している小島資料館では、幕末に活躍した新選組関係資料などを展示しています。

町田市民文学館ことばらんどでは、市ゆかりの作家などを紹介する展覧会を開催しています。町田市考古資料室では、都内有数の質と量を誇る縄文時代の考古資料を展示しています。

産業・食

八王子周辺一帯は古くから養蚕地域で、生糸の集散地、絹織物産地として栄えたため「桑都」と呼ばれてきました。八王子織物は、男性用の大衆向け反物の生産を中心としていたものの、大正期以降は女性用の反物、さらにネクタイの生産にも取り組みました。戦後になると、夏物上布*や男性用着尺、ネクタイ、傘地・マフラーなどの生産にも取り組んできました。「多摩織」は、1980年に通産省(現:経済産業省)から伝統工芸品としての指定を受けています。

八王子市元横山町にある「大蔵木工所」で製造されている「東京こけし」は、ご夫婦で模索を続ける中で生み出された工芸品です。1本の木から作るという製造工程、ころんとした丸みのあるフォルム、首に巻かれたネックレス(ハピネスリング)、にっこりとした表情の絵付けが特徴となっています。また、「八王子車人形」は八王子市下恩方町の「西川古柳座」で継承されてきた伝統芸能で、2022年に国の重要無形民俗文化財に指定されています。

八王子市や町田市は、30を超える大学、短期大学、高等専門学校が集まる「学園都市」の性格ももっています。大学等がこの地域に立地し始めるのは、1960年代以降のことで、鉄道を中心とした交通機関の利便性、広大かつ廉価な土地の存在、自然環境の良さなどが関わっています。

高尾のとろろそば、八王子ラーメン、町田のカツカレーなどは、この地域のご当地グルメとして人気を集めています。

*北村透谷
(1868-1894)
小田原藩の藩医の子として生まれるも、維新のあおりを受けて没落。父は郡役所の役人になる。東京専門学校(現早稲田大学)政治科に入学。三多摩地域を放浪して民権運動に関わるが、過激になって離脱した。明治前期の評論家・詩人で島崎藤村らに影響を与え、浪漫主義運動を主導した。1888年に洗礼を受け、同年石阪昌孝の娘美那と結婚する。

*白洲次郎
(1902-1985)
現在の兵庫県芦屋市に貿易商の次男として生まれた。県立第一神戸中学校卒業後、イギリスケンブリッジ大学の史学科の聴講生になり、帰国後は英字新聞の記者、水産関係会社の取締役となり商談でイギリスを何度も往来した。イギリス特命全権大使だった吉田茂の面識を得、近衛文麿のブレーンとして親交を深めた。戦後処理を進めるGHQを相手に交渉や調整をし、吉田茂の側近としてサンフランシスコ講和条約締結に関与した。その後、政界を離れ実業界に復帰した。

*夏物上布
上布とは、細い麻糸を平織りしてできる上等な麻布(苧麻)のことを指す。幕府への献上品であったりする高級反物。縞や絣模様が多く、夏の和服の素材として使われる。魚沼地方の越後上布、沖縄宮古上布、能登上布、会津上布などがある。

7-2 日野・多摩・稲城

観光スポット

日野市の高幡不動（金剛寺）は平安時代から続く真言宗の古刹、また新撰組副長の土方歳三の菩提寺として知られています。

多摩モノレール隣駅の万願寺の近くにある、万願寺一里塚は、慶長年間（1596-1615）に甲州街道*が設置された際に造られたものといわれ、都内に現存する数少ない一里塚として大変貴重なものです。

多摩動物公園は、上野動物園の分園として1958年に開園しました。豊かな自然が多く残った園内では、動物をなるべく自然な状態で観察できるように、日本で初めて檻や柵などをはずした展示が採用されました。多摩動物公園駅をはさんで隣接する京王れーるランドは京王電鉄が運営する鉄道博物館兼車両保存施設で、歴代の京王車両が展示された施設などがあり、家族連れで賑わいます。

京王百草園は、もとは江戸時代に建てられた松連寺の庭園で、当時は江戸近郊の名所として『江戸名所図会』などにも紹介され、多くの文人墨客が訪れました。現在も梅の名所として有名で、開花の季節には500本の梅が咲き競います。

多摩市にあるサンリオピューロランド*は、キティちゃんをはじめとするサンリオキャラクターをモチーフとした全国初の屋内型テーマパークとして、1990年に開園しました。

向かいにあるベネッセコーポレーション東京ビルの最上階にはプラネタリウム施設であるベネッセスタードームがあり、地域の校外学習や一般向けの観覧も行われています。

東京都稲城市と神奈川県川崎市多摩区にまたがる場所にあるよみうりランドは、1964年に開園しました。京王よみうりランド駅の程近くにある威光寺の境内にある弁天洞窟*は、全長65ｍの洞窟のなかに大黒天、毘沙門天など23体の石仏が祀られている地下霊場で、新東京百景の一つに数えられています。

歴史

日野の歴史を語る上で高幡不動と新撰組は欠かせません。高幡不動は正式には高幡山明王院金剛寺、真言宗智山派の別格本山です。寺伝では平安時代初期に円仁（慈覚大師）が霊場を開いたのが始まりとされます。江戸時代には真言宗の学

*甲州街道
江戸時代の正式名称は甲州道中という。江戸幕府によって整備された五街道の1つ。江戸日本橋から甲府を経て信州の下諏訪宿で中山道と合流するまでに45の宿場が置かれた。

*サンリオピューロランド
現在も多くの家族連れやカップルが訪れ、2016年にはNPO法人地域活性化センターによる「恋人の聖地」に、2017年には一般社団法人アニメツーリズム協会による「訪れてみたい日本のアニメ聖地88（2018年版）」に認定された。

*弁天洞窟
2003年に、「東京の名湧水57選」の一つと選定されたが現在は崩落の危険があるため立入禁止となっている。

*新撰組
幕府により江戸で結成された浪士隊が、京都で治安維持活動にあたる事となったが、近藤勇らが脱退して、京都守護職であった松平容保（会津藩主）のもとに新撰組を結成した。主に、長州藩などの尊攘派志士の弾圧活動を行った。

だるま市高幡不動尊 （公財）東京観光財団提供

問所として多くの学僧を輩出しています。

室町時代に建立された不動堂と仁王門が、国の重要文化財に指定されています。1888年に境内に近藤勇と土方歳三を顕彰する殉節両雄之碑が建てられました。幕末に京都で活躍した新撰組*の主要メンバーは、現在の多摩地域出身の農民でした。隊長の近藤勇は現在の調布市出身です。副長の土方歳三の生家は現在の日野市石田にありました。生家近くの石田寺には土方歳三の墓と顕彰碑があり、5月には歳三忌が行われています。

日野市は新撰組ゆかりのミュージアムが多いところで、日野市立新選組のふるさと歴史館では、甲州街道日野宿、浪士組・新撰組、幕末維新期の多摩などの調査・研究・展示を行っているほか、市内には井上源三郎資料館、土方歳三資料館、佐藤彦五郎新選組資料館なども立地し、「新撰組のふるさと」として全国にPRしています。

多摩市百草にある稲荷塚古墳は、飛鳥時代、7世紀前半の古墳で、都指定文化財です。それまで東日本では確認されていなかった珍しい八角墳*と判明しました。

中央線日野駅の駅舎は、1937年に建てられた民芸風の入母屋の木造建築です。旧日野宿で本陣を務めた佐藤家は、土方歳三の姉が嫁入りした姻戚関係にあり、初期の新撰組の活動にさまざまな援助をしていました。現在でも佐藤家の建物は現存し、一般に公開されています。

連光寺村の名主を務めた旧富澤家の、屋敷が、現在は多摩中央公園に移築されています。明治天皇が当時の蓮光寺村付近に狩猟に訪れたことを記念して、1930年に多摩聖蹟記念館が建てられました。現在は多摩市の所有となり、旧多摩聖蹟記念館として一般公開されています。

稲城市の丘陵地帯には、穴の祠がある穴澤天神社や延喜式内社である青渭神社など、古くからの神社が点在しています。

多摩川に沿った稲城長沼駅近くには大丸親水公園があり、多摩川の水を取り入れた灌漑用水である大丸用水に接することができます。

生活文化

多摩ニュータウンが開発された多摩丘陵を舞台とした映画として、スタジオジブリ作品の「平成狸合戦ぽんぽこ」では、宅地造成による自然破壊に対抗するタヌキたちを描いています。「耳をすませば」の舞台も聖蹟桜ヶ丘であり、ホーム列車接近メロディーは映画の主題歌「カントリー・ロード」です。TAMA CINEMA FORUMは多摩市で開催する日本を代表する映画祭です。多摩映画祭、TAMA映画祭ともよばれ、パルテノン多摩など3会場4ホールで上映されます。

メカニックデザイナー・大河原邦男*の出身である稲城市には、ガンダムなどのモニュメントが設置されています。

食・産業

多摩地域では、1930年代から軍需工業等の増強にともなって近代工業の成長がみられました。日野市では東京自動車工業（現：日野自動車）、富士電機、六桜社（現：コニカミノルタ）が立地しました。

多摩市には東京都中央卸売市場多摩ニュータウン市場が1983年に開設され、居住空間だけではなく、近隣センターや地区センターにおける小売空間、1990年代からは業務空間の開発も進められました。

稲城市は、多摩川沿いの沖積地を中心に稲城の梨*やぶどう*の栽培が盛んです。市内の菓子店や酒店では、地場産果実を活用した洋菓子や梨ワインなどの特産品を購入することができます。

*八角墳
古墳時代後期、7世紀代の古墳で、上から見た形が八角形を呈する。主に天皇が葬られた古墳の形式であるが、近年、東日本では、稲荷塚古墳の他にも数基の八角墳が確認されている。一部がパルテノン多摩で展示されている。

*大河原邦男
(1947-)
東京都稲城市出身。日本のメカニックデザイナーの草分け的存在。『科学忍者隊ガッチャマン』『ヤッターマン』、『機動戦士ガンダム』のモビルスーツのデザインを手掛けた。稲城市内には、JR南武線稲城長沼駅高架下のいなぎ発信基地ペアテラスに「ガンダム」と「ザク」が、JR南多摩駅の駅前ロータリーには、『ヤッターマン』のメカ「ヤッターワン」がある。

*稲城の梨・ぶどう
稲城の梨栽培はおよそ300年前に長沼村の代官が京都から苗を持ち帰ったことからとされる。明治中期に商業栽培が定着し、現在は幻の梨「稲城」をはじめ「新高・豊水・幸水」が多くを占める。多摩川梨として販売していたが近年「稲城の梨」としてブランド化した。ぶどうは東京都農業試験場が開発した品種で、栽培管理が難しい「高尾」を稲城の農家が商品化に成功し、贈答用のブランドとして定着した。

東京多摩 西部

東京都の山地や山間部を成すのが多摩西部です。都心部に比べると、観光客の訪問は少ないですが、だからこそ東京の真の魅力を語るうえでは欠かせないエリアです。このエリアは農業や畜産業、漁業、林業などもみられ、古くから東京の都心部を支えてきました。近年では、その産業や自然が見直され、温泉やハイキング、キャンプなどで注目されています。

奥多摩（(公財)東京観光財団提供）

＊玉川兄弟
（庄右衛門/清右衛門）
（1622？-1695）/（？
-1696）
多摩川沿い地域の農家
出身という説が有力。
1653年 から1654年
にかけて玉川上水の開
削の指揮をとった。開
削に際して幕府から下
賜された工事費が足り
ず、それを自らの家を売って
工面したという。
玉川上水完成後、建設
の功によって二人は
「玉川」の姓を賜った。

＊五日市道
江戸との物資輸送で重
要な役割を果たす五日
市街道は高円寺付近で
青梅街道とつながる。
五日市街道では炭や薪
を江戸に運ぶのに使わ
れたことから黒街道、
青梅街道は成木や小曽
木から石灰を運ぶため
御白土街道とも呼ばれ
た。

＊五日市憲法草案
旧五日市の豪農・深澤
家の蔵で発見された私
擬憲法［しぎけんぽう］
の草案。国民の権利に
関わる条文が多く記さ
れており、明治期の自
由民権運動を象徴する
ものである。

観光スポット

江戸の中心部に水を届けるための玉川上水は、羽村の多摩川取水口を起点としています。そこから南に下りると東に米軍の横田基地があり、基地に面する国道は福生ベースサイドストリートと呼ばれ、アメリカの雰囲気を醸し出す店が並んでいます。

ここから多摩川を離れ、西へ秋川沿いに進むと夏のプールで有名な東京サマーランドがあります。さらに進むと、西多摩の山間に複数の温泉施設が点在するようになります。日の出山山麓の平井川の上流にはつるつる温泉があり、秋川渓谷の中心には瀬音の湯があります。

このエリアの日の出町では芋掘りなどの体験が、秋川渓谷ではマス釣りなどが体験できます。また、秋川渓谷にはバーベキュー場も数多くあり、シーズンには多くの人で賑わいます。

江戸市中へ飲料水を供給していた玉川上水は、1653年に開削され、羽村市にある取水口の管理のために、幕府の役所として陣屋が置かれました。現在も、当時の陣屋門が残されています。また、取水口の羽村堰の近くには、玉川上水建設の功労者である玉川兄弟＊像があります。

羽村市動物公園は、近くに日野自動車の羽村工場がある由縁から、2022年からヒノトントンZOOという愛称の動物園となりました。また、日の出町の鹿野大佛は、2018年に建造された大仏で、坐仏としては日本で奈良東大寺の大仏に次ぐ大きさです。

このエリアは、土地柄、豊かな自然があるのが特徴で、あきる野の六枚屏風岩、日の出町の大久野のフジは東京都の天然記念物に指定されています。また、あきる野市には鍾乳洞が複数あり、大岳鍾乳洞・三ツ合鍾乳洞は有名です。

歴史

江戸時代の多摩川は、舟による渡しが主流でした。その一つである牛浜の渡しは、五日市街道の福生側とあきる野側をつないでいました。

五日市街道は、古くは伊奈道と呼ばれ、伊奈宿（現・増戸付近）の石材を江戸に運ぶ輸送路として発展していました。ところが、江戸城の修築工事が終わり、石材の需要がなくなると今度は木炭需要が増加し、炭の産地である檜原村に近い五日市宿が急速に発展し、街道もいつしか「五日市道＊」と呼ばれるようになりました。

あきる野市五日市郷土館では、古生代から新生代の地層より発見された海獣・パレオパラドキシアの化石（レプリカ展示）などのほか、五日市憲法草案＊に関わる資料を紹介しています。

建造物・インフラ

羽村市の五ノ神まいまいず井戸は、地面をすり鉢状に大きく掘り、その底から垂直に掘った形がまいまい（かたつむり）に見えることからこの名があります。垂直に掘る技術がなかった頃に考えられた井戸の形です。

日の出山荘は、中曽根元総理の元別荘で、

ロナルド・レーガン元大統領との日米首脳会談が行われたことで有名です。現在は一般に公開され、建物の内部を見学できます。

生活文化

横田基地は旧日本陸軍の多摩飛行場で、1946年からアメリカ空軍の国内最大級の基地として使われます。朝鮮戦争末期には米軍の依頼で米軍ハウス*が基地周辺に1,500棟以上建設されました。今も100棟余りが残っており、1960年代後半から70年代に日本の大瀧詠一*や村上龍*などを輩出するなど独自の文化を発信してきました。福生ベースサイドストリートはアメリカンテイストのショップが並ぶ国道16号線のエリアをいいます。10月にはブロックパーティ形式のインターナショナルフェアが行われます。

福生では6月に福生ほたる祭り、8月には福生七夕まつりが開催されるなどイベントが多く開催されています。正月のだるま市も、羽村市、五日市、あきる野市など多摩西部各地で行われています。

あきる野市では、生姜祭りで知られる二宮神社秋季例大祭と、正一位岩走神社例大祭、阿伎留神社例大祭が執り行われます。また、二宮地区に伝承される地芝居・秋川歌舞伎は1899年に始まり、東京都の無形民俗文化財に指定されています。

檜原村には貴重な民俗芸能が各集落に伝承されており、笹野と小沢の式三番や柏木野の神代神楽や藤倉の獅子舞は東京都無形民俗文化財に指定され、保存と継承に取り組んでいます。

食・産業

関東山地から関東平野にでるこのエリアは、豊富な山林や水資源を活かした産業が成立してきました。

1つ目が醸造業です。その代表格が清酒製造業です。石川酒造や田村酒造場（福生市）、野崎酒造や中村酒造（あきる野市）は、個性的な銘柄酒を製造するとともに、酒蔵そのものが文化財としての価値をもっています。石川酒造では、明治期にビール製造をしていた歴史を踏まえ、1998年から「多摩の恵」醸造を再開しています。近藤醸造（あきる野市）は、明治期から続く醤油醸造企業です。

2つ目が、林業および木材加工品としての卒塔婆や棺おけ生産です。とくに日の出町における卒塔婆の生産量は日本一で、その全国シェアは6割を超えています。林産物としてはこのほかに、ひので和紙や軍道紙*（あきる野市）の生産やしいたけの栽培などもみられます。

最後に農業です。のらぼう菜は、あきる野市五日市周辺が主な生産地で、あきる野市の子生神社には「野良坊菜之碑」が建っています。碑文には、明和年間に飢饉から救われたとの伝承が記されています。このほか、東京都唯一のブランド牛である秋川牛や都内でもっとも規模の大きな養蜂園であるみつばちファーム（ともにあきる野市）などがあります。

横田基地のある福生市では、地元のハム工場で作られたソーセージを使用した福生ドッグを楽しむことができます。

観光スポット

東京都の北西部、狭山丘陵西部の瑞穂町から奥多摩町までのエリアは、関東山地の東端に位置し、東京都の中でも最も山深いエリアの一つです。

狭山丘陵の西部に位置する瑞穂町のさらに西側が青梅です。青梅はこのエリアでは最も人口が多く、中心的な地区となっています。

さらに西へ進むと、御岳山*を中心とする地区となります。御岳山は山岳信仰の山で、山道やケーブルカーなどが整備されており、多くの登山者が訪れています。山麓の多摩川沿いも御岳渓谷として、遊歩道が整備されており、登山以外でも楽しむことができます。

JR青梅線の終着駅である奥多摩駅の周辺などでもバーベキューや森林セラピーといった、川や森のレジャーを楽しむことができます。なお、青梅駅から奥多摩駅のJR青梅線は東京アドベンチャーラインと呼ばれることもあります。

奥多摩駅の北西部には日原渓谷があり、なかでも日原鍾乳洞は東京都の観光鍾乳洞としては最大級の大きさを誇ります。一方、奥多摩駅の西部にある小河内ダムは、戦後の1957年に完成し、奥多摩湖とよばれ、ダム湖を周回する奥多摩周遊道路も開通しました。

青梅駅周辺では、古い商家を利用した昭和レトロ商品博物館などを設置し、「昭和レトロ」の町として売り出しています。

また、数々の鉄道車両が保存されている青梅鉄道公園や、バーベキュー場が併設された釜の淵公園などがあります。

東京の山々を代表するこのエリアは休日には登山客やハイキング客で賑わいます。青梅丘陵ではハイキングが行え、日原では日原森林館、奥多摩湖には奥多摩水と緑のふれあい館といった施設が利用されています。

歴史

武蔵御嶽神社がある御岳山は、蔵王権現を祀る山岳信仰の霊場として中世以降発展します。日本武尊を助けた白狼を「大口真神」として崇め、江戸時代後期には魔除け・盗難除けの「おいぬ様」として狼を描いたお札が頒布され、関東を中心に信仰圏を広げています。1191年、畠山重忠*が奉納したと伝える赤絲威鎧〈兜・大袖付〉（国宝）など、鎧や太刀等数多くの奉納物を宝物殿で見ることができ、武将たちの信仰を集めていたことがわかります。

瑞穂町にある阿豆佐味天神社は、平安時代の延喜式にも記載され古い歴史を持ちます。多摩地域などには、同じ神社がいくつもありますが、この神社が総本宮とされています。

塩船観音寺は、開創を奈良時代や平安時代に遡るとされる古刹です。室町時代に建立された本堂、阿弥陀堂、仁王門は、いずれも国の重要文化財に指定されています。

建造物・スポーツ・インフラ

山間地域を走る青梅街道は奥多摩の石灰を江戸に輸送するために1606年に整備され、当初は成木往還と呼ばれました。

＊御岳山
標高929mの山。武蔵御岳山、武州御岳山とも呼ばれ、山上に武蔵御嶽神社を祀る山岳信仰の山。神社までの参道に神社の御師が宿坊を営む。初日の出参拝、自然観察で登山する人も多く、遊歩道が整備されている。御岳（ミタケ・オンタケ）とは神のすむ聖なる山のことで、大和金峯山や甲斐御岳、木曽御岳など行基が蔵王権現を勧請した山を指していう場合がある。

＊畠山重忠
(1164-1205)
平安時代末期から鎌倉時代初期の武将で、鎌倉幕府の御家人。坂東八平氏の秩父氏の一族で、頼朝の挙兵には敵対していたものの、後の治承・寿永の乱で活躍し、幕府創設の功績で信頼が厚かった。

石灰は江戸城や大名屋敷などの漆喰の材料として重用されました。

瑞穂町の箱根ヶ崎は、江戸時代の宿駅として重要な役割を果たしました。青梅の西には街道最大の難所で、小説でも有名な大菩薩峠*があり、甲府の酒折で甲州街道と合流しました。

青梅鉄道は、石灰や木材などの運搬を目的に1894年に私鉄として開業しました。戦時買収で国有化され、奥多摩駅まで延伸したのは、小河内ダムの工事の資材輸送のためでした。

青梅マラソンは、1967年から毎年2月に青梅から奥多摩町までの30km区間で開催される市民マラソンで、各界の著名人がスターターを務めたり、国内外で活躍するアスリートと一緒に市民が参加する草分け的なマラソン大会として知られています。

生活文化

青梅市吉川英治記念館は、歴史小説『宮本武蔵』などで知られる作家・吉川英治の旧居跡（草思堂）で、ゆかりの資料を展示しています。玉堂美術館では、日本画家・川合玉堂が没するまで過ごした青梅で、その生涯にわたる画業を紹介し、季節に合わせた作品展示を行っています。

江戸時代末期の民家を活用した奥多摩町せせらぎの里美術館、青梅市立美術館では、地域ゆかりの展覧会や作家展などを行っています。青梅きもの博物館は、大名家や宮家所用の衣裳や関連資料を収蔵する専門博物館です。青梅市郷土博物館に隣接する旧宮崎家住宅（重要文化財）は、古い型式の間取りや地方独特の屋根の葺き方に特徴があります。

武蔵御嶽神社で5月に開催の日の出祭では、神輿や鎧武者らの行列が見どころです。また、江戸時代より舞い継がれている太々神楽（東京都無形民俗文化財）の公開も、定期的に行われています。

*『大菩薩峠』
中里介山（1885-1944）が1913〜41年に『都新聞』『毎日新聞』『読売新聞』等に連載した41巻におよぶ長編時代小説。幕末、甲源一刀流の剣士机竜之助の甲州大菩薩峠から始まる旅の遍歴とさまざまな人間の業を描く。作者の死とともに未完で終わる。映画では大河内伝次郎、片岡千恵蔵、市川雷蔵、仲代達矢らが机竜之助を演じた。

青梅マラソン（東京都提供）

*東京狭山茶
埼玉県南西部から東京
都北東部に広がる「狭
山茶」産地の内、東京
都において生産されて
いるものが「東京狭山
茶」である。生産地は、
瑞穂町をはじめ武蔵村
山市、東大和市である。

*東京都の水道水源林
多摩川の水質保全、安
定した河川流量の確保
などを目的に、1901
年より東京府(当時:
現在の東京都)が管理
している森林のこと。
総面積24,561haのう
ち、約60％は山梨県
内の丹波山村、小菅村、
甲州市によって占めら
れている。

食・産業

　このエリアの農業は、東京都のなかでやや特異なものが多く、瑞穂町の茶（東京狭山茶*）、シクラメン、乳用牛、青梅市の梅、養豚（TOKYO X）、檜原村のシクラメン、奥多摩町のわさびなどがみられます。青梅市は、古くから梅の郷として知られてきたものの、2014年にウメ輪紋ウイルスの感染がまん延し、市内すべての梅の木を伐採し、現在梅の郷の復活を目指しています。奥多摩町のわさびは、江戸時代に幕府への献上品にもなっていた特産品です。

　青梅林業は、すでに江戸初期に造林が始まっており、今日もスギやヒノキを中心に伐採、造林、保育の取り組みを進めています。2006年に創業した東京チェンソーズ（檜原村）は、移住者を含めて比較的若い林業労働者によって、林業と木工品製造、森林空間を活用したサービスの提供を行っています。また、多摩川上流域に広がる東京都の水道水源林*24,561haのうち、奥多摩町が約40％を占めてい

ます。水道水源林では、森林がもつ公益的な機能を維持していくため、多摩川水源森林隊など、ボランティアも参画した森づくり活動が進められています。

　この地域の食・グルメとしては、東京紅茶や東京ほうじ茶パウダー、東京狭山茶を活用したチョコレート（瑞穂町）、焼きまんじゅう、梅干をはじめとした梅加工品、わさび漬け、TOKYO X（青梅市）、ヤマメ、手打ちそば、ジビエ（シカ肉）、クラフトビール（奥多摩町）などがあります。

　青梅の地場産業に青梅織物があります。かつては布団専用の生地となる夜具地を中心に、1960年代には350を超える織物業者と60近い染色業者がいましたが、青梅夜具地は1999年ころに生産が終了してしまいました。清酒製造業は、小澤酒造が有名です。酒蔵見学にも多くの観光客が集まっています。

式三番（東京都提供）

伊豆諸島

島のほとんどが富士箱根伊豆国立公園に指定されている伊豆諸島は、富士火山帯に沿って島々が連なります。火山活動による特徴的な地形や岩石、温暖な気候と黒潮がもたらす自然の恵みに支えられ、昭和以降はマリンスポーツを楽しめる観光地としても認知度を高めてきました。世界的に人気の高いダイビングやサーフィンのスポットもあります。

大島 （（公財）東京観光財団提供）

9-1 大島・利島・新島・式根島・神津島

＊三原山
江戸時代にカルデラの中に生まれた火山。ハワイのキラウエア火山、イタリアのストロンボリ火山とともに、世界三大流動性火山の一つとされる。1986年の大噴火の際には全島民島外避難となった。

＊裏砂漠
三原山の東側一帯に広がる裏砂漠は、一面、スコリアという粒状の黒い溶岩に覆われている。国土地理院が国内で砂漠と表記しているのは裏砂漠とその麓にある奥山砂漠のみ。四輪バギーを自ら運転するツアーもある。

観光スポット

　大島は活火山の三原山＊を中央に、周囲に集落や観光スポットが点在しています。溶岩が作り出す景観には、裏砂漠＊のように植物がほとんどみられない場所があります。

　大島は、三原山の火山活動を学べる場所として、2010年に関東地方では初めて日本ジオパークに認定されました。山頂近くには、形が似ていることからゴジラ岩と呼ばれるようになった溶岩の塊があります。島の西側にはトライアスロンのコースとしても使用される道路、サンセットパームラインがあり、愛らんどセンター御神火温泉などがあります。島の南西部には地層大切断面や三原キャニオンとも呼ばれる赤い地層が露出した赤ダレが、島の東には**東京都立大島公園＊**や樹齢800年以上のオオシマザクラのサクラ株と呼ばれる老大木（国指定の特別天然記念物）が、北東には都の天然記念物の潮吹きの鼻などがあります。

　利島は円錐形の宮塚山のみといってもよい急坂の多い小さな島で、都内で最も人口の少ない村です。島の周辺にはミナミハンドウイルカが生息しており、ドルフィンスイムとダイビングを体験できま

バームクーヘンとも呼ばれる地層大切断面（1999年）
（東京都提供）

伊豆大島椿まつり（東京都提供）

す。

　新島は北の宮塚山と南の向山の間に低地が広がる南北に細長い島です。耐火石材のコーガ石の産地であり、モヤイ像が多数点在しています。また、くさやの産地としても、サーフィンの島としても人気があります。

　式根島は新島と共にマリンレジャーのスポットとして知られ、サーフィンやダイビングを楽しみに多くの人が訪れます。島の南端にある地鉈温泉、足付温泉は海中温泉です。

　神津島は、島の中央にある天上山が花の百名山に選ばれており、島全体が東京都初の星空保護区に認定されています。

歴史

　伊豆諸島の歴史は流人の歴史でもあり、その記録は675年の皇族麻績王の流刑に遡ります。

　本州に最も近い大島には、平安時代末期に保元の乱で敗れ捕えられた源 為朝*が流され、為朝が住んでいたとされる館の跡が文化財として現在も残されています。時代が下って1615年には武田信玄の孫信道夫妻とその子信正が大久保長安

事件*に連座したとして大島に流されました。

　また、その頃になると外国船を打ち払うために鉄砲場が設けられました。大島の泉津漁港側にある鉄砲場からは縄文時代前期から古墳時代後期の人々の生活の痕跡が複合的に発掘され、現在は岩陰遺跡として東京都の指定文化財となっています。

　新島で最初の流人とされるのが、出羽国羽黒山第50代別当の天宥法印で、1668年に新島に流され、病没しました。墓は新島内にあります。

　式根島は新島の属島の扱いで、真水が得られなかったことから江戸時代は無人島でした。式根島への入植、開発が始まったのは1887年のことです。

　神津島は日本列島の代表的な黒曜石原産地の一つで、島で採取された黒曜石は、旧石器時代前半から弥生時代にかけて関東や東海を中心に広く分布していました。

スポーツ・インフラ

　伊豆大島には、「伊豆大島御神火ライド」という島を一周するツール・ド・ニッポンのサイクリングイベントがあります。また、6月には伊豆大島トライアスロン

*東京都立大島公園
国内最大規模の椿園や亜熱帯植物等を集めた植物園、動物園があり、キャンプやスポーツができる施設も備えている。

*源為朝
（1139-1170）
平安時代末期の武将。源頼朝、義経兄弟の叔父にあたる。身長2mを超える大男で強弓の名手であったが、乱暴が過ぎて13歳のときに九州へ追放された。保元の乱の際は崇徳上皇方に参加するが破れ、伊豆大島に流された。その後も国司に従わず伊豆諸島を事実上支配したため追討を受け、八丈島で自害したという伝説が残されている。

*大久保長安事件
大久保長安は江戸幕府の勘定奉行、老中を歴任する重鎮であった。しかし、死後に生前の不正蓄財が問われ、またその子が蓄財の調査を拒否したため、1613年に長安の息子7人は切腹を命じられ、縁籍関係の諸大名も改易などに処された。

大会も開催されます。

伊豆大島の波浮港は、元々は火口湖で、1800年に秋広平六*によって波浮港が開削、開港され、風待ちの港として栄えるようになりました。

新島は、太平洋から打ち寄せるパワフルな波に魅了され、国内外のサーファーたちが集まる国内屈指のサーフアイランドです。

生活文化

伊豆大島の西岸で、島の玄関口である元町港から車で数分の場所に位置するのが伊豆大島火山博物館*です。大島郷土資料館には大島の火山活動以外にも縄文時代の土器や石器、大島の祭りなどの郷土民俗資料が展示されています。伊豆大島は椿でも有名であり、大島椿園では椿の園芸品種約450種3,700本、ヤブツバキ約5,000本がみられ、椿資料館が隣接しています。伊豆大島の椿まつりは毎年1月から3月にかけて行われ、島最大のイベントの一つです。東岸の岡田港近くにある岡田八幡神社の正月祭で踊られる手古舞は都の無形民俗文化財に指定されています。波浮港は川端康成の小説『伊豆の踊子』の舞台でもあり、東側界隈には明治期につくられた旧港屋旅館が当時の雰囲気をそのままに保存され、踊り子の里資料館となっています。

新島の大踊りは新島村本村と若郷に伝承される盆に踊る小歌踊で、楽器の伴奏がなく、母音を長く伸ばして歌うことが特徴で、大きくゆったりとした所作で踊ります。新島村博物館はコーガ石*を積み上げたピラミッド型の外観が特徴的で、またコーガ石を原料に新島ガラスアートセンターとガラスミュージアムがあります。式根島には海岸に湧き出す温泉がみられます。

食・産業

伊豆諸島の農業では、あしたば（概ね伊豆諸島全島）や椿油（大島町、利島村）の生産や酪農（大島町）による生乳の生産が盛んです。かつて、伊豆諸島ではさつまいもが島民の飢餓を救い、島の産業づくりにつながった歴史がてりこの碑*からわかります。

漁業は、かつお類、マグロ類、キンメダイなどさまざまな魚介類の漁労が盛んです。こうした一次産品の存在が、椿料理、あしたば（佃煮）、べっこう寿司*（以上、大島町）、牛乳やバター（大島町）、たたき汁やたたき揚げ*（新島村）、ところてん、磯のり、赤いか入り塩辛（神津島村）、あしたばうどん（大島町、神津島村）、くさや*（伊豆諸島全島）などの食を生んでいます。

新島で産出されるコーガ石は、保温性や耐火性、防音性などに優れていていることから、外壁や庭の敷石などに活用されています。多くの島には酒造会社があり、個性的な島焼酎がつくられています。

観光関連の取り組みとしては、かつて新島や式根島などの民宿がよく知られていましたが、今日においてはそれぞれの島でゲストハウス、グランピング、キャンプ場が注目されています。

▮観光スポット

約20〜60年周期で噴火を繰り返している雄山のある三宅島は、江戸時代は流刑地として約200年の間に1,000人以上の人々が送られました。

現代では釣り、海水浴、キャンプ、ダイビングの人気スポットとなっています。天気の良い日には伊豆諸島を大島から八丈島まで見ることのできる七島展望台などがあります。

御蔵島は御山を中心とした島で、切り立った崖に囲まれています。急峻な地形のため、島内は自転車の利用が禁止され

イルカ
((公財)東京観光財団提供)

八丈富士とフリージャ畑
(東京都提供)

ています。また、三宅島と御蔵島の間の海域はイルカが多数生息するドルフィンスイムの絶好のスポットとなっています。

八丈島は八丈富士と呼ばれる西山と、三原山と呼ばれる東山の火山と、その中間に広がる中央低地からなる、年間平均気温18℃の常春の島です。日本で見られる13種類の光るキノコのうち7種が八丈島で確認されています。

青ヶ島は八丈島からさらに70km南下したところにある典型的な二重式火山島です。カルデラの中に丸山という火山のカルデラがあります。

▮歴史

三宅島も多くの流人が流されていますが、とくに有名なのが、江戸中期の**絵島生島事件***で流された歌舞伎役者生島新五郎で、墓は三宅島島内にあります。なかには**小金井小次郎***のように自分の特技を活かして島民の生活を豊かにした者もいました。

江戸時代の後期になると伊豆諸島にも外国船を打ち払うための施設が作られるようになるものの、1863年にアメリカの商船**バイキング号***が御蔵島付近で座礁すると、全島民の倍近くいた乗組員の救出に島民らは総力を尽くしました。

八丈島にも多くの流人が流されました。公式な記録で八丈島最初の流人とされるのは、関ヶ原の戦いで西軍についた戦国大名**宇喜多秀家***です。

江戸時代の八丈島は食糧事情が厳しく、度々飢饉に遭っていました。その状況を一変させたのがさつまいもの普及です。

*絵島生島事件
1714年、第7代将軍徳川家継の生母月光院に仕える大奥御年寄の絵島が寺社参詣の帰りに生島新五郎の舞台を観劇し、その後宴を開き門限に遅れたことに端を発する。生島新五郎は絵島との密会の罪で三宅島へ流罪となり、彼が出演していた山村座の座元も大島へ流罪となり、山村座は廃座となった。絵島は罪を免じられるも、高遠(現長野県伊那市)に27年間幽閉された。この絵島生島事件の縁で、三宅村と伊那市は1970年に友好町村盟約を締結している。

*小金井小次郎
(1818-1881)
三宅島に流された侠客小金井小次郎は、島民の水を確保するために貯水施設を作り、島民や流人のために芝居を行ったりもした。その後本土に帰るが、彼が小金井市出身であった縁で、1978年に三宅村と小金井市との間で友好都市盟約を締結。

*バイキング号
1863年に米国商船バイキング号は、香港からアメリカに帰る途中で御蔵島へ漂着し、島民は乗員約500人を救出した。1960年代に、忘れられていたこうした事実が「発掘」され、現在は御蔵島観光資料館で展示、解説されている。

＊宇喜多秀家
（1572-1655）
安土桃山時代の武将・大名。幼少時から豊臣秀吉に重用され、朝鮮出兵に従軍。帰国後に五大老の一人に任命された。関ヶ原の戦いでは石田三成率いる西軍側に付いたが、敗戦後に捕らえられ1606年に島に流された。島では苗字を浮田に改めて50年以上を過ごし、1655年に84歳で死去した。関ヶ原の戦いに参戦した大名としては東西軍合わせて最も最後まで生き延びた。

＊島焼酎
伊豆諸島で蔵元9社がつくる本格焼酎で、島酒とも呼ぶ。起源は鹿児島の商人丹宗庄右衛門が密貿易の罪で八丈島に流され、芋焼酎のつくり方を教えたことが発端。島では米が貴重なため麦麹を使用する点に特徴があり、芋焼酎、麦焼酎、麦と芋をブレンドした焼酎の3種類が製造されている。

＊近藤富蔵
（1805-1887）
江戸時代後期に千島や択捉島の探索をした旗本近藤重蔵の長男として江戸に生まれる。1826年に町人一家7人を殺傷。翌年、その罪で八丈島へ流され、父重蔵も連座で旗本近藤家は改易となった。流人生活中は寺子屋で読み書きを教える傍らで『八丈実記』を著した。

＊黄八丈
草木染の絹織物。黄色、茶褐色の鳶色、黒に染めた絹糸を平織りまたは綾織りにし、縞や格子柄が特徴。黄色はイネ科のコブナグサを染液にし、椿の灰で灰汁付け（媒染）をする。八丈島の名も、8丈（2反＝24m）の長さに由来する。8丈＝2反＝1疋は羽織と着物の仕立て分の長さ。

「八丈島甘藷由来碑」には、1811年以降にさつまいもが持ち込まれた由来が記されています。

八丈島の流人のなかにも、その特技を活かして島に貢献する者がいました。幕末に流されてきた薩摩の豪商で芋焼酎の製造法を伝えて島焼酎＊を普及させた丹宗庄右衛門や寺子屋をしながら『八丈実記』を著した近藤富蔵＊などです。

建造物・インフラ

御蔵島の周辺には100頭以上のイルカが生息し、ボートからイルカを見たり、一緒に泳いだりできます。船からはオキゴンドウ、マッコウクジラなどの鯨類など、さまざまな海洋生物と出会うこともあります。

八丈島の服部屋敷跡は、幕府へ年貢品などを運ぶ御用船のお船預り役だった服部家の屋敷跡です。樹齢700〜800年のソテツも現存し、流人たちが運んだという古い玉石垣に囲まれ、館内には服部家ゆかりの器や道具類が展示されています。

八丈島のふるさと村には、大里地区にあった民家の母屋や高床式倉庫、馬小屋、高倉、閑所（トイレ）が移築されて保存・公開されています。八丈島での昔の生活を知ることができる貴重な建物群です。

八丈島では多雨湿潤の風土条件と鼠害から収穫物を守るため、高倉が建てられました。

食・産業

八丈町では八丈オクラやパッションフルーツ、観葉植物であるフェニックスロベレニーの栽培が盛んです。

漁業は、かつお類、マグロ類などさまざまな魚介類の漁労が盛んです。こうした一次産品の存在が、島寿司（八丈町）、牛乳やバター（八丈町）、あしたばカレー（三宅村、御蔵島村）、あしたばアイス（三宅村）、あしたばうどん（御蔵島村、八丈町、青ヶ島村）、くさや（伊豆諸島全島）などの食・グルメを生んでいます。

伊豆諸島は、食料の確保に苦労してきた島です。それゆえ、江戸幕府は年貢として米や麦に代わる島の特産品を納めさせました。それが絹や塩、薪や木炭、椿油、干物、ツゲ、テングサなどでした。八丈島で継承されてきた黄八丈＊（八丈絹）や御蔵島村のツゲ加工品もそうした年貢の品でした。

大島や青ヶ島、小笠原では製塩も行われています。とくに青ヶ島では火山の噴気孔（ひんぎゃ）の地熱で製塩した自然塩が製造されています。

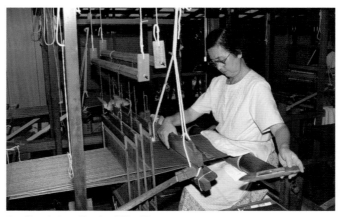

たか機と呼ばれる黄八丈の機織り機（東京都提供）

小笠原諸島

小笠原諸島は、誕生以来、大陸と陸続きになったことがない亜熱帯の島々です。そのため、島の植物や生物は独自の進化を遂げており、東洋のガラパゴスとも称されます。亜熱帯の希少価値の高い自然を守るため、1980年代から環境保全の取り組みが開始され、現在は父島と母島の集落を除く部分と一部の海域が世界自然遺産に登録されています。

ウミガメ（東京都提供）

10-1 父島・母島

観光スポット

小笠原へのアクセスは船に限定されています。竹芝桟橋から父島にほぼ週1便運行している定期船のおがさわら丸で約1,000kmを24時間ほどかけて移動します。父島から母島へは、ははじま丸で約2時間かかります。

周辺海域にはクジラやイルカが生息し、小笠原は国内最大の**アオウミガメ***の繁殖地でもあります。冬から春にかけてはザトウクジラのホエールウォッチングができ、1年中ドルフィンスイムも可能です。

父島の北側の入江周辺には村役場をはじめ、住宅や宿泊施設、飲食施設などが集積し、それ以外の場所は開発が制限されています。父島のコペペ海岸をはじめ、島内の海岸はアオウミガメの産卵地となっています。小笠原海洋センターには、ウミガメの飼育水槽や、ウミガメへのエサやり、島の歴史と生物保全や生態を知るウミガメ教室も体験できます。

*アオウミガメ
小笠原では保護をしながら、年間135頭と数を決めて食用として捕獲しているという。

*小笠原貞頼
（　-1625）
安土桃山時代の武将。徳川家家臣で、小笠原諸島の発見者とされる。出自については信州松本城（深志城）城主の小笠原貞慶の甥にあたるというが確証はない。父島の扇浦を見下ろす納涼山に、天照大神を主祭神とする小笠原神社は、1886年に大滝にあった貞頼神社を1899年に移動させて改名したという。大滝には小笠原神社旧跡の石碑がある。

クジラやイルカをまじかに見ることができる
（小笠原村観光局提供）

父島の南側の海岸線は切り立った崖になっており、ハート型に見える千尋岩（通称ハートロック）があります。

境浦海岸の波打ち際から数10mの海中には、第2次世界大戦の後期に魚雷攻撃を受けて運航が不可能になり、座礁した軍需輸送船の濱江丸が残されています。

父島の南東にある南島は島全体が国指定の天然記念物に指定されており、東京都自然ガイドの同行が必要です。天候によっては上陸できません。

歴史

本土における小笠原諸島最初の発見者は徳川家家臣の小笠原貞頼*とされ、1593年と伝えられています。

その後、小笠原はほとんど手つかずの状態が続き、幕末になると幕府は小笠原の領有・開拓に乗り出し、1862年に外国奉行水野忠徳*らを幕府軍艦咸臨丸で派遣し調査をさせました。この開拓の意義を説いた小笠原新治碑が同時期に父島に建立されました。

白い砂浜が広がる父島の小港海岸（東京都提供）

小笠原の開拓は明治新政府に引き継がれ、江戸時代に建立された小笠原新治碑のすぐ近くに小笠原開拓碑が建てられました。碑文は当時の内務卿大久保利通によるものです。その後1876年に小笠原の日本領有が国際的に認められました。

第二次世界大戦になると小笠原は防衛の最前線となり、父島は日本軍によって要塞化が進められました。1944年には父島・母島など小笠原諸島の住民が本土へ強制疎開させられました。戦後、小笠原はアメリカの占領下に置かれましたが、1968年に日本へ返還されました。

母島も父島同様、明治になってから本格的な日本人の定住が始められました。太平洋戦争時も重要な軍事拠点となり、東港探照灯下砲台には、旧日本軍が使用していた砲台が、そのままの姿で残されています。

建造物・インフラ

父島の二見湾は伊勢の夫婦岩が鎮座する「二見浦」の地名にあやかって名付けられました。本土と小笠原を結ぶ交通の拠点です。元旦の「日本一早い海びらき」では、和太鼓の演奏や東京都指定無形民俗文化財「南洋踊り」が披露されます。

母島最北端の穏やかな入り江の北港は、海中にはサンゴ礁が広がり、シーカヤック、スノーケリング、磯釣りを楽しむことができ、アオウミガメの遊泳がみられることもあります。戦前はここに人口約600人の北村集落があり、東京からの定期船も寄港していました。遊歩道を行くと旧海軍により1945年に建てられたロース石*の忠魂碑があります。

竹芝桟橋と小笠原の父島を結ぶ定期航路を運行するおがさわら丸は、小笠原海運の全長150mの貨物・客船です。空路のない小笠原諸島への唯一の交通手段です。現在は、1979年建造の初代おがさわ

ら丸から数えて3代目です。父島への貴重な交通手段として親しまれ、小笠原で使用されるものはプレハブ住宅、郵便物、現金に至るまで、さまざまな物資を運ぶ、文字通りのライフラインです。

食・産業

小笠原村では、レモンやバナナ、パッションフルーツ、パパイヤやマンゴー、ドラゴンフルーツなど、熱帯性果実の生産が盛んです。漁業は、メカジキ、メバチ、ハマダイ、キンメダイ、ハロー（ホウキハタ）、アカバ（アカハタ）、ソデイカ、ウミガメなどさまざまな魚介類の漁労が盛んです。こうした一次産品の存在が、ウミガメ料理*や島ずしなどの食・グルメを生んでいます。小笠原村では、サンゴや貝細工、小笠原の固有種であるタコノキを使ったタコノ葉細工が継承されており、貴重な土産物になっています。小笠原村では地酒としてラム酒を製造しています。

小笠原村では、エコツーリズムの取り組みと模索が続けられています。1988年に日本で初めてホエールウォッチングが行われ、ホエールウォッチングに関する自主ルールが定められたのを皮切りに、小笠原諸島の自然環境の保全と観光の両立を図るためのガイドラインが定められました。その後議論が重ねられ2011年に世界自然遺産に登録されました。

*水野忠徳
(1810 -1868)
江戸時代末期の禄高500石の旗本。浦賀奉行、長崎奉行、外国奉行としてアメリカをはじめ各国との条約締結に関わった。幕命で小笠原諸島に赴き、開拓検分をし、以前から居住する欧米系島民らに島が日本領であることを認めさせた。

*ロース石
ロース石は、耐熱性に優れ、加工もしやすい母島特産の石。1869年頃、母島に定住したドイツ人ロスフスによって発見された。

*ウミガメ料理
個体数の減少から捕獲が禁止されているものの、小笠原諸島ではウミガメを食べる文化を継承するため、年間135頭前後の捕獲制限と3月から5月までと捕獲時期を定めることで、保護と文化の両立を目指している。刺身や寿司、煮込み、唐揚げなど甲羅以外に残すものがないといい、島民の貴重なタンパク源となった。

タコノ葉細工の小物入れ（小笠原村観光局提供）

第 2 章

東京の基本情報

たくさんの人たちが日々の暮らしをおくり、さまざまな活動を繰り広げる東京の地理的な舞台についてここでは見てみましょう。まず、東京の位置を確認した上で、地形環境、気候・気象現象、人口分布を概観します。続いて、城下町以来の江戸・東京の都市の成り立ちを交通ネットワークの変遷とも重ね合わせて考え、最後に都市発展と環境の関わりを展望します。

都電荒川線（公財）東京観光財団提供

2-1 東京の位置

東京の位置と広がり

　東京は、西新宿の都庁を基準にすれば北緯35度41分22.4秒、東経139度41分30.2秒の位置にあります。東京とほぼ同一経度に位置する都市としてアデレード（オーストラリア）、同緯度に位置する都市としてオラン（アルジェリア）、テヘラン（イラン）、サンタフェ（アメリカ合衆国）などがあります。欧米の大都市域に比べれば比較的低緯度地方に東京は位置し、また、人口1,000万人規模の大都市としては世界の中で最も早く新しい1日、新しい1年を迎えることができる大都市です。

　東京都の大部分は本州島の太平洋側中部に位置し、このほかに、伊豆諸島や小笠原諸島なども東京都に含まれます。東京都域は通常は、東京23区と多摩地域（26市3町1村）、島嶼部（2町7村）に分けられます。東京都の面積は2,191㎢で、47位の香川県、46位の大阪府につ

*排他的経済水域
沿岸国が天然資源の探査や開発などについて排他的な権利を有する水域。沿岸から200海里（約370.4km）以内で設定される。

いで3番目に小さい都道府県で、日本最大の面積の市町村である岐阜県高山市（2,178㎢）をわずかに上回る規模です。

　東京都の北端は、奥多摩町西谷山頂東側の北緯35度53分54秒、東経139度1分06秒の地点、南端は日本の南端でもある沖ノ鳥島（北緯20度25分32秒、東経136度4分52秒）で、これは東京都の西端でもあります。また、東端は日本の東端でもある南鳥島です（北緯24度17分12秒、東経153度58分50秒）。北端から南端までの緯度差はおよそ15度28分、西端から東端までの経度差は約17度54分です。東京の都心部から沖ノ鳥島までは1,735km、南鳥島までは1,865km程度の距離があります。沖ノ鳥島も南鳥島も行政区域上は小笠原村に属しますが、小笠原諸島からは外れる孤島で民間人の居住はなされず、日本の**排他的経済水域**＊の確保に重要な役割を担っています。

南鳥島（東京都の最東端）
出典:小笠原村公式サイト

沖ノ鳥島（東京の最南端）
出典:国土交通省「沖ノ鳥島の保全」

2-1　東京の行政区分

23区
1 / 400,000
0　　　5　　　10km

多摩地域
1 / 500,000
0　　　5　　　10km

島嶼部
1 / 1,100,000
0　　　10　　　20km

板橋区　北区　足立区
練馬区　荒川区　葛飾区
豊島区　文京区　台東区　墨田区
中野区　新宿区　江戸川区
杉並区　千代田区
渋谷区　中央区　江東区
港区
世田谷区　目黒区
品川区
大田区

西多摩郡
奥多摩町
青梅市
西多摩郡
瑞穂町
清瀬市
西多摩郡
日の出町
羽村市　東大和市　東村山市
西多摩郡
檜原村
あきる野市　武蔵村山市　東久留米市　西東京市
福生市　小平市　武蔵野市
昭島市　立川市　国分寺市　小金井市　三鷹市
国立市
八王子市　日野市　府中市　調布市
多摩市　稲城市　狛江市
町田市

大島町

大
島
支
庁
利島村

新島村

神津島村

三宅村

三
宅
支
庁
御蔵島村

八丈町

八
丈
支
庁
青ヶ島村

父島
小笠原村

小
笠
原
支
庁
母島

2-2 東京の地勢図・気象

東京の地形のなりたち

東京の地形は、地球の気候が数万年から数十万年の周期で寒冷な氷期と温暖な間氷期をくりかえしてきた変動が大きく影響しています。

氷期には地球の陸上にある氷河や氷床の量が増加して海水の量が減るため、海水準は低下し、反対に暖かい間氷期には、氷が溶けて海水準が上昇する傾向があります。そのため関東平野においても、海水準の上下によって内陸部へ海水が入る海進（かいしん）と、海水が引く海退（かいたい）がくりかえされてきました。

間氷期だった12万～13万年前には、海岸線は関東平野の奥まで入り込み（下末吉海進（しもすえよし））、古東京湾が存在していまし

た。また、約2万年前の氷期には海水が引いて東京湾のほぼ全域が陸地になりました。そして、約1万2千年前に最後の氷期（最終氷期）が終わると、再び地球の気候は温暖化し、縄文時代にあたる約6千年前をピークに海水準が再び上昇し、縄文海進（じょうもんかいしん）*が起こりました。

この縄文海進時には、埼玉県東南部、群馬県東南部および栃木県南部あたりまで海岸線が入り、下町低地と呼ばれる東京東部は海面下となり、奥東京湾（おくとうきょうわん）を形成しました。ちょうど、武蔵野台地の麓、JR京浜東北線が通るあたりが奥東京湾の波打ち際だったということです。また、大森貝塚（おおもりかいづか）*（大田区・品川区）に代表される貝塚は、関東地方では約1,000カ所で確認されており、その分布をたどってい

*縄文海進
縄文海進時は現在よりも2～3メートル海面が高かった。これは気候が温暖になったことにより地球の陸上にある氷が溶けて海水が増えたことが一因である。その後、現在にかけて海水面は再び低下していて、これは地球が寒冷化したのではなく、氷がなくなることによって陸地が隆起し、逆に海水が増えた重みで海底がやや沈降したためである。

2-1　海岸線の変遷

12～13万年前

約2万年前

約6,000年前

現在

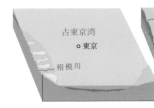

出典:貝塚爽平（1979）『東京の自然史』紀伊國屋書店

くと、縄文海進時の海岸線が、現在よりも内陸にあり複雑に入り組んでいたことがわかっています。その後、海水面は次第に低下し、約2千年前に現在の水準となり、気候変動による海岸線の変化はなく、江戸時代に入ると徳川幕府による大がかりな都市計画が進められ、人工的な埋め立てにより海岸線が変えられました。

武蔵野台地

　約14万年前から青梅を頂点として古多摩川が作り出した扇状地の上に、おもに箱根火山と富士火山の火山砕屑物（火山灰や軽石）が降り積もってできたのが武蔵野台地です。北は入間川・荒川、南は多摩川に挟まれた東西約45km、南北約40kmの地域で、東京23区の西半分と多摩東部を占めています。この武蔵野台地は、都心部では「山の手」、それより西側では「武蔵野」と呼ばれています。

　火山砕屑物で構成される赤褐色の地層は関東ローム層と呼ばれており、赤褐色は火山灰に含まれる鉄分によるものです。関東ローム層は水をよく通す性質があるので、武蔵野台地に降った雨はローム層を通って地下に浸み込み地下水となります。武蔵野台地上の標高50mにあたる地域には、井の頭池、善福寺池、富士見池、三宝寺池が並び、また野川公園や深大寺など有名な湧き水スポットがあり、これは武蔵野扇状地に降った雨が、関東ローム層に浸み込んで伏流水となり、再び地表に湧き出してくる場所にあたります。

　そして、井の頭池と善福寺池から流れ出た水は神田川を、富士見池と三宝寺池から流れ出た水は石神井川となり、武蔵野台地を削りながら、最後は隅田川に合流して、東京湾へ注いでいます。

　現在も多摩川は武蔵野台地を侵食し、川の両岸には河岸段丘とよばれる階段状の地形が形成されています。この段丘

の斜面や崖をハケ（武蔵野の方言）と称し、そして崖が延々と続くところ、例えば多摩川に沿う武蔵村山から等々力渓谷＊まで続くハケは国分寺崖線とよばれています。

東京低地

　「下町」と称される東京低地は、23区の東半分にあたる隅田川、荒川、江戸川などの流域に位置しています。この地域は約6千年前の縄文海進の後に陸地となった低湿で軟弱な地盤のため、十分な治水技術が発達する以前は、河川が洪水をくりかえし、それによって堆積した土砂からなる新しい地層でできています。

　さらに戦後は、急速な工業化にともなって工業用水として地下水が大量にくみ上げられたことにより、荒川下流の沿岸や臨海部で地盤沈下が発生し、「ゼロメートル地帯」とよばれる海抜0メートル以下の地域が江東区、墨田区、葛飾区、江戸川区などに広く出現しました。

　このような場所では、台風通過時の高潮や地震による津波などによる浸水被害が危惧されるため、防潮堤や水門などが整備されてきました。近年は、地下水の

＊大森貝塚
貝塚とは、原始時代の人々が捨てた貝や動物の骨、土器や石器などが堆積した場所である。大森貝塚は、アメリカ人の動物学者エドワード・モースにより1877年に発見された。現在は、大森貝塚遺跡庭園（品川区・国の史跡）として保存されている。

＊等々力渓谷
23区内唯一の渓谷といわれる。等々力渓谷は多摩川に削られてできた崖線に沿って湧きだした水が台地を侵食してできた渓谷である。この谷頭侵食が進み、谷沢川上流部が河川争奪されて流路が変わったといわれている。

千代田区外神田の明神男坂

＊桜開花の標準木
気象庁が東京の桜の開花の標準としている木が、靖國神社境内にある。標本木で5～6輪以上の花が開いた状態となった最初の日を開花日、約80％以上のつぼみが開いた状態となった最初の日が満開日として発表される。

＊富士山の視程
近年、都内から富士山を望める日数は、1年間で約100日である。しかしながら、1960年代は約50日程度であった。これは、排気ガス規制により大気中の汚染物質が減ったこと、都内の緑地や水面が減って湿度が下がったことなどが原因として考えられる。

くみ上げが規制されるようになり、地盤沈下は徐々に改善されています。

起伏にとむ地形

武蔵野台地の東端部である山の手台地は、比高約20メートルの下町台地を見下ろす高台となっています。JR山手線上野駅付近でも西側が高台になっており、（たとえば千代田区外神田の明神男坂）下町低地に向かって急な坂が発達しています。また山の手台地のうち、麻布や六本木、白金、高輪など比較的古い年代に形成された地域は、長期にわたって雨水や小規模な河川によって侵食され木の枝のように細く複雑に入り組んだ谷が発達しており、たとえば港区麻布の鳥居坂など、そこには数多くの名前を持った坂が存在します。山の手台地の台地状の地形を表す地名として、白金台、高輪台、駿河台、目白台などの地名があります。また台地は、下町低地や谷底からのぞむと「山」のようにみえるため、愛宕山（港区）、飛鳥山（北区）、道灌山（荒川区）、御殿山（品川区）、代官山（渋谷区）などとよばれる場所もあります。

河川が台地を削ってできた谷地形のところには、茗荷谷、渋谷、四谷といった地名があります。そのため、地下鉄丸の内線は茗荷谷駅付近では地上を走り、かつての地下鉄銀座線渋谷駅も地上3階の場所にありました。一方で、下町低地には「川」（深川や菊川）、「島」（越中島や石川島）、「洲」（豊洲や鉄砲洲）、「砂」（砂町）というように、河川や海などの水辺を連想させる地名が多く、地図を片手に歩くだけでも、東京の起伏を容易に想像することができます。

東京の気象

東京の天気と気候の特徴

春、3～4月には、まだ真冬のように冷え込む日があったり、雪がちらついたりすることもありますが、温帯低気圧が通過して一雨ごとに暖かくなっていく時期です。平年では、3月24日頃に桜が開花＊し、3月31日ごろに満開を迎え、多くの人がお花見に出かけます。5月に入ると晴天の日が多く、真夏のような暑さになることもあります。

夏（6～8月）の本格的な暑さの訪れの前には、梅雨を迎えます。平年では、関東甲信地方の梅雨入りは6月7日ごろで、梅雨が明ける7月19日ごろまで、1ヵ月以上も続きますが、この降水によって、東京の水がめである群馬県などのダムには十分な貯水量が確保できるのです。

梅雨が明けると、北太平洋高気圧が日本付近にまで張り出してきて、南から暖かく湿った空気をもたらすため、一気に気温が上昇し、日最高気温が35℃を超える猛暑日が続くことがあります。また猛暑によって発達した積乱雲が短時間のうちに局地的に大雨を降らせるゲリラ豪雨が発生しやすいのもこの季節です。

秋（9～11月）に入ると残暑の感じられる日もあるものの、9月は秋雨前線の影響で雨が多く、朝晩は気温が下がり、虫の音が聞こえるようになります。8月から10月は台風シーズンで、関東甲信地方には平均で約3個の台風が接近します。

東京の冬（12～2月）は、初霜のおりる12月23日ごろから冷えこみが厳しくなり、冬本番を迎えます。気温は下がりますが、乾燥した晴天が続くことが多いことから冠雪の富士山＊が都心からよく見えます。これはシベリア高気圧から吹き出した冷たく乾燥した空気が、いったん日本海で温められ、水分を得て日本海側の地域に雪をもたらした後、山脈（分水嶺となる大山脈）をこえて再び低温で乾燥した空気となり関東へ吹き下ろすためです。

東京の年平均気温の平年値（1991年から2020年の平均値）は15.8℃、年降水量は1598.2㎜ですが、下のグラフのとおり、季節ごとの気温変化が大きくなっています。気温の最暖月は8月で平均気温は26.9℃、最寒月は1月で平均気温は5.4℃となり、年較差（最暖月と最寒月の差）は21.5℃となります。

降水量は10月が234.8㎜で最多雨月ですが、次いで9月も224.9㎜となり、秋雨前線と台風の影響と思われます。また、梅雨にあたる6月と7月にも、それぞれ167.8㎜と156.2㎜の雨が降り、東京では6〜10月の間に年間総雨量の約3分の2の雨が降るのです。

一方で、冬季の降水量はそれほど多くはありません。雪が降る日もあり、平年値で1月に2.8日、2月に3.5日の降雪日があり、10㎝ほどの積雪でも日常生活に大きな支障が生じることがあります。

ヒートアイランド現象

地球の大気中の二酸化炭素などの温室効果ガスが産業革命以降に急増した影響で、地球の平均気温は20世紀に約0.85℃上昇しました。東京は、さらに都市部の気温が周辺地域よりも高くなる「ヒートアイランド現象」の影響もあり、年平均気温は100年あたり約2.5℃上昇し、地球の温暖化よりも速いペースで気温の上昇が続いています。

ヒートアイランド現象の要因は、①土地利用の変化による緑地や水面などの減少、②建築物の高層化や密集化、③工場や事業所、住宅、自動車などから排出される人工排熱の増加、などが挙げられます。たとえば、①緑地や水面が減少すると、植生の葉面や河川等の水面から水が蒸発するときの気化熱*の効果が弱まるので、気温が下がりにくくなります。また、コンクリートやアスファルトの面積が増えると、日中に日射を吸収して蓄熱し、夜間も周辺の大気を加熱してしまうため、熱帯夜*の日数を増加させてしまうことも懸念されています。また、②建築物が高層化・密集化することによって、多くの熱がビルに蓄熱されるようになります。ビルが密集することにより夜間は熱がこもった状態になり、夜の気温が下がりにくくなります。そして、③都市域では人口が集中し、私たちの日々の生活のエネルギー消費による人工排熱は直接大気を加熱して、気温上昇をもたらします。

東京の温暖化の傾向は、1876年以降

*気化熱
近年、夏季の気温上昇時には、様々な施設の屋外で、細かい霧を噴射するドライミストを見かける。これは、霧（細かい水の粒子）が肌や服を濡らす前に蒸発し、周辺の気温を下げる効果がある。

*熱帯夜
夕方から翌日の朝までの最低気温が25℃以上になる夜のこと。熱帯夜は、1970年代には1年に10日程だったが、2010年には56日を記録し、近年は約30日/年のレベルとなっている。気温の上昇傾向が夏や昼間より夜間や冬場の方が著しいことが注目される。

2-2　東京の平均気温と合計降水量の平年値

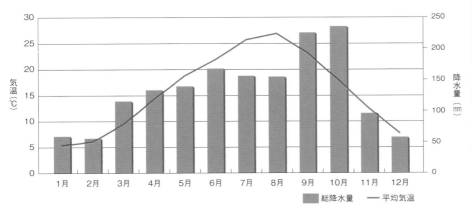

気象庁のデータ（1991年〜2020年）より作成。

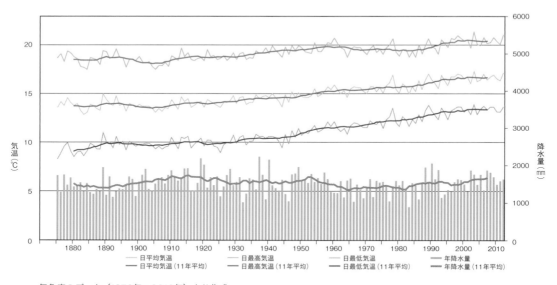

気象庁のデータ（1876年～2013年）より作成。
東京の気温と降水量の長期変化。細線と棒グラフは各年の値。太線は長期傾向を見やすくするための11年移動平均曲線。

＊最高気温
（夏日・真夏日・猛暑日）
夏日と真夏日は、1日の最高気温がそれぞれ25℃、30℃以上の日である。猛暑日は1日の最高気温が35℃以上の日を指す。近年の世界また大都市での気温上昇をうけ、2007年に気象庁が新たに制定した気象用語である。

＊局地的大雨
大雨警報発表時、数年に一度程度しか発生しないような短時間の大雨が、地上の雨量計によって観測されたり、解析されたりすると、各地の気象台によって「記録的短時間大雨情報」が発表される。これは、居住地域や近隣の地域で災害の発生につながるような猛烈な雨が降っていることを意味する。その際は避難に関する情報に留意し、必要に応じて早めの避難が必要である。

の東京の気温変化（グラフ2-3）から容易に認識できます。近年の東京の暑さについては、夏季の日中の最高気温＊が注目されているように、日最高気温の年平均値の上昇率が1.5℃/100年に対して、実は日最低気温が4.5℃/100年（1931年～2013年）と最も顕著な上昇傾向にあります。日最低気温は一般に朝方の気温ですから、東京での熱帯夜日数が増加しているのも不思議ではありません。

最多雨年（1938年）の2,230㎜と最少雨年（1984年）の880㎜では2.5倍以上の差があり、年々変動が大きいことが特徴としてあげられます。近年はゲリラ豪雨が増加していることも指摘されています。

年間の総降水量には大きな変化はありませんが、東京の湿度は年々減少傾向にあります。この原因としては気温の上昇にともなって、飽和水蒸気量が増えてい

ることが考えられます。また、緑地や水面の減少による影響もあるでしょう。

局地的大雨

非常に狭い地域で短時間に驚異的な量の雨が降る現象を局地的大雨＊といい、一般にゲリラ豪雨と呼ばれています。1990年代以降は、東京都区部を中心とした狭い範囲で、夏季に時間雨量100㎜を超える激しい雷雨の頻度が増えています。

都市部では、地表面の多くがアスファルトやコンクリートで覆われて地面の吸水能力が低下したため川の増水が早く、下水の処理能力をこえて水があふれ、道路が冠水するなど練馬豪雨＊のような都市型水害をひきおこすこともあります。

「ゲリラ」という言葉が使われるようになったのは、狭い範囲で短時間に発生する予測の難しい豪雨という意味を含んでいて、近年はインターネットやスマー

2-4　夏季における熱帯夜日数の分布

2004年7月20日〜9月30日の熱帯夜日数。
出典:『東京都環境科学研究所年報 2005』

トフォンなどが普及し、リアルタイムで**大雨の情報***が得やすくなっています。私たちは、空の様子や風の吹き方が変化してきたときに、早めに情報を入手して、外出を控えたり、浸水が想定される場合には避難をしたりすることによって、各々がゲリラ豪雨や都市型水害に備えることもできます。また、住んでいる地域の**ハザードマップ***を確認して、洪水に対する危険性を確認しておくこと

も重要です。さらに都区内では、河川の増水や道路の冠水対策として、雨水を一時的に貯留する地下ポンプ施設の整備が進んでいます。

環境対策

　都市の気温上昇を抑えるヒートアイランド現象対策がさまざまな方法で進められています。たとえば、保水性舗装道路の普及です。保水性舗装は、雨や打ち水などで蓄えた水分が、晴れて気温が上昇したときに蒸発して、大気から気化熱を奪い気温を下げる効果が期待されています。また、屋上緑化は都内の限られた空間で緑地を確保し、植生による日陰や蒸散効果によって気温の上昇を抑えることが期待されます。

　近年、個々の家庭では、窓に日射を遮断するクールネットを設置したり、窓際にゴーヤなどの植生を栽培して日よけにする「緑のカーテン」などを取り入れて、屋内を涼しく保つ工夫も普及してきました。どの取り組みも、エネルギー消費を減らしてヒートアイランド現象を抑制するだけでなく、結果的に二酸化炭素の排出も抑えられるので、地球温暖化対策の一部ともなっています。

*練馬豪雨
1999年7月21日午後に発生した練馬区を中心とした局地的大雨。1時間あたり131mmの降水を直径5kmの限られた地域で観測。降り始めから終わりまでに2時間足らずだった。豪雨直前の練馬付近の温度は33.5℃で、鹿島灘からの北東風と東京湾からの南東風、相模湾からの南風がちょうど練馬付近で収束していたことが観測されている。

*大雨の情報
気象庁のウェブサイトでは、全国にあるレーダーで観測された降水の分布や予測情報を得ることができる。また、東京都下水道局が配信する「東京アメッシュ」では、都内の2つのレーダー基地局と近隣自治体のレーダー、約130台の地上雨量計のデータをもとに、東京都を中心とした地域の詳細な雨の分布情報を配信している。

*ハザードマップ
自然災害による被害の軽減や防災対策に使用する目的で、被災想定区域や避難場所・避難経路などの防災関係施設の位置などを表示した地図。

保水性舗装道路

和田ポンプ施設下水道（（公財）東京観光財団提供）

2-3 東京のインフラ

＊ベビーブーム
第二次世界大戦後に出生率が急激に上昇した現象。概ね昭和22年から24年にかけて生じた。この間に生まれた人々を「団塊の世代」という。

＊ドーナツ化現象
ドーナツ化現象は1980年代後半のバブル経済に基づく地価高騰の落ち着く1995年まで続くが、その後の地価下落の動きのなかで、90年代後半以降は、都区部への再集中がもたらされた。このような都区部への再集中は「人口の都心回帰」と表現される。人口の都心回帰は、地価下落による再開発ブームのみならず、人口の少子高齢化や女性の社会進出などさまざまな動きと結びついている。

東京の人口

東京の人口推移

東京は都区部だけで人口970万人を超える大都市です。全地域をあわせると、1,408万人（2023年5月1日現在）を超え、日本の全人口1億2,450万人（2023年5月1日現在）の1割強が集中しています。

1872年にわずか86万人であった東京都の人口は、その後、ゆるやかな人口増加を続け、1917年には289万人になっていました。第一次世界大戦後の経済成長のもとで、急激な人口増加がもたらされ、1940年には735万人を擁するまでになりました。

第二次世界大戦中から戦後直後までは人口を大きく減らしますが、その後のベビーブーム＊と地方からの人口流入によって、再度人口増加がもたらされ、1960年までに都区部だけで800万人を突破し、1965年には都区部の人口は889万人と最初のピークに達しました。この間、人口の郊外への流出も同時に進行し、1965年を過ぎると都区部で人口が減少し、多摩地域で人口が増加するドーナツ化現象＊が顕著になりました。

東京の都市構造

各区市町村の常住人口（夜間人口）を100としたときの当該区市町村の就業人口（昼間人口）を昼夜間人口比率といい、この数値を比較してみると東京の都市構造の一端がみえてきます（以下、年次は令和2年）。

全体的に区部ではこの値が高く、とく

に千代田区（1,754）、中央区（456）、港区（454）の各区では居住する人よりも圧倒的に多い働く人を周辺地域から引きつけていることがわかります。このため、これらの区は都心3区とよばれます。新宿区（259）、渋谷区（260）の2区を含んで都心5区と呼ぶ場合もあります。また、これら各区に次いで台東区、文京区、豊島区、品川区などで比較的高い値を示しています。

都心各区の昼夜間人口比率は1995年がピーク（千代田区は2,733）でしたが以後は低下しています。これは人口の都心回帰にともなうものです。

23区のなかでも、墨田区や大田区では値が100に近く、産業と居住が一体化した地域が形成されています。世田谷、杉並、練馬、足立、葛飾、江戸川の各区では90を下回って23区のなかでは郊外的な位置にあります。

一方、多摩地域では区部に比べると値が小さく、とくに狛江市や西東京市などでは80未満でこれらは典型的なベッドタウンとして性格付けられます。多摩地域のなかでも、立川市や武蔵野市は110を上回っており、住宅衛星都市としての性格を持ちながらも、就業の郊外核としての特徴が示されています。

東京の人口分布

区市町村別の人口密度をみても東京の都市構造がわかります。西武線に沿って西東京市、JR中央線に沿って国分寺市、京王線に沿って調布市までが1km²あたり1万人を超える地域、それらの西側では1万人を下回り、西多摩地域の市町村や八

王子市や稲城市では山林も多く人口密度が疎になります。

　以下、区部を詳細にみると、都心を取り囲んで、その西側から南側にかけては山手通り（環状6号線）や環七通り（環状7号線）に沿う形で、北側から東側にかけては明治通り（環状5号線）に沿う形で1k㎡あたり2万人を超える人口密度の高いエリアが存在しています。これらのエリアは、関東大震災後の郊外化のなかで急激な人口増加を経験した地帯です。

東京のエスニックタウン

　区部を中心にさまざまな国の出身者が織りなすモザイクが形成され、重要なダイバーシティ（多様性）となり東京の社会経済に新たな活力をもたらしています。

　東京で外国籍の人々の人口割合がもっとも高いのは新宿区で、人口の11％にあたる3.9万人が外国人です。新宿に次いで、豊島区（9.1％）、荒川区（8.2％）、港区（7.5％）があげられます。

　これらのうち港区は、大使館や多国籍企業に勤務する欧米系の人口が多いのが特徴ですが、他区ではアジア系の人々が目立っています。

　新宿区は、中国系、韓国系の人々を中心に、ネパールやミャンマーなど多様なアジア系の人々の居住で特徴づけられ、とくに大久保地区は歌舞伎町などの繁華街に至近な上、賃貸アパートも多く、1980年代の半ばからアジア系の人々の居住と、そうした人々に向けた飲食店の増加が目立つようになりました。1990年頃からは韓国からのニューカマーの住民も増え、2000年代に韓流ブームが生じると、大久保付近は東京で韓流文化を感じられる観光地として、脚光を浴びるようになりました。また、豊島区の池袋駅北口付近（西池袋1丁目）は、中国のおもに東北部出身の人たちが集住してエスニックビジネス＊を展開しています。

　これらのほか江戸川区の西葛西地区は、インド系のIT技術者が集住していることによって知られています。

城下町から首都へ

江戸から東京への道

　1867年10月、15代将軍徳川慶喜（よしのぶ）は、京都二条城で、いわゆる「大政奉還」を行い、政権を朝廷に返上しました。翌年1月、慶喜は軍隊を京都に向けて出発させたことから、鳥羽・伏見で戦いが始まり、日本史上最大の内戦、戊辰戦争が勃発しました。旧幕府軍は、錦の御旗＊を掲げた薩摩・長州軍に敗北します。

　江戸城に逃げ帰った慶喜は、2月、幕府内部の派（高橋泥舟ら）の意見を容れて、主戦派（小栗上野介忠順）を退け、上野寛永寺に謹慎しました。

　3月には山岡鉄舟＊が慶喜恭順の実を上げるため静岡に派遣され、西郷隆盛との会談を実現させました。この会談で官軍側から、江戸城明渡し、旧幕府軍の武装解除、慶喜の他家お預けの具体的条件が初めて示されました。鉄舟は、すぐさま復命、3月13・14日江戸田町の薩摩屋敷で西郷・勝海舟・鉄舟の三者会談が行われて、慶喜の水戸謹慎で決着し、4月の江戸無血開城が実現しました。

　7月には江戸は東京と改称し、東京府が置かれ、町奉行所管轄地域を支配することになりました。つまり町奉行所はすでに東京市政裁判所と名称を変えていましたが、それを吸収して東京府が成立したのです。

江戸を引き継いだインフラ

　江戸無血開城が成ったことで新政府は、ほとんど無傷で巨大都市江戸を手に入れることができました。たとえばハードインフラ（道路・橋・江戸城・大名等屋敷・流通や金融等の経済的インフラなど）はそのまま利用でき、町奉行等の諸役人な

＊エスニックビジネス
在留外国人が経営するビジネス。狭義には、同胞の住民に商品やサービスを提供する店舗を指し、しばしばエスニックコミュニティの交流の拠点となる。

＊錦の御旗
天皇の軍隊である官軍を示す旗。赤地に日月があしらわれている。承久の乱の際、後鳥羽上皇が官軍の大将に下賜したのが最初。戊辰戦争時、明治天皇が下賜した錦旗は東京国立博物館に現存。

＊山岡鉄舟
幕末の旗本。明治天皇の侍従、宮内少輔。高橋泥舟の弟子で泥舟実家山岡家を相続。清河八郎と相談となり、浪士隊取扱として上京、尊王攘夷運動に尽力。官軍参謀西郷隆盛と静岡で会談し江戸を戦火から救う。精鋭隊頭として徳川慶喜を護衛。静岡藩では権大参事となる。のち明治天皇に侍従として仕え信任篤かった。

＊陸軍省
陸軍の軍政（人事・予算等）を管掌する中央官庁。長官は、初期は陸軍卿、内閣制度発足により陸軍大臣。大臣、次官ともに現役武官が就任した。

＊参謀本部
陸軍の軍令（作戦）を管掌する中央機関。長官は本部長、のち総長。天皇の統帥権を輔翼する機関として天皇に直属し、政府から独立。昭和期にはその権限が拡大、戦争指導の中核機関に。敗戦により廃止。海軍には同様の機関として軍令部があった。

＊教育総監部
参謀総長隷下の陸軍大学校、陸軍大臣管轄の陸軍軍医学校以外の、幼年学校、士官学校、戸山学校等、陸軍の教育を管轄する天皇直属の中央機関。参謀総長、陸軍大臣、教育総監が陸軍三長官として重要視された。

どソフトインフラも引き継いで、東京府政を円滑に進めることができたのです。

明治国家の形成・発展を考えるとき、江戸無血開城は大変重要です。江戸時代、すでに日本の中心であった江戸東京から号令して、全国支配を貫徹することが十分可能でありましたし、横浜や築地の居留地も保護して諸外国とも良好な関係を結ぶことができたのです。鉄舟と泥舟の業績はきわめて大きいといわねばなりません。

1868年5月、新政府に不満な旧幕臣（彰義隊）が上野寛永寺に立て籠もりましたが、わずか1日で官軍に敗北しました。以後、江戸での戦闘はなく、戦場は北関東や越後、白河・会津、箱館に移ります。

こうして江戸城は京都から明治天皇を迎え皇居となりました。多くの大名屋敷は軍隊宿営地や政府役所、宮家や貴族の屋敷などになりました。京都から虎屋や三井などの商人も店を構えました。

東京の新たな街並み

1872年の新橋・横浜間の鉄道開通は、まさに新時代の到来を演出しました。これまで1日がかりだった横浜までの時間が、半日以下に短縮されたことはとても大きな進歩でした。銀座を中心に整備されたガス灯や煉瓦街など、まさに「文明開化」を全国に発信しました。

霞が関は、千代田区南部、皇居の桜田門から虎ノ門に至る国道1号線両側の地名です。首相官邸のある永田町の南側で、東京湾に向かって下る広い坂です。明治時代に外務省や海軍省などがおかれたため、その後、官庁街として整備され、現在も数多くの国の役所が集まっています。このため「霞が関」といえば、中央官庁全体を指すことがあります。

永田町は、千代田区南西部の地名です。ここには、首相官邸、国会議事堂、衆参両院議長公邸、衆参両院議員会館、国立

国会図書館、自由民主党本部、立憲民主党本部、最高裁判所、国立劇場や国立演芸場などがあります。なお、「永田町」は「日本の政界」を意味することもあります。

憲政記念館のある三宅坂には、かつて陸軍省＊、参謀本部＊、教育総監部＊などの陸軍主要施設が設置されていました。

銀座は、中央区南西部で、京橋から新橋に至る地区です。1612年に駿府から銀貨の鋳造を行う「銀座」が移され、当初は新両替町と呼ばれました。1869年「銀座」は、明治政府によって解体され、その後、新両替町が銀座と改称されたのです。

銀座は、新橋駅に降り立ち築地居留地に赴く外国人の通り道なので、1872年の大火を機に新政府は耐火性に優れた煉瓦による西洋風の街並みを造ろうとしました。そして1874年、京橋・銀座間にガス灯の灯る銀座煉瓦街が造られました。しかし、煉瓦街建設当初は、高価で、かつ湿気が多い日本の気候に合わないとされて入居するものがほとんど居ませんでした。1923年の関東大震災で崩壊しましたが、以後再建はされませんでした。それでも銀座は、東京随一の高級繁華街に発展しました。

現在では、銀座四丁目の交差点を中心にデパートや多くの商店が軒を連ねています。世界の高級ブランドも出店し、外国人観光客も多く訪れる街になっています。全国に「○○銀座」と称する商店街が出現し、銀座の繁栄にあやかろうとした表れといわれています。

日本橋は、江戸時代初期からの繁華街でした。1603年に徳川家康によって架けられたのが、五街道の起点とされた日本橋です。ここには幕府法令を周知する高札場が設けられ、また魚河岸（魚市場、築地市場は大正期以降）も置かれて、大いに繁栄しました。日本橋には、越後屋（現・日本橋三越本店）などが軒を並べ江

戸の文化を支えました。近代になって日本銀行や第一国立銀行*（現・みずほ銀行）などの銀行、東京証券取引所、各証券会社など金融機関が集まるようになりました。

水の都東京 土地と水の整備

お江戸日本橋

　徳川家康が1590（天正18）年8月1日（朔日）に江戸に入ると、江戸城の造成よりも優先して行われたのは、現在の呉服橋から大手門に至る道三堀の開削でした。これによって平川河口から舟運によって米などの物資を江戸城に直接運び入れることができるようになります。道三堀の周辺には江戸で最初の町屋ができ、城下町を形成する基盤ができます。本格的な都市形成となる日本橋本町（中央区）の町割りはその後に続きます。

　現在の丸の内から日比谷にかけて日比谷入江と呼ばれる海がありました。その東に隅田川があって、運ばれた土砂でできた砂州を江戸前島と呼んでいます。それが今の銀座付近にあたります。1592年に江戸城西の丸築造に伴う掘り上げの土砂で日比谷入江を埋め立て、京橋（中央区）の整備が進みます。

　江戸東京の名所として欠かせないのが日本橋です。1604年2月に五街道の起点*として街道筋に一里塚を築かせていますので、その前年には架橋されたと考えられています。現在の日本橋は1911年に完成した石造二連アーチ橋で、関東大震災や戦災を潜り抜け国の重要文化財に指定されています。

　この下を日本橋川が流れ、隅田川と江戸城下を結ぶ舟運の動脈となり、問屋・河岸蔵*が立ち並ぶ商人の町日本橋の繁栄を象徴する「お江戸日本橋」となりました。

　家康にとって水路と水道の確保は、江戸の都市整備として急務でした。行徳塩田（現在の千葉県市川市）の塩は欠かせない物資のひとつでした。しかし、江戸湾の北部は砂州や浅瀬が多く、座礁の危険が多かったため、旧中川と隅田川を東西に結ぶ人工運河の小名木川*を整備することで、安全に塩を日本橋方面に運ぶことになり、物資旅客の大動脈となっていきました。

　飲料水では、井戸を掘っても塩分を含む水のため大久保主水こと大久保忠行が小石川上水を整備し、その後の神田上水の基になったといわれています。

江戸・東京の水

　神田上水は井の頭恩賜公園内の井の頭池から発する江戸の六上水*の一つで、小石川の関口まで、関口からは暗渠になって市中を流れます。水戸徳川家の屋敷を出た上水は御茶の水の懸樋（水道橋）で神田川を横切り、神田の武家地に給水し、余った水を日本橋、柳原、両国方面の町人に給水していました。

　江戸の町の拡大と人口増加によって給水量を増やす必要から玉川上水が開発されます。川越藩主松平信綱を奉行に、庄右衛門・清右衛門兄弟（玉川兄弟）が工事を請け負い、1653年に着工し、羽村から四ツ谷大木戸の水番所まで全長43kmをおよそ半年で開通させ、1654年に通水を開始します。

　しかし、1886年のコレラの大流行から改良水道の創設が叫ばれ、玉川上水を淀橋浄水場（新宿区）で浄化後、ポンプ・自然流水で東京市内に給水することとし、1901年に神田上水の給水は停止します。

　また東京市の人口増加に伴い水道拡張の必要から、1927年に村山貯水池を完成させます。村山貯水池は多摩川の水を羽村取水堰から取り入れ、導水管で池に水を貯めて給水する都内最大の人工湖です。一部は東京都立狭山自然公園となっ

＊江戸の六上水
神田上水、玉川上水、本所上水（亀有上水）、青山上水、三田上水（三田用水）、千川上水をいう。1590年の小石川上水（のちの神田上水）にはじまり、玉川上水と併せて二大上水とし、明暦の大火後、都市再開発のなかで四上水が加わることになる。文京区本郷にある東京都水道歴史館で詳細な歴史がわかる。

＊スーパー堤防
1987年、当時の建設省が始めた堤防事業。高規格堤防ともいう。ゆるやかな勾配を持つ幅の広い盛り土による堤防。水が溢れても決壊して大きな被害にならないようになっている。

＊五街道
日本橋を起点とする江戸時代の主要街道、東海道、中山道、日光街道（日光道中）、奥州街道（奥州道中）、甲州街道（甲州道中）のこと。

ており、多摩湖と呼ばれています。

水のリサイクル

　現在の東京の水道水は昭和30年代を境に、およそ水源の78％が利根川および荒川水系、19％が多摩川水系となります。しかし、近年の小雨化や異常気象により小河内ダムや矢木沢ダムなどの貯水量が毎年減り給水制限が出される傾向にあることから一度使った水をリサイクルする「循環利用方式」がJR神田万世橋ビルや東京ミッドタウンやフジテレビ本社ビルで実践されています。雨の水を利用する「雨水利用方式」は虎ノ門清和ビルで、また工業用の水道水を利用する「工業用水道利用方式」などもあります。8月1日を「水の日」として水の大切さを理解することが法律で定められ、東京都も水資源の有効利用と水循環の重要性を啓蒙しています。

　台風による高潮や洪水、地震に伴う津波などの水害から都市を守るために、様々な対策を講じています。大雨には、雨水の一部を貯水する調整池を設けて洪水から都市機能を守る対策を取るようになりました。神田川・環状七号線地下調整池（杉並区）も巨大な空洞に雨水を貯めるようになっています。水門や排水機場の耐震対策を進めると同時に、1985年から隅田川、中川、旧江戸川、新中川、綾瀬川の5つの河川で**スーパー堤防***の整備を行っています。スーパー堤防は、地域開発と一体的に堤防を整備するのが特徴で、これまで隅田川にはカミソリ堤防によって洪水高潮対策をしてきましたが、盛り土によって構成された幅の広い堤防を築いて洪水対策を強化するとともに、水辺と人間との潤いのある親水空間を創り上げています。

ウォーターフロントから水辺ネットワーク

　1980年代から鉄道や船舶による輸送がトラック輸送に大きく変化するなか、港湾周辺の工場の撤退や、空き倉庫が増加してきたため、港湾・臨海部周辺（ウォーターフロント）の整備が進められました。

　東京では、佃島・天王洲・臨海副都心（お台場・有明）・汐留・葛西地域が該当します。1985年からの東京臨海副都心の開発は、情報サービスを軸にしたビジネスセンターの建設からでした。1993年のレインボーブリッジ開通はそのシンボルとして存在します。

　高層ビルのオフィスと商業施設に加え、娯楽施設が集中するお台場海浜公園、自然と交流する場や観光レジャースポットとしても魅力ある施設を取り入れた東京港野鳥公園や城南島海浜公園、辰巳の森海浜公園、若洲海浜公園や葛西海浜公園などの整備に力を入れています。

　これらの水辺の公園ともいえる地域を結ぶ水上交通網、さらには、羽田空港と東京港を共有する国内外との玄関口を要に、千葉方面や横浜方面との広域的なネットワーク（首都圏メガロポリス構想）を形成する鉄道や道路網の構築によって、陸と海と空の結節点として、東京臨海部が大きな役割を果たすことを東京都が策定した「東京ベイエリア21」でうたっています。

近代〜現代の交通の発展

五街道の起点日本橋

　江戸時代、**五街道***は日本橋を起点にしていましたが、現在でも国道の起点としての役割を果たしています。明治時代になると、人力車や馬車といった車両が登場するようになります。徒歩や馬で往来していた江戸時代とは違って、こうした車両がスムーズに通るためには、道幅を拡げたり、路面を平らにしたりする必要がありました。東京の川や運河に架か

る橋も、江戸時代とは異なる近代にふさわしい構造を持った橋が登場するようになりました。

鉄道の開通と馬車鉄道

1872年に新橋・横浜間に鉄道が敷かれましたが、その際、東京におけるターミナルとして作られたのが新橋停車場です。この駅は、大正時代以降は貨物駅として長らく使われていましたが、近年、再開発の際に遺構が地中から見つかりました。現在、そこに開業当初の姿を復元した駅舎のレプリカが建てられており、当時の姿を偲ぶことができます。

東京の都市内を移動する交通機関の最初の試みが、道路の上に軌道を敷いて、その上に馬でひいた客車を走らせる馬車鉄道でした。1882年に東京馬車鉄道＊が新橋停車場の駅前から銀座や上野を通り、浅草まで走るようになりました。

また、明治時代には隅田川も都市交通に重要な役割を担っていました。通運丸とよばれる小蒸気船が頻繁に川を往来し、移動に使われていたのです。

市街鉄道と郊外電車

明治時代も終わりに近づくころから、東京の人口は急増を始め、次第に郊外に市街地が広がり始めるようになります。そこで登場してきたのが、市街地と郊外を結ぶ私鉄でした。

私鉄のなかには、東武鉄道や西武鉄道のように、蒸気鉄道から発展してきた路線もありますが、京成や京王のように最初から電気軌道として開業した路線もあります。

現在、東京都電＊で唯一残っているのは、早稲田と三ノ輪橋を結ぶ荒川線（東京さくらトラム）で、もとは王子電気軌道という私鉄として営業していました。市街電車というよりは、郊外軌道の性格が強い路線でした。

帝都復興と道路改良

大正時代に入ると、東京の道路整備も、自動車を意識したものへと変化していきます。1919年に都市計画法＊が制定されたことで、法的な裏付けがなされるようになりました。

1923（大正12）年に発生した関東大震災は、東京に大きな被害をもたらしたものの、同時に東京の道路網を変化させていくきっかけにもなりました。

震災からの復興事業では、被災地区に大規模な土地区画整理が行われ、都市計画に基づいた近代的な街路が整備されていきました。

明治神宮外苑は、その名の通り明治神宮の外苑として整備されたところで、当時最新の近代的な道路技術、造園技術が駆使されました。現在、聖徳記念絵画館＊前には、昭和の初めに舗装された、現在日本に残る最古級のアスファルト道路が残っています。

震災では、下町地区で大きな被害が出たこともあり、復興事業では隅田川に近代的な橋を架けることを重視しました。この時期に次々と架けられていった清洲橋、永代橋といった橋は、復興橋梁と呼ばれ、それぞれ個性的なデザインとなっていることも大きな特徴です。

戦前の日本では、道路整備が遅れていたとよくいわれますが、少なくとも東京ではすでに、自動車に対応した道路の整備が本格化していたのです。ただ、この時期には自家用車は少なく、多くはトラック、タクシー、バスなどでした。

省線電車

大正時代から震災後にかけては、国有鉄道による都市鉄道整備がめざましく進んだことも、東京の大きな特徴といえます。すでに明治時代から、中央線や山手線の一部で電車が走り始めていて、大正時代に入ると、1914年の東京中央停車

＊東京馬車鉄道
1882年に新橋・日本橋間で開業。その後路線を上野・浅草方面に延長し、東京における都市交通機関としての地位を確立した。1903年に動力を電気に変更し、東京電車鉄道となった。

＊東京都電
東京の路面電車は、1903年に開業した東京電車鉄道、東京市街鉄道、東京電気鉄道に始まるが、その後合併して東京鉄道となった。1911年に東京市に買収され、東京市電となり、市内全域に路線網を展開した。1943年、都制施行とともに東京都電となったが、高度成長期に現在の荒川線を除いて廃止された。

＊都市計画法
1919年に制定された都市計画法では、従来の東京市15区だけでなく、都心から半径約10マイルの区域を対象とした。この区域は「大東京」と呼ばれたが、1932年に東京市に編入され、現在の東京23区の範囲のもととなった。

＊聖徳記念絵画館
明治神宮外苑にある明治天皇・昭憲皇太后の事績を描いた絵画を展示した施設。2011年に国の重要文化財に指定された。

場の開業に合わせて、横浜との間で京浜電車が運行を始めました。こうして整備が進んでいった国有鉄道の都市鉄道網は、省線電車＊と呼ばれるようになります。

　震災後の国有鉄道の復興事業のなかで、省線電車網の整備にはとりわけ力がそそがれます。その目玉となったのは、山手線の環状線化と中央線、総武線の直通化でした。現在、山手線の電車は、東京の各ターミナルをつなぐように環状運転をしていますが、震災以前は、まだ東京駅と上野駅の間すら線路はつながってはいませんでした。震災でこの地域が大きな被害を受けたことで、ようやくこの間をつなぐ高架線が建設され、環状運転をすることができるようになったのです。

　一方、中央線はすでに甲武鉄道時代の1904年から御茶ノ水と中野の間で電車を運行していて、国有化後も万世橋、さらには東京駅へと乗り入れるなど、次第に運転区間を延長していきました。現在、万世橋駅跡に行くと、その遺構が整備されて煉瓦造りの高架線とともに見ることができます。

　震災後、中央線と総武線の電車を直通させるために、御茶ノ水から両国駅まで鉄筋コンクリート造りの高架線が建設され、新しく開通した東京・上野間の路線との交差点に秋葉原駅が開設されました。立体交差となったこの駅は、エスカレーターも完備され、近代的設備を備えていました。

　昭和初期に省線電車の運転区間は次々と拡大し、京浜線は桜木町、中央線は浅川（現高尾）、東北本線は大宮、総武線は千葉、常磐線は松戸と、東京だけでなく隣接する県の主要都市までを結ぶようになっていきました。

地下鉄

　震災後には東京にも地下鉄＊が登場します。1927年に東京地下鉄道が、浅草・上野間を開通させ、その後新橋まで延長していきます。一方、東京高速鉄道が渋谷から路線を建設し、1939年には新橋まで開通させます。その後、両社の合併を経て、現在の東京地下鉄（東京メトロ）銀座線になっていきます。

　なお、地下鉄の経営は1941年に帝都高速度交通営団が担うことになり、戦後はこれと並んで東京都も地下鉄を建設・運営することになります。営団は2004年に民営化されて東京地下鉄株式会社（東京メトロ）となっています。

羽田空港とモノレール

　飛行機が、一般旅客のための交通手段として登場するようになったのも、この時期の特色です。1931年に日本初の国営の民間専門飛行場として東京飛行場が羽田に開港しました。これが現在の東京国際空港（羽田空港）のもとになります。戦後、羽田空港は東京の空の玄関口として大きく拡張されていきました。1964年の東京オリンピックに際しては、ここから浜松町まで東京モノレールが開通しました。成田国際空港の開港後は、国内線に限定されていた時期もありましたが、近年は再び国際線も就航するようになりました。

首都高速道路と 景観の変遷

　戦後、本格的に増加し始めた自動車に対して、都市高速道路が構想されるようになりました。最初に計画されたのは、新橋と銀座を結ぶ東京高速道路です。この道路は、高架下を店舗として貸し出した収益で経営するという方式をとっており、現在でも利用者からは通行料金を徴収していません。現在、この道路のすぐ横を1964年に開業した東海道新幹線が走っているのを目にすることができます。

　1957年、東京都は本格的に都市高速道路建設を具体化し、首都高速道路公団を設立して、建設にあたることになりま

した。とくに、1964年の東京オリンピックに間に合わせるために急速に路線網の整備を進めていったのです。その際には、道路の上空や河川や運河など、既存の公共空間をできるだけ利用して用地買収を最低限に止めました。

都市生活と環境問題

水質汚濁と大気汚染

　生活排水や工場排水が浄化されずに流れ込むことで、多摩川や江戸川、東京湾の水質汚濁も下水道網が整う1970年代まで進行しました。海水の汚濁が深刻化したのは、海水の浄化機能を有する干潟*が東京湾から急速に失われていったことも影響しています。

　同様にかつての東京は大気汚染にも苦しめられました。東京都で光化学スモッグ*緊急時体制を構築したのは1970年で、その直後の1971年の光化学スモッグ発令日数は33日、健康被害届出数は28,223人でした。1973年がその後の発令日数のピークで45日でした。

　主な大気汚染物質別に発生源をみると、硫黄酸化物は工場や自動車であり、窒素酸化物は自動車、とくに貨物車が主な発生源になっています。浮遊粒子状物質*のほとんどが今日では自動車が原因になっています。区部の二酸化硫黄と二酸化窒素でみる限り、濃度が最も高かったのはそれぞれ1966年（0.058ppm）、1968年（0.035ppm）でした。その後、さまざまな規制によって排出が減少し、50年間でともに10分の1程度の値まで削減されています。

　こうした大気環境改善のなかで、東京から富士山や筑波山が見える日数も大幅に増加してきています。

ゴミ処理問題と都市鉱山

　高度経済成長期の東京ではゴミ処理も最重要な行政課題でした。増え続けるゴミに対し清掃工場の処理能力が追いつかず、可燃ゴミがそのまま江東区の海面処分場に捨てられるなど、排出源の地域と処分場のある地域の間での軋轢さえもたらしました。ゴミがきっかけとなった地域間の感情対立は「ゴミ戦争」ともいわれました。

　江東区の14号埋立地（夢の島）は1957年から1967年までの約10年間で満杯になりました。つづいて、15号埋立地（新夢の島*）が1964年から埋立開始、現在、中央防波堤外側埋立地とその南側の新海面処分場で第4代目、5代目の夢の島となります。

　現在、東京の家庭や事業所から排出されるゴミ資源*の有用性について注目されています。

　墨田区の企業などが中心となり、廃天ぷら油をディーゼル燃料に換えていくプロジェクトも進んでいます。天ぷら油で走るディーゼル車は環境にも優しい特徴をもちます。東京はまだまだ潜在的な埋蔵量をもつ大油田でもあるのです。

流域で考える環境

　東京都の水道水源のほとんどは河川水であり、利根川および荒川水系、多摩川水系で、それぞれの水系の上流部には、生活用水だけではなく農業用水や工業用水、発電など多目的のダムが1950年代以降、数多く開発されてきました。利根川水系の矢木沢ダムや奈良俣ダム、荒川水系の浦山ダムや滝沢ダム、多摩川水系のダムなどは代表的な多目的ダムです。

　一方で、東京都は長年にわたって水道水源林の管理に力を入れてきました。それは、「森は緑のダム」と呼ばれるように、森林は水源涵養機能を果たすとともに、土砂流出防止機能や水質浄化機能など、多様で公益的な役割を果たしていることが古くから指摘されてきたからです。

　1901年、当時の東京府は多摩川水源

＊干潟
1948年に1万haほどあった東京湾の干潟面積は、高度経済成長期における海面埋立などで約8割が失われたとされている。三番瀬干潟や盤洲干潟を残す千葉県に対し、都内では大規模な干潟は残されていないが、葛西海浜公園などで人工干潟の整備が行われた。

＊光化学スモッグ
オゾンやアルデヒドなどの光化学オキシダントを主成分として、硝酸塩や硫酸塩の微粒子を含んだスモッグ。光化学オキシダントは、窒素酸化物などが紫外線を浴び光化学反応を起こすことで発生。目や喉などに刺激をもたらし、重症の場合は頭痛や嘔吐、意識障害などの症状がみられる。

＊浮遊粒子状物質（SPM）
大気中に浮遊する粒子状物質のうち、10μm以下のもの。ただし、SPMのうち、2.5μm以下のものは微小粒子状物質（PM2.5）として区分される。

＊新夢の島
14号埋立地（夢の島および新木場、新砂）の南側に計画された15号埋立地の通称名。1974年に埋立てが終了し、1979年には「若洲」という行政地名が与えられた。

＊ゴミ資源
電子機器からはさまざまなレアメタルやレアアースを取り出すことができ、プラスチックごみは、プラスチックとして再利用されるだけではなく、飲料用の炭酸ガスも生成されている。鉄、金、銀、銅、アルミニウム、亜鉛などの主要金属以外の希少金属をレアメタルという。その中でも希土類元素にあたるものがレアアースと呼ばれる。電子材料や磁性材料の製造に不可欠である。

＊水道水源林
その総面積は約25,000haに及ぶ。このうち約60％は山梨県内の水道水源林。東京都奥多摩にある小河内ダムのほとりには、水道水源林の管理100年を記念して建てられたレリーフがある。東京都（水道局）の管理が及ばない民有林を対象として、2002年に設立されたボランティアによる民有林の保全管理組織として多摩川水源森林隊がある。

＊ジビエ
ジビエとは狩猟で得た天然の野生鳥獣の食肉を意味する言葉（フランス語）で、ヨーロッパでは貴族の伝統料理として古くから発展してきた食文化のことを指す（日本ジビエ振興協会による）。

地の森林荒廃による洪水や渇水に対処することを目的に、山梨県にあった御料林、丹波山村・小菅村村内の約8,140haと上流の約320haを譲り受けて、森林の管理を始めました。さらに1910年には、当時の東京市が府下にある皇室が管理する森林の御料林約700haを譲り受けて、水源林として管理を始めました。その後も、公私有林の譲渡・買収を進め、東京都は多摩川水系の上流部を都の水道水源林＊として管理しています。

シカの管理捕獲

　近年、水道水源林の地帯では、シカによる食害が広がっています。この背景には、水源地域（上流域）の耕作放棄地の増加や狩猟者の減少が関わっていると指摘されています。都の水道水源林地帯のなかでは、山梨県の各自治体が県、東京都と連携をとりながらシカの管理捕獲を進めています。こうして捕獲されたシカの肉は、ジビエ＊料理の材料として活用され、地域活性化のために一役買い始めています。

第 3 章

資料編

前章でみた地理的舞台の上で、人々の文化活動や産業活動がどのように展開してきたのでしょうか。東京には金融機関や本社機能、さまざまなサービス産業が集まりますが、一方では、世界に誇る工業生産、農業生産の地域という一面を併せ持っています。また、さまざまな文化が花開いています。本章では、東京産業、そして、作品の舞台、余暇スポットなどを一望します。

東京フューチャーアグリシステム（東京都提供）

3-1 東京の文学、音楽、映画、ドラマ、マンガ、テレビアニメ、アニメ映画一覧

文学の東京（1880年〜1980年代）

NO.	作品名	作者	発表年
1	当世書生気質	坪内逍遥	1885
2	浮雲	二葉亭四迷	1887
3	五重塔	幸田露伴	1891
4	たけくらべ	樋口一葉	1895-96
5	金色夜叉	尾崎紅葉	1897-1902
6	浅草寺のくさぐさ	高浜虚子	1898
7	葛飾砂子	泉鏡花	1900
8	武蔵野	国木田独歩	1901
9	水の東京	幸田露伴	1902
10	吾輩は猫である	夏目漱石	1905-06
11	東京遊行記	大町桂月	1906
12	婦系図	泉鏡花	1907
13	三四郎	夏目漱石	1908-10
14	一握の砂	石川啄木	1908
15	それから	夏目漱石	1909
16	浅草公園	木下杢太郎	1909
17	すみだ川	永井荷風	1909
18	青年	森鷗外	1910-11
19	丸善と三越	寺田寅彦	1910
20	東京市	高浜虚子	1911
21	東京印象記	児玉花外	1911
22	大川端	小山内薫	1911
23	雁	森鷗外	1911
24	彼岸過迄	夏目漱石	1912
25	みゝずのたはこと	徳冨蘆花	1913
26	大菩薩峠	中里介山	1913-14、14、15、17-19、21、25-28、28-30、31、32、33-34、35、38-41
27	東京の印象	本間国雄	1914
28	桜の実の熟する時	島崎藤村	1914-18
29	日和下駄	永井荷風	1914-15
30	日本橋	泉鏡花	1914
31	明暗	夏目漱石	1916
32	時は過ぎゆく	田山花袋	1916
33	東京の三十年	田山花袋	1917
34	美しき町	佐藤春夫	1919
35	暗夜行路	志賀直哉	1921
36	東京	上司小剣	1921
37	東京近郊／一日の行楽	田山花袋	1923
38	痴人の愛	谷崎潤一郎	1924
39	大導寺信輔の半生	芥川龍之介	1925
40	芝居昔ばなし	鏑木清方	1925

NO.	作品名	作者	発表年
41	橡の花	梶井基次郎	1925
42	大東京繁昌記	芥川龍之介、泉鏡花、北原白秋、吉井勇、久保田万太郎、田山花袋、岸田劉生、島崎藤村、高浜虚子、有島生馬、谷崎精二、徳田秋声、藤井浩裕、藤森成吉、加能作次郎、宮嶋資夫、小山内薫、上司小剣	1927
43	銀座	松崎天民	1927
44	地下鉄道見参記	上林暁	1928
45	放浪記	林芙美子	1928-1930
46	アパアトの女たちと僕と	龍膽寺雄	1928
47	上野・浅草	勝本清一郎	1928
48	新宿スケッチ	龍膽寺雄	1929
49	浅草紅団	川端康成	1929-30
50	猟奇の果	江戸川乱歩	1930
51	三井三越の大峡谷	木村荘八	1930
52	隅田川の諸橋	木下杢太郎	1930
53	吸血鬼	江戸川乱歩	1930
54	銀座細見	安藤更生	1931
55	つゆのあとさき	永井荷風	1931
56	築地魚市場風景	楢崎勤	1931
57	新東京風景	木村荘八	1932
58	銀座八丁	武田麟太郎	1934
59	悲しい新宿	萩原朔太郎	1934
60	震災日記より	寺田寅彦	1936
61	浅草の灯	濱本浩	1937
62	春園	横光利一	1937-38
63	如何なる星の下に	高見順	1939-40
64	河明り	岡本かの子	1939
65	断腸亭日乗	永井荷風	1946、47、52、53、54、56、58、59
66	焼跡のイエス	石川淳	1946
67	ヴィヨンの妻	太宰治	1947
68	私の東京地図	佐多稲子	1946-48
69	武蔵野夫人	大岡昇平	1950
70	自由学校	獅子文六	1950
71	自転車	志賀直哉	1951
72	ボロ屋の春秋	梅崎春生	1954
73	流れる	幸田文	1955
74	幼少時代	谷崎潤一郎	1955-56
75	橋づくし	三島由紀夫	1956
76	浅草風土記	久保田万太郎	1957
77	死者の奢り	大江健三郎	1957
78	女坂	円地文子	1949-57
79	点と線	松本清張	1957-58
80	敗戦日記	高見順	1959
81	百万円煎餅	三島由紀夫	1960
82	ずばり東京	開高健	1963
83	楡家の人びと	北杜夫	1962-64
84	燃えつきた地図	安部公房	1967
85	限りなく透明に近いブルー	村上龍	1976
86	なんとなくクリスタル	田中康夫	1980
87	羊をめぐる冒険	村上春樹	1982
88	荻窪風土記	井伏鱒二	1981-82
89	夢の島	日野啓三	1985
90	たまらん坂	黒井千次	1988

東京を歌った曲（1946年～2000年代）

NO.	曲名	歌手	作詞	作曲	発売年
1	東京の花売り娘	岡晴夫	佐々詩生	上原げんと	1946
2	夢淡き東京	藤山一郎	サトウハチロー	古関裕而	1947
3	東京の屋根の下	灰田勝彦	佐伯孝夫	服部良一	1948
4	君の名は	織井茂子	菊田一夫	古関裕而	1953
5	東京だょおっ母さん	島倉千代子	野村俊夫	船村徹	1957
6	有楽町で逢いましょう	フランク永井	佐伯孝夫	吉田正	1957
7	銀座の恋の物語	石原裕次郎・牧村旬子	大高ひさを	鏑木創	1961
8	恋の山手線	小林旭	小島貞二	浜口庫之助	1964
9	あゝ上野駅	井沢八郎	関口義明	荒井英一	1964
10	ウナ・セラ・ディ東京	ザ・ピーナッツ	岩谷時子	宮川泰	1964
11	ラブユー東京	黒沢明とロス・プリモス	上原尚	中川博之	1966
12	二人の銀座	山内賢・和泉雅子	永六輔	ザ・ベンチャーズ	1966
13	新宿そだち	津山洋子・大木英夫	別所透	遠藤実	1967
14	池袋の夜	青江三奈	吉川静夫	渡久地政信	1969
15	新宿の女	藤圭子	石坂まさを、みずの稔	石坂まさを	1969
16	東京の女	ザ・ピーナッツ	山上路夫	沢田研二	1970
17	砂漠のような東京で	いしだあゆみ	橋本淳	中村泰士	1971
18	高円寺	吉田拓郎	吉田拓郎	吉田拓郎	1972
19	神田川	南こうせつとかぐや姫	喜多条忠	南こうせつ	1973
20	東京	マイペース	森田貢	森田貢	1974
21	恋の西武新宿線	愛奴	浜田省吾	浜田省吾	1975
22	無縁坂	グレープ	さだまさし	さだまさし	1975
23	木綿のハンカチーフ	太田裕美	松本隆	筒美京平	1975
24	池上線	西島三重子	佐藤順英	西島三重子	1976
25	東京砂漠	内山田洋とクール・ファイブ	吉田旺	内山田洋	1976
26	メランコリー	梓みちよ	喜多条忠	吉田拓郎	1976
27	中央フリーウェイ	荒井由実	荒井由実	荒井由実	1976
28	新宿ダダ	山川ユキ	石坂まさを	石坂まさを	1977
29	東京物語	森進一	阿久悠	川口真	1977
30	東京ららばい	中原理恵	松本隆	筒美京平	1978
31	別れても好きな人	ロス・インディオス＆シルビア	佐々木勉	佐々木勉	1979
32	テクノポリス	イエロー・マジック・オーケストラ		坂本龍一	1979
33	TOKIO	沢田研二	糸井重里	加瀬邦彦	1980
34	東京	浜田省吾	浜田省吾	浜田省吾	1980
35	多摩蘭坂	RCサクセション	忌野清志郎	忌野清志郎	1981
36	蒲田行進曲	松坂慶子・風間杜夫・平田満	Brian Hooker、堀内敬三	Rudolf Friml	1982
37	東京 Sugar Town	堀ちえみ	三浦徳子	芹澤廣明	1984
38	六本木心中	アン・ルイス	湯川れい子	NOBODY	1984
39	卒業	斉藤由貴	松本隆	筒美京平	1985
40	雨の西麻布	とんねるず	秋元康	見岳章	1985
41	六本木純情派	荻野目洋子	売野雅勇	吉実明宏	1986
42	日本印度化計画	筋肉少女帯	大槻ケンヂ	大槻ケンヂ	1989
43	大きな玉ねぎの下で～はるかなる想い	爆風スランプ	サンプラザ中野	嶋田陽一	1989
44	お江戸 -O・EDO-	カブキロックス	糸井重里	加瀬邦彦	1990
45	Tokyo	渡辺美里	渡辺美里	小室哲哉	1990
46	カルアミルク	岡村靖幸	岡村靖幸	岡村靖幸	1990
47	Tokyo	井上陽水	井上陽水	井上陽水	1991
48	ロマンスカー	村下孝蔵	村下孝蔵	村下孝蔵	1992
49	多摩川	スピッツ	草野正宗	草野正宗	1993
50	東京は夜の七時	ピチカート・ファイヴ	小西康陽	小西康陽	1993
51	東京の空	エレファントカシマシ	宮本浩次	宮本浩次	1994
52	DA.YO.NE	EAST END × YURI	GAKU, Mummy-D	YOGGY	1994
53	Maji で Koi する 5 秒前	広末涼子	竹内まりや	竹内まりや	1997
54	歌舞伎町の女王	椎名林檎	椎名林檎	椎名林檎	1998
55	トーキョー・トワイライト	チェウニ	夏海裕子	杉本眞人	1998
56	Grateful Days	Dragon Ash	ACO,ZEEBRA and KENJI FURUYA	ACO,ZEEBRA and KENJI FURUYA	1999
57	東京 NIGHTS	宇多田ヒカル	宇多田ヒカル	宇多田ヒカル	2002
58	東京	桑田佳祐	桑田佳祐	桑田佳祐	2002
59	君は東京	ゆず	北川悠仁	北川悠仁	2003
60	群青日和	東京事変	椎名林檎	H 是都 M	2004
61	東京ランドスケープ	ポルノグラフィティ	岡野昭仁	ak.homma	2005
62	桜坂	福山雅治	福山雅治	福山雅治	2005
63	東京ハチミツオーケストラ	チャットモンチー	福岡晃子	橋本絵莉子	2006
64	東京	Mr.Children	桜井和寿	桜井和寿	2008
65	品川ナンバー	相対性理論	真部脩一	真部脩一	2009

映画の東京（1946年～2000年代）

NO.	タイトル	監督	脚本等	配給	主な出演者	公開年
1	東京五人男	斎藤寅次郎	本木荘二郎原作、山下与志一脚本	東宝	横山エンタツ、花菱アチャコ	1946
2	素晴らしき日曜日	黒澤明	植草圭之助脚本	東宝	沼崎勲、中北千枝子	1947
3	銀座カンカン娘	島耕二	中田晴康、山本嘉次郎脚本	新東宝	高峰秀子、笠置シヅ子	1949
4	野良犬	黒澤明	黒澤明、菊島隆三脚本	新東宝	三船敏郎、志村喬	1949
5	銀座化粧	成瀬巳喜男	岸松雄脚本	新東宝	田中絹代、西久保好汎	1951
6	東京の恋人	千葉泰樹	井手俊郎、吉田二三夫脚本	東宝	原節子、三船敏郎	1952
7	稲妻	成瀬巳喜男	林芙美子原作、田中澄江脚本	大映	高峰秀子、三浦光子	1952
8	生きる	黒澤明	黒澤明、橋本忍、小國英雄脚本	東宝	志村喬、小田切みき	1952
9	君の名は	大庭秀雄	菊田一夫原作、柳井隆雄脚本	松竹	岸惠子、佐田啓二	1953
10	東京物語	小津安二郎	野田高梧、小津安二郎脚本	松竹	笠智衆、原節子	1953
11	ゴジラ	本多猪四郎	村田武雄、本多猪四郎脚本	東宝	宝田明、河内桃子	1954
12	銀座二十四帖	川島雄三	柳沢類寿脚本	日活	月丘夢路、三橋達也	1955
13	東京の人さようなら	本多猪四郎	本多猪四郎脚本	東宝	島倉千代子、山田真二	1956
14	嵐を呼ぶ男	井上梅次	井上梅次脚本	日活	石原裕次郎、北原三枝	1957
15	陽のあたる坂道	田坂具隆	石坂洋次郎原作、池田一朗、田坂具隆脚本	日活	石原裕次郎、北原三枝	1958
16	ガラスの中の少女	若杉光夫	有馬頼義原作、青山民雄脚本	日活	吉永小百合、浜田光夫	1960
17	ガス人間第1号	本多猪四郎、円谷英二（特技監督）	木村武脚本	東宝	三橋達也、八千草薫	1960
18	モスラ	本多猪四郎、円谷英二（特技監督）	関沢新一脚本	東宝	フランキー堺、香川京子	1961
19	秋刀魚の味	小津安二郎	野田高梧、小津安二郎脚本	松竹	笠智衆、岩下志麻	1962
20	左利きの狙撃者 東京湾	野村芳太郎	松山善三、多賀祥介脚本	松竹	石崎二郎、榊ひろみ	1962
21	いつでも夢を	野村孝	下飯坂菊馬、田坂啓、吉田憲二脚本	日活	橋幸夫、吉永小百合	1963
22	東京オリンピック	市川崑、渋谷昶子、安岡章太郎、細江英公	市川崑、和田夏十、白坂依志夫、谷川俊太郎	東宝	石坂浩二、佐久間良子	1965
23	新宿泥棒日記	大島渚	田村孟、佐々木守、足立正生、大島渚	創造社・A・T・G	横尾忠則、横山リエ	1969
24	男はつらいよ	山田洋次	山田洋次脚本	松竹	渥美清、倍賞千恵子	1969
25	仮面ライダー対ショッカー	山田稔	石森章太郎原作、伊上勝脚本	東映	佐々木剛、藤岡弘	1972
26	人間の証明	佐藤純彌	森村誠一原作、松山善三脚本	東映洋画	松田優作、岡田茉莉子	1977
27	実相寺昭雄監督作品 ウルトラマン	実相寺昭雄	佐々木守脚本	富士映画	小林昭二、黒部進	1979
28	病院坂の首縊りの家	市川崑	横溝正史原作 日高真也、市川崑脚本	東宝	石坂浩二、佐久間良子	1979
29	太陽を盗んだ男	長谷川和彦	レナード・シュレイダー原作、長谷川和彦脚本	東宝	沢田研二、菅原文太	1979
30	セーラー服と機関銃	相米慎二	赤川次郎原作、田中陽造脚本	東映	薬師丸ひろ子、渡瀬恒彦	1981
31	家族ゲーム	森田芳光	本間洋平原作、森田芳光脚本	ATG	松田優作、宮川一朗太	1983
32	探偵物語	根岸吉太郎	赤川次郎原作、鎌田敏夫脚本	東洋映画	薬師丸ひろ子、松田優作	1983
33	Wの悲劇	澤井信一郎	夏樹静子原作、荒井晴彦・澤井信一郎脚本	東映	薬師丸ひろ子、三田佳子	1984
34	マルサの女	伊丹十三	伊丹十三脚本	東宝	宮本信子、山崎努	1987
35	吉原炎上	五社英雄	中島貞夫脚本	東映	名取裕子、二宮さよ子	1987
36	帝都物語	実相寺昭雄	荒俣宏原作、林海象脚本	東宝	勝新太郎、嶋田久作	1988
37	息子	山田洋次	椎名誠原作、山田洋次脚本	松竹	三國連太郎、永瀬正敏	1991
38	眠らない街～新宿鮫～	滝田洋二郎	大沢在昌原作、荒井晴彦脚本	東映	真田広之、田中美奈子	1993
39	Shallwe ダンス？	周防正行	周防正行	東宝	役所広司、草刈民代	1996
40	（ハル）	森田芳光	森田芳光脚本	東宝	深津絵里、内野聖陽	1996
41	踊る大捜査線 THEMOVIE	本広克行	君塚良一脚本	東宝	織田裕二、深津絵里	1998
42	GO	行定勲	金城一紀原作、宮藤官九郎脚本	東映	窪塚洋介、柴咲コウ	2001
43	ロスト・イン・トランスレーション	ソフィア・コッポラ	ソフィア・コッポラ脚本	東北新社	ビル・マーレイ、スカーレット・ヨハンソン	2003
44	下妻物語	中島哲也	嶽本野ばら原作、中島哲也脚本	東宝	深田恭子、土屋アンナ	2004
45	誰も知らない	是枝裕和	是枝裕和脚本	シネカノン	柳楽優弥、YOU	2004
46	電車男	村上正典	中野独人原作、金子ありさ脚本	東宝	山田孝之、中谷美紀	2005
47	バベル	アレハンドロ・ゴンザレス・イニャリトゥ	ギレルモ・アリアガ	ギャガ・コミュニケーションズ	役所広司、菊地凛子	2006
48	しゃべれどもしゃべれども	平山秀幸	佐藤多佳子原作、奥寺佐渡子脚本	アスミック・エース	国分太一、香里奈	2007
49	東京タワー～オカンとボクと、時々、オトン～	松岡錠司	リリー・フランキー原作、松尾スズキ脚本	松竹	オダギリジョー、樹木希林	2007
50	容疑者Xの献身	西谷弘	東野圭吾原作、福田靖脚本	東宝	福山雅治、柴咲コウ	2008

テレビドラマの東京(1970年代〜2022年)

NO.	タイトル	脚本等	制作	主な出演者	放映年
1	太陽にほえろ！	魔久平原作、小川英ほか脚本	日本テレビ	石原裕次郎、渡哲也	1972-1986
2	寺内貫太郎一家	向田邦子脚本	TBS	小林亜星、加藤治子	1974
3	Gメン'75	高久進ほか脚本	TBS、東映ほか	丹波哲郎、原田大二郎	1975-82
4	赤い衝撃	安本莞二ほか脚本	TBS	山口百恵、三浦友和	1976-77
5	岸辺のアルバム	山田太一脚本	TBS	八千草薫、中田喜子	1977
6	おていちゃん	沢村貞子原作、寺内小春脚本	NHK	友里千賀子	1978
7	3年B組金八先生　第2シリーズ	小山内美江子脚本	TBS	武田鉄矢	1980-81
8	ふぞろいの林檎たち　パートⅠ	山田太一脚本	TBS	中井貴一、時任三郎	1983
9	男女7人夏物語	鎌田敏夫脚本	TBS	明石家さんま、大竹しのぶ	1986
10	東京ラブストーリー	紫門ふみ原作、坂元裕二脚本	フジテレビ	鈴木保奈美、織田裕二	1991
11	ずっとあなたが好きだった	君塚良一脚本	TBS	賀来千香子、佐野史郎	1992
12	ひらり	内館牧子脚本	NHK	石田ひかり	1992-1993
13	ひとつ屋根の下	野島伸司脚本	フジテレビ	江口洋介、福山雅治	1993
14	愛していると言ってくれ	北川悦吏子脚本	TBS	豊川悦司、常盤貴子	1995
15	ラブジェネレーション	浅野妙子・尾崎将也脚本	フジテレビ	木村拓哉、松たか子	1997
16	池袋ウエストゲートパーク	石田衣良原作、宮藤官九郎脚本	TBS	長瀬智也、加藤あい	2000
17	こころ	青柳祐美子脚本	NHK	中越典子	2003
18	救命病棟24時　第3シリーズ	福田靖脚本	フジテレビ	江口洋介、松嶋菜々子	2005
19	ドラゴン桜　第1シリーズ	三田紀房原作、秦建日子ほか脚本	TBS	阿部寛、長澤まさみ	2005
20	古畑任三郎　ファイナル	三谷幸喜脚本	フジテレビ	田村正和	2006
21	JIN 一仁一	村上もとか原作、森下佳子脚本	TBS	大沢たかお、中谷美紀	2009、2011
22	梅ちゃん先生	尾崎将也脚本	NHK	堀北真希	2012
23	ドクターX〜外科医・大門未知子〜	中園ミホほか脚本	テレビ朝日	米倉涼子	2012-
24	あまちゃん	宮藤官九郎脚本	NHK	能年玲奈	2013
25	半沢直樹	池井戸潤原作、福澤克雄ほか脚本	TBS	堺雅人、香川照之	2013、2020
26	HERO 第2期	福田靖脚本	フジテレビ	木村拓哉、北川景子	2014
27	下町ロケット	池井戸潤原作、八津弘幸・丑尾健太郎ほか脚本	TBS	阿部寛、吉川晃司	2015、2018、2019
28	いだてん〜東京オリムピック噺〜	宮藤官九郎脚本	NHK	中村勘九郎、阿部サダヲ	2019
29	青天を衝け	大森美香脚本	NHK	吉沢亮	2021
30	オリバーな犬、(Gosh!!) このヤロウ	オダギリジョー脚本	NHK	池松壮亮、オダギリジョー	2021-22

マンガの東京(1960年代〜2022年)

NO.	タイトル	作者	発表年
1	あしたのジョー	高森朝雄原作、ちばてつや作画	1967-73
2	三丁目の夕日	西岸良平	1974-
3	はいからさんが通る	大和和紀	1975-77
5	ガラスの仮面	美内すずえ	1976-
4	こちら葛飾区亀有公園前派出所	秋本治	1976-2016
6	まんが道	藤子不二雄Ⓐ	1977-2013
7	めぞん一刻	高橋留美子	1980-1987
8	陽だまりの樹	手塚治虫	1981-1986
9	美味しんぼ	雁屋哲原作、花咲アキラ作画	1983-2014
10	『坊っちゃん』の時代	関川夏央原作、谷口ジロー作画	1987-96
11	リバーズ・エッジ	岡崎京子	1993-94
12	孤独のグルメ	久住昌之原作、谷口ジロー作画	1995-2015
13	カードキャプターさくら	CLAMP	1996-2000
14	グーグーだって猫である	大島弓子	1996-2011
15	ハチミツとクローバー	羽海野チカ	2000-2006
16	3月のライオン	羽海野チカ	2007-
17	ちはやふる	末次由紀	2008-2022
18	黒子のバスケ	藤巻忠俊	2009-14
19	僕とシッポと神楽坂	たらさわみち	2012-17
20	吉祥寺だけが住みたい街ですか？	マキヒロチ	2015-18
21	炎炎ノ消防隊	大久保篤	2015-2022
22	鬼滅の刃	吾峠呼世晴	2016-20
23	東京リベンジャーズ	和久井健	2017-2022
24	呪術廻戦	芥見下々	2018-
25	TP	浅野いにお	2021

テレビアニメの東京（1960年～2010年）

NO.	タイトル	原作	監督等	制作	放映年
1	魔法使いサリー	横山光輝	設楽博ほか演出	東映動画	1966-68
2	ゲゲゲの鬼太郎　第2シリーズ	水木しげる	斉藤侑企画	東映動画	1971-72
3	ルパン三世（PART2）	モンキー＝パンチ	大和屋竺ほかシリーズ構成	東京ムービー	1977-80
4	機動戦士ガンダム	矢立肇、富野喜幸	富野喜幸総監督	日本サンライズ	1979-80
5	キャプテン翼	高橋陽一	光延博愛チーフディレクター	土田プロダクション	1983-86
6	タッチ	あだち充	杉井ギサブロー総監督	グループ・タック	1985-87
7	シティーハンター	北条司	こだま兼嗣	サンライズ	1987-91
8	美少女戦士セーラームーン	武内直子	佐藤順一、幾原邦彦、為我井克美（シリーズディレクター）	東映動画	1992-1997
9	新世紀エヴァンゲリオン	庵野秀明	庵野秀明	タツノコプロ	1995-96
10	輪るピングドラム	イクニチャウダー	幾原邦彦	Brain'sBase	2011
11	魔法少女まどか☆マギカ	MagicaQuartet	新房昭之	シャフト	2011
12	ラブライブ！	矢立肇、公野櫻子	京極尚彦	サンライズ	2013-2014
13	ぎんぎつね	落合さより	三沢伸	diomedéa	2013
14	残響のテロル	渡辺信一郎	渡辺信一郎	MAPPA	2014
15	四月は君の嘘	新川直司	イシグロキョウヘイ	A-1 Pictures	2014-15

アニメ映画の東京（1980年～2022年）

NO.	タイトル	原作	監督等	制作	公開年
1	幻魔大戦	平井和正・石森章太郎	りん・たろう	角川春樹事務所、マッドハウス	1983
2	AKIRA	大友克洋	大友克洋	東京ムービー新社	1988
3	機動警察パトレイバー the Movie	ヘッドギア	押井守	スタジオディーン	1989
4	おもひでぽろぽろ	岡本螢、刀根夕子	高畑勲	スタジオジブリ	1991
5	機動警察パトレイバー 2 the Movie	ヘッドギア	押井守	I.G タツノコ	1993
6	平成狸合戦ぽんぽこ	高畑勲	高畑勲	スタジオジブリ	1994
7	耳をすませば	柊あおい	近藤喜文	スタジオジブリ	1995
8	人狼 JIN-ROH	押井守	沖浦啓之	Production I.G	2000
9	千と千尋の神隠し	宮崎駿	宮崎駿	スタジオジブリ	2001
10	猫の恩返し	柊あおい	森田宏幸	スタジオジブリ	2002
11	千年女優	今敏	今敏	マッドハウス、ジェンコ	2002
12	東京ゴッドファーザーズ	今敏	今敏	マッドハウス	2003
13	クレヨンしんちゃん 伝説を呼ぶブリブリ3分ポッキリ大進撃	臼井儀人	ムトウユージ	シンエイ動画、ADK、テレビ朝日	2005
14	時をかける少女	筒井康隆	細田守	マッドハウス	2006
15	秒速5センチメートル	新海誠	新海誠	コミックス・ウェーブ・フイルム	2007
16	借りぐらしのアリエッティ	メアリー・ノートン	米林宏昌	スタジオジブリ	2010
17	おおかみこどもの雨と雪	細田守	細田守	スタジオ地図	2012
18	言の葉の庭	新海誠	新海誠	コミックス・ウェーブ・フイルム	2013
19	風立ちぬ	宮崎駿	宮崎駿	スタジオジブリ	2013
20	武器よさらば	大友克洋	カトキハジメ	サンライズ	2013
21	名探偵コナン　異次元の狙撃手	青山剛昌	静野孔文	トムス・エンタテインメント	2014
22	バケモノの子	細田守	細田守	スタジオ地図	2015
23	君の名は。	新海誠	新海誠	コミックス・ウェーブ・フイルム	2016
24	天気の子	新海誠	新海誠	コミックス・ウェーブ・フイルム	2019
25	すずめの戸締まり	新海誠	新海誠	コミックス・ウェーブ・フイルム	2022

本リストは、東京観光の参考となる、東京の文学、音楽、映画、テレビドラマ、マンガ、テレビアニメ、アニメ映画のうち、紙幅の都合上その一部を掲載した一覧である。

「文学の東京」には、作品名／作者／発表年を、「東京を歌った曲」には、曲名／歌手／作詞／作曲／発売年を、「映画の東京」には、タイトル／監督／脚本等／配給／主な出演者／公開年を、「テレビドラマの東京」には、タイトル／脚本等／制作／主な出演者／放映年を、「マンガの東京」には、タイトル／作者／発表年を、「テレビアニメの東京」には、タイトル／原作／監督等／制作／放映年を、「アニメ映画の東京」には、タイトル／原作／監督等／制作／公開年を付した。なお、掲載の年代範囲は記載の通りとした。

3-2 東京の産業

東京のものづくり

東京は世界に冠たるものづくりのまちです。2021年現在、東京都内には約1.5万の工場があり、そこには、約25万の従業者が従事しています（経済センサス活動調査）。うち、1.2万事業所、14万人を23区内の事業所が占めています。

23区の工業の中でも、日用消費財工業の中心は、台東区から墨田区にかけてで、問屋および製造卸（メーカー）が集結しています。浅草には、皮革材料商や刃型製造業、製靴メーカー、部分加工業などが集結する地帯が形成されています。両国から錦糸町にかけては、ニット製衣服に関わる多くの事業所を見ることができます。

また、品川区・目黒区から大田区にかけての城南地域は機械工業の中心で、とくに目黒川沿岸では電気機器の生産が、大森から蒲田、下丸子にかけての地区では産業用機器や精密機器の生産が卓越しました。町工場地帯は、さまざまな基盤的製造加工業から構成され、大手企業を支えてきました。今日、集団就職世代の熟練工の人たちは第一線を退き、工場数も激減しています。

多摩地域の八王子は古くから「桑都」と呼ばれ、17世紀には周辺農村で織物業が成立しました。八王子織物業は、群馬県の桐生などからの技術導入、明治末期における力織機の導入などによって発展を続け、大正期までには市街地における工場制の織物生産*が確立しました。

こうした在来型の工業に対し、1930年代に入ってから多摩地域でも近代工業の発展をみました。当時、設立された工場のなかでも、横河電機（武蔵野市）、東芝（府中市）、富士電機（日野市）などは現存しています。立川市と近隣地域では立川飛行機などの軍用機工場が置かれ「軍都」の形成がなされました。

戦後は、日本住宅公団や東京都新都市建設公社などによって大規模な工場用地が整備されて、オリンパス（八王子市），東芝（青梅市），プリンス自動車工業（日産自動車，武蔵村山市）などの企業が生産拠点を形づくりました。その後、多摩地域の工場は、区部や川崎市などの製造加工機能とも結びついて日本でも有数の製品開発拠点としての様相を呈するようにもなりました。しかし、2000年代に入ってから、撤退が相次いでいます。

東京の伝統工芸

区部を中心に東京にはさまざまな伝統工芸*が維持されてきました。今日、東京都によって指定されている伝統工芸品は42品目あり、また22品目が国（経済産業大臣）によって「伝統的工芸品」の指定を受けています。また、14商標が地域団体商標登録を受けています。

東京都による伝統工芸品の指定制度は、1982年から始まり、（1）製造工程の大部分が手工業的であること、（2）伝統的な技術または技法により製造されているものであること、（3）伝統的に使用されてきた原材料により製造されるものであること、（4）都内において一定の数のものがその製造を行っていること、を指定の

*織物生産
八王子産地では男性用の大衆向け着物の反物（着尺）を中心に生産してきたが、洋装化によって女性用の着尺に転換。大正末期にはネクタイ生産を導入した。青梅産地でも17世紀以来の縦糸に絹、横糸に綿を用いる交織織物が特徴の青梅縞の着尺が衰退し、夜具地の生産が伸びた。

*伝統工芸
東京の伝統工芸の発達は、徳川家康が江戸に入った直後から始まる。他国から職人が、神田・日本橋付近に集められ職人町を形成し、武士たちの武具や衣類、生活の調度品などを供給した。1657年の明暦の大火以降、職人町は崩壊散住する。17世紀末〜18世紀、元禄文化以降には趣向を凝らした消費財が生産されるようになった。

要件にしています。

図3-2-1にみるように伝統工芸品の種類はさまざまで、村山大島紬、黄八丈、多摩織の3品目を除けば、都区内、とくに台東区、文京区、荒川区、墨田区が多いことがわかります。

東京の第一次産業

東京にも魅力ある第一次産業（農業、林業、漁業）が存続しています。農業の面でみますと、東京都の販売農家戸数、経営耕地面積、農業産出額などの指標は、全国第47位の値です。しかし、農業就業人口の平均年齢は62.8歳（全国第2位）、基幹的農業従事者のそれは62.8歳（全国第2位）で、全国でも相対的に若い世代が農業の担い手となっています（数値は、農業産出額は2020年生産農業所得統計、それ以外は2019年農業構造動態調査による）。さらに、東京都の農業が全国のそれと比べて特徴的であるのは、生産されている農業部門が花きや野菜、苗木や観葉植物、いも類、果実などに特化

している点にあります。

消費地との近接性をいかした農業

東京で生産されている農産物を品目別の産出額でみると、①こまつな、②ほうれんそう、③日本なし、④トマト、⑤切り葉、が上位に位置しています。東京都産のこまつな、あしたば、つまみな、うど、あさつき、わけぎなどは、東京都中央卸売市場において取扱量が上位にあります。ほうれんそうやキャベツも、生産量は減少してきているとはいえ、東京市場において一定の占有率を保持しています。

図3-2-2をみると、東京都内の野菜や果樹生産は、地域的に多様であることがわかります。区部は、こまつななどの野菜、多摩地区の市部は多品目の野菜、日本なしやぶどう、ブルーベリー、梅などの果樹、多摩地区の郡部はわさび（特用林産物）やじゃがいも、図には示されていませんが工芸農作物（茶、こんにゃくなど）、島しょ部はあしたば、パッショ

3-2-1　東京の伝統工芸品

工芸品の名称	主な生産地域	都の伝統工芸品指定	国の伝統的工芸品指定	地域団体商標の登録
村山大島紬	武蔵村山市、瑞穂町、昭島町	○	○	
東京染小紋	新宿区、世田谷区、練馬区ほか	○	○	○
本場黄八丈	八丈町	○	○	
江戸木目込人形	台東区、墨田区、荒川区ほか	○	○	○
東京銀器	台東区、荒川区、文京区ほか	○	○	○
東京手描友禅	新宿区、練馬区、中野区ほか	○	○	○
多摩織	八王子市	○	○	
東京くみひも	台東区、杉並区、北区ほか	○		
江戸漆器	台東区、中央区、足立区ほか	○		
江戸鼈甲	文京区、台東区、墨田区ほか	○	○	
江戸刷毛	台東区、墨田区、新宿区ほか	○		
東京仏壇	台東区、荒川区、足立区ほか	○		
江戸つまみ簪	台東区、墨田区、荒川区ほか	○		○
東京額縁	台東区、豊島区、荒川区ほか	○		
江戸象牙	台東区、文京区、墨田区ほか	○		
江戸指物	台東区、荒川区、江東区ほか	○	○	
江戸簾	江戸川区、港区、台東区ほか	○		○
江戸更紗	新宿区、豊島区、荒川区ほか	○		
東京本染ゆかた・てぬぐい	江戸川区、足立区、葛飾区ほか	○		○1)
江戸和竿	台東区、葛飾区、荒川区ほか	○		○
江戸衣裳着人形	江戸川区、台東区、墨田区ほか	○	○2)	○
江戸切子	江東区、江戸川区、墨田区ほか	○		○
江戸押絵羽子板	墨田区、江東区、葛飾区ほか	○		○3)
江戸甲冑	墨田区、台東区、文京区ほか	○	○2)	○
東京籐工芸	足立区、台東区、豊島区ほか	○		
江戸刺繍	足立区、新宿区、江東区ほか	○		
江戸木彫刻	台東区、葛飾区、足立区ほか	○		
東京彫金	台東区、文京区、足立区ほか	○		
東京打刃物	足立区、荒川区、台東区ほか	○		
江戸表具	大田区、江東区、台東区ほか	○		○
東京三味線	台東区、江戸川区、墨田区ほか	○		○
江戸筆	台東区、豊島区、練馬区ほか	○		○
東京無地染	新宿区、中野区	○		○
東京琴	文京区、杉並区、渋谷区ほか	○		○
江戸からかみ	江戸川区、練馬区、文京区ほか	○		○
江戸木版画	台東区、荒川区、文京区ほか	○		○
東京七宝	台東区、荒川区、北区ほか	○		
東京手植ブラシ	台東区、墨田区、荒川区ほか	○		
江戸硝子	墨田区、江東区、江戸川区ほか	○		○
江戸手描提灯	台東区、荒川区、墨田区、品川区	○		
東京洋傘	台東区、中央区ほか	○		
東京手彫り印章	千代田区、港区、武蔵野市ほか	○		

東京都伝統工芸品への指定順に記載。1)「東京本染注染」の名称で登録。　2) 2品目あわせて「江戸節句人形」の名称で指定。　3)「江戸押絵」の名称で登録。

東京の区部、多摩の都市地域、中山間地域、伊豆、
小笠原島しょ地域の農業の状況を表した図です。

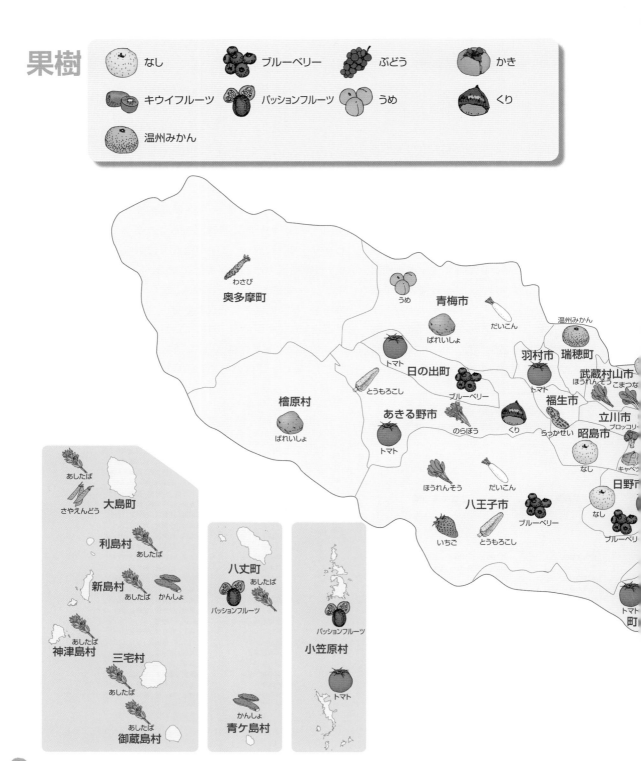

果樹

なし　ブルーベリー　ぶどう　かき

キウイフルーツ　パッションフルーツ　うめ　くり

温州みかん

わさび
奥多摩町

うめ　青梅市
だいこん

温州みかん

ばれいしょ

羽村市　瑞穂町

トマト　日の出町

武蔵村山市
ほうれんそう　こまつな

とうもろこし　ブルーベリー

トマト

福生市

あきる野市

立川市
ブロッコリー

のらぼう　くり

トマト　らっかせい　昭島市

ほうれんそう　だいこん

なし　キャベツ

八王子市　日野市

いちご　とうもろこし　ブルーベリー

なし

ブルーベリー

あしたば
さやえんどう　大島町

利島村
あしたば

新島村
あしたば　かんしょ

八丈町
あしたば

パッションフルーツ

小笠原村

パッションフルーツ

あしたば
神津島村　三宅村

あしたば

トマト

あしたば
御蔵島村

かんしょ
青ケ島村

トマト
町

野菜

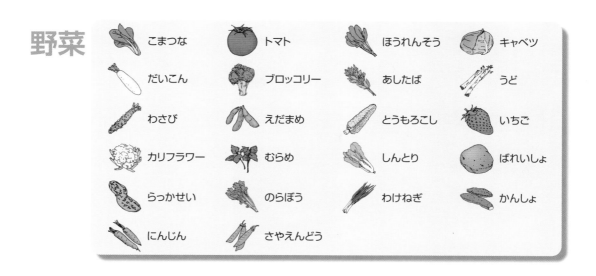

出典：「とうきょうを食べよう　野菜・果樹ガイド」（東京都）より抜粋

住宅地に囲まれた農地（練馬区）

＊江戸東京野菜
JA東京中央会が2011年から使用する呼称で、江戸期から始まる東京の野菜文化を継承するとともに、種苗の大半が自給または近隣の種苗商により確保されていた昭和中期までのいわゆる在来種、または在来の栽培法等に由来する野菜を指す。

＊環境保全型農業
環境保全型農業とは「農業の持つ物質循環機能を生かし、生産性との調和などに留意しつつ、土づくり等を通じて化学肥料、農薬の使用等による環境負荷の軽減に配慮した持続的な農業」のこと（農林水産省による）。

＊東京農業の生産環境
区部や多摩地区の市部などでは、農地が住宅地に囲まれるように立地する（写真上）。農薬の飛散を市民も敏感に感じ取るようになり、生産環境が東京農業をより環境保全型へと変えている現れでもある。

＊東京しゃも
江戸期に「しゃも鍋」として食されていたしゃも肉の復活を目指して、1971年から改良を始め1984年に誕生した畜種。

ンフルーツや椿油および椿の実、さらにフェニックス・ロベレニーに代表される切り花、切り葉の生産も盛んです。これらのなかには、江戸東京野菜＊に登録されているものもあります。こまつな（江戸川区）、うど（立川市や国分寺市など）、わさび（奥多摩町）、あしたば（島しょ部）、などはその代表的なものといえます。市場や専門店などにおいて高値で取引されている品目もあります。

東京都では、1990年代以降、有機農業や減農薬・減化学肥料栽培など環境保全型農業＊の振興に力を入れてきました。あわせて農家側も、農薬の使用量を減ら

す取り組みを進めてきました。この背景には、消費者の食の安全志向も関わっていますが、東京農業の生産環境＊の特性も関わっています。

多く見られる農産物直売所

近年、全国的に地産地消が注目されていますが、東京都では以前より直売所での農産物販売が盛んでした。農家の軒先や簡易な直売施設での販売は、区部や多摩地区の市部で多く見かけることができます（写真下）。2000年代に入ると、品揃えや直売所の運営，管理の問題などの課題を克服するためにJA（農業協同組合）等が経営する共同直売所の設置も進んでいます。さらに、学校給食やレストランにおいて地場産の農産物を活用する取り組みもみられるようになってきました。とくに前者は、都内の小中学校の9割を超える学校で都内産の食材が学校給食で使用されています。この取り組みは、食育という面からも評価できそうです。

光るブランド畜産物

東京の畜産業は、全国的にみて決して盛んとは言えません。それは都市化が進

都市農業を支える農産物直売所（小平市）

展しているため、畜産特有の臭気や糞尿等の廃棄物処理の問題が立地を制約しているためです。しかし、加工施設や市場に近いという条件を支えに、「キラッ」と光る畜産業がみられます。

その1つが、「東京うこっけい」や「東京しゃも*」、「TOKYO X*」（銘柄豚）など、ブランド畜産物の生産です。いずれも東京都畜産試験場が1990年代以降に開発を進めて誕生した畜種で、直売所や百貨店、専門店などへ出荷されています。

もう1つが、牛乳のみならず乳製品の加工を行い、ジェラートなどを直営店で販売する取り組みです。武蔵村山市や瑞穂町にあるアイス工房およびジェラート店は、自家牧場の牛乳を原料として、多彩な商品開発を進めています。直営店は、多くの消費者でにぎわいをみせています。

▒緑のオーナー制度

東京都の森林面積は約78,551haで、東京都の面積の約4割を占めています。その約7割が多摩地域の西部に偏在し、そのほとんどが民有林となっています。とくに青梅市は、江戸時代から続く林業地域として知られています。青梅林業は、無節または上小節の小角材の生産を特徴としています。戦後の拡大造林期に植栽された杉やヒノキはすでに伐採適期を迎えているものの、木材価格の下落の影響を受けて、その多くが放置されています。荒れた森林では、倒木が起こりやすくなります。急斜面で倒木すると、そこでは土砂流失が起こりやすくなったり、地下水の涵養量が減少したりするなど、森林がもっている公益的な役割が果たされにくくなります。

こうした状況の下で、三者分収育林制度が1984年から公益財団法人東京都森林整備公社を窓口に始まりました。この制度は「緑のオーナー制度*」として知ら

れています。また、2006年には東京都公共建築物等における多摩産材利用推進方針が示されるとともに、同年に東京の木多摩産材認証制度*が発足されるなど、地道な林業振興の取り組みが続けられています。

森林地帯で得られる林産物として製炭があります。檜原村や奥多摩町を中心に、ナラなどの広葉樹を使った製炭業が長く行われてきましたが、戦後のエネルギー革命*の影響を受けて衰退してきました。奥多摩ではわさびやきのこが、島しょ部では椿油や椿の実の生産が、高齢者を中心とした担い手によって継続しています。

▒島しょ海域が中心の漁業

江戸時代に品川で養殖されるようになった「浅草海苔」、羽田沖を中心として漁獲される「アナゴ」や東京湾で漁獲されるアサリやエビなどは、江戸前の食材としてよく知られていますが、東京の漁業の中心は伊豆諸島、小笠原諸島など島しょの海域が中心です。キンメダイ、カツオ、トビウオ、カジキなどは、伊豆諸島や小笠原諸島の近海で漁獲される主な魚種となっています。

新島では、室町時代の頃からむろあじなどを特殊加工（独特の塩汁に漬けた魚

*TOKYO X
都市にある東京都の豚飼育の生き残りを目指して、1990年から改良を重ね1997年に日本種豚登録協会（現在の日本養豚協会）から認定を受けた畜種。

*緑のオーナー制度
生育途上の若い森林を対象に、その管理や保育にかかる費用をオーナーに負担してもらい、森林所有者と都市住民（オーナー）、森林整備公社の三者が共同で森林を維持管理し、伐採して得た収益を三者で分配することになっている。

*東京の木
　多摩産材認証制度
多摩地域で生育し、適正に管理された森林から生産された木材の産地を証明する制度。登録事業者の中には、①森林所有者、②素材生産業者、③原木市場、④製材業者が含まれる。

*エネルギー革命
1950年代の西アジアやアフリカ諸国における油田の発見、開発にともなって生じた石炭から石油へのエネルギー源の転換のこと。

くさやの製造（東京都提供）

農業体験農園の利用者と畑（練馬区）
複数の野菜が立派に成長していることがわかる。利用者は比較的若い世代も多い。

＊生産緑地
都市計画法の市街化区域内農地において指定できる地区指定制度。都市計画において農林漁業との調整を図りながら、良質な都市環境の形成を目指して1974年に施行された生産緑地法に基づく地区指定が始まった。1991年に大幅な法改正が行われ（1992年に施行）、①500㎡以上の農地、②原則として30年の営農継続が生産緑地の指定要件として義務づけられた。2022年に92の改正法施行から30年が経過し、生産緑地指定の解消、生産緑地の減少が懸念されている。

を乾燥させます）した「くさや」が、保存食品として伝承されてきました（前頁写真下）。新島で受け継がれてきた「くさや」の液は、八丈島など伊豆諸島へ伝播し、「くさや」の生産が拡大しました。

伊豆大島の泉津や神津島では、1950年代から60年代にかけてテングサ漁が最盛期を迎えていました。テングサは、寒天の原料として島内でところてんなどへ加工されるとともに、寒天産地の長野県諏訪地方にも出荷されていました。近年、寒天が健康食として再評価されています。

▎農業体験農園の増加

2000年代以降における東京農業で最も注目されている動きが、農地の市民的利用が進んでいるということです。従来から、農地の所有者（農家）から行政が農地を借り受け、それを市民に貸し出す市民農園があり、最近は農地の所有者（農家）が自らの経営の一環として農地の利用者を募り、農業体験の場を提供する農業体験農園が増加しています。その先進地は練馬区です。

農業体験農園が増加している要因には、次の点が指摘できます。まず農家にとっては、安定した利用料金を得ることができるとともに、「生産緑地＊」と呼ばれる農地で生産が継続されるので税制上の優遇措置を受けることができます。また、生産費や労働時間の縮減につながることで、新しい品目の導入や体験農園の魅力を高めるための企画に労力を使えるようになるからです。また、農家と利用者、利用者間の交流の輪が広がり、地域のコミュニティが新たに形成され、農園に集まる人々の生きがい・やりがいにつながっています。

農業体験農園という農地の市民的利用は、都市農業や都市社会の新たなあり方として評価され、東京都をはじめ全国的に広がりをみせています。

農業体験農園の交流会（練馬区）
利用者が飲み物や食事を持ち寄り、農園でのひと時を楽しむ。自然と会話も弾む。

東京の公園

公園の役割

　緑豊かで広々とした空間を提供する公園は、市民のやすらぎとレクリエーションの場としてなくてはならないもので、ビルが密集した都市景観に潤いをもたらすとともに風格を醸し出します。また、無機質の都市空間において四季の変化を市民に提供してくれます。さらに、公園の植物は大気を浄化する役目を果たし、酸素を提供します。真夏の焼けるような暑さの街から公園に入ると涼しさを感じるはずです。公園の外側よりも温度が数度くらい下がると言われています。このことは、地球温暖化対策や、ヒートアイランド現象の緩和に役立っています。また豊かな緑は生物の生息地となり、都市環境の豊かさに寄与しています。

　また、多くの公園は防災公園として災害時の避難場所に指定されており、救援部隊の活動拠点にもなって市民に安心・安全な生活の実現に重要な役割を果たしています。

公園の歴史

　1873年の太政官布達により公園制度ができ、東京では上野、浅草、深川、芝、飛鳥山の5箇所の公園がはじめて誕生しました。しかし、これらの地は江戸時代の寺社、名所を公園に指定したものでした。

　本格的な公園の誕生は1903年日比谷公園の誕生まで待つ必要がありました。1888年に東京市区改正条例が制定されたのをきっかけに公園整備が検討され、翌年の市区改正設計で49箇所の公園の

3-3-1　東京の公園

整備が予定されました。その筆頭に日比谷公園が位置付けられ、東京帝国大学（今の東京大学）の教授であった本多静六（ほんだせいろく）の案が採用されて日本初の近代的洋風公園が誕生しました。

1923年に起きた関東大震災では、上野公園や日比谷公園が樹木による防災効果を発揮して避難場所として多くの人々の命を救いました。このことを教訓に、防災対策の観点から、震災復興計画に公園が組み込まれ、震災復興三大公園（錦糸公園、浜町公園、隅田公園）が国主導で整備され、震災復興52小公園は東京市主導で鉄筋コンクリート建ての小学校と小公園をセットにする画期的な手法で整備されました。

1956年に都市公園法が制定されたことで、戦時中から停滞していた公園整備が進み、2014年6月には、都立公園の開園面積が2,000haを超えました。

公園の種類

都市公園　都市公園法に基づく公園

- 国営公園（昭和記念公園、東京臨海広域防災公園）
- 都立公園（上野恩賜公園、日比谷公園、代々木公園など83箇所）
- 区市町村立公園（8,552箇所）

都市公園以外の公園

- 国が設置する国民公園（新宿御苑、皇居外苑など）
- 東京都環境局が設置する自然ふれあい公園（6箇所）
- 東京都港湾局が設置する海上公園（葛西海浜公園、お台場海浜公園、東京港野鳥公園など38箇所
- 区市町村が設置する公園（3,154箇所）
- 上記以外の公共的な施設で公園に準ずるもの（小石川植物園、自然教育園、明治神宮外苑など8箇所）
- 公社・公団等が設置する住宅地内の公園（243箇所）

自然公園

- 国立公園（秩父多摩甲斐、富士箱根伊豆、小笠原の3箇所）
- 国定公園（明治の森高尾の1箇所）
- 都立自然公園（多摩丘陵、高尾陣馬、狭山、秋川丘陵、滝山、羽村草花の6箇所）

動物園

都立動物園は4箇所あります。

1）恩賜上野動物園（台東区上野公園）は1882年に日本で初めての動物園として誕生しました。ジャイアントパンダ、アジアゾウ、スマトラトラ、ニシゴリラ、ホッキョクグマ、アイアイなど約300種3,000点（2022年7月31日現在）の動物を飼育しています。

2）多摩動物公園（日野市程久保）は、豊かな自然が残る都立多摩丘陵自然公園区域内にあり、上野動物園の4倍の広さを誇り、檻のかわりに壕で仕切るようにし、広い放飼場に動物たちをより自然な姿で観察することができます。1958年開園で、オランウータン、コウノトリ、アフリカゾウ、ライオン、コアラなど、約300種の動物を飼育しています。

恩賜上野動物園（東京都提供）

神代植物公園バラ園（東京都提供）

3）井の頭自然文化園（武蔵野市御殿山）は、武蔵野の面影を色濃く残す井の頭恩賜公園の一角にあります。公園西側の動物園（本園）と井の頭池に囲まれた水生物園（分園）に敷地が分かれています。日本産の動物を中心に親しみやすい生き物を約170種飼育展示しています。北村西望の旧アトリエを中心とした彫刻園、野口雨情の童心居、子供たちに人気のスポーツランド（ミニ遊園地）などさまざまな楽しみ方ができます。

4）葛西臨海水族園（江戸川区臨海町）は、葛西臨海公園のなかにあり、本館は直径100mの谷口吉生設計の円形の建物です。地上30.7mにある大きなガラスドームがシンボルになっています。

館内では2,200tのドーナツ型の大水槽で群泳するクロマグロや、国内最大級のペンギン展示場で泳ぎ回るペンギンの姿などを見ることができます。

そのほか、アクアパーク品川（港区高輪）、サンシャイン水族館（豊島区東池袋）、しながわ水族館（品川区勝島）、すみだ水族館（墨田区押上）、東京タワー水族館（港区芝公園）、小笠原海洋センター（小笠原村父島屏風谷）などがあります。

植物園

1）神代植物公園（調布市深大寺元町・深大寺北町・深大寺南町）は、武蔵野の面影が残る園内で四季を通して草木の花の美しさや紅葉などを楽しめます。1961年に都内唯一の植物公園として開園しました。約4,800種類、10万本・株の他、バラ園には約400品種、5,200余株のバラが植えられ春と秋のバラの季節には多くの来園者でにぎわいます。

2）夢の島熱帯植物館（江東区夢の島）は、約1,000種類の熱帯・亜熱帯植物を一年を通して楽しめます。

3）小石川植物園（文京区白山）は、正式には東京大学大学院理学系研究科付属植物園で、東京大学の植物学の教育実習施設です。日本で最も古い植物園で約340年前の1684年に徳川幕府が設けた「小石川御薬園」がこの植物園の前身です。2012年に国の名勝及び史跡に指定されました。

小石川後楽園（（公財）東京観光財団提供）

多磨霊園（東京都提供）

4）東京都薬用植物園（小平市中島町）は、1946年に設立され、薬務行政の一環として、薬用植物の収集、栽培を行っています。園内には、1600種を超える標本植物や、温室には約300種の熱帯や亜熱帯産の珍しい薬用植物が植えられています。

都立庭園

東京都が管理する都立庭園は9庭園です。江戸の大名庭園や町人の庭園、明治・大正以降の近代の庭園などがあり、いずれも国または東京都の文化財指定を受けている文化財庭園で、我が国を代表する名園です。

小石川後楽園（特別史跡・特別名勝）、浜離宮恩賜庭園（特別名勝・特別史跡）、六義園（特別名勝）、旧芝離宮恩賜庭園（名勝）、向島百花園（史跡・名勝）、旧古河庭園（名勝）、殿ヶ谷戸庭園（名勝）、旧岩崎邸庭園（重要文化財）、清澄庭園（都指定名勝）

都立霊園

都立霊園は8箇所あり使用者数は約30万人で、約142万体が埋葬されています。時代や都民意識の変化に伴う、様々な墓地需要にこたえて、新形式墓地の供給を行っています。

岩蔵温泉郷（東京都提供）

区部には1874年に開設された青山、雑司ケ谷、染井、谷中の4霊園があります。郊外には多磨、小平、八王子霊園と東京市の墓地不足に対応するため千葉県松戸市に1935年に開園したある八柱霊園の4霊園があります。

新形式の墓地には、壁型墓地、合葬式墓地、樹林墓地、樹木墓地、大規模納骨堂などが開設されています。

東京の温泉

温泉は疲れた身体を癒したり病気を治す場所として利用されたり、現代ではリゾート地として人気が高い施設で、日帰りや週末に出かけたり、ストレスを解放するために休暇を取ってまで出かけるほど温泉は人気があります。

10㎢に宿泊施設を除いた温泉に入れる公衆浴場が何軒あるかを「温泉密度」と言いますが、東京23区における温泉密度は1軒を超えて、日本一の温泉密度となります。

1948年に公布された温泉法によると、「温泉」は地中から採取される地下水の温度が25℃以上あるものまたは温泉法に規定される物質を有するものと定義されています。

泉質について大きく区分すると、都心・多摩東部はナトリウム - 塩化物泉が多く、江東区や大田区などの臨海部はナトリウム - 炭酸水素塩泉やメタケイ酸泉を含む温泉が目立ちます。西多摩地域は硫黄泉が主です。島しょ地域はナトリウム - 塩化物泉に大別されます。なお、23区の温泉は、植物性由来の黄褐色～黒褐色の温泉が多いことが特徴です。

東京の温泉はバラエティーに富んでいます。東京都青梅市にある「岩蔵温泉」は、東京都唯一の温泉郷で日本武尊（ヤマトタケルノミコト）が東国征伐の途中にこの温泉に入ったという伝説が残る

3-3-2　東京の温泉

古い温泉郷です。

　都心にも温泉がたくさんあります。東京ドーム天然温泉 Spa LaQua は地下1,700mから湧出する温泉で、内風呂、露天風呂、泡風呂、ジェットバス、ジャグジー、サウナなどを備えた都会派リゾート温泉です。

　伊豆諸島の式根島には天然温泉があります。足付温泉は、島内で唯一の無色透明なお湯が湧いており、きり傷などに効能あります。足付温泉から数百メートルのところに地鉈温泉があります。鉈で割ったような地形の絶景温泉で泉質は硫化鉄線。源泉の温度は80度で神経痛や冷え症に効果があります。熱いので海水と混ざったちょうどよい湯加減の場所を探して入ります。

東京の展望台スポット

江戸の展望台

　江戸の昔から飛鳥山、愛宕山、御殿山など眺望の良い場所は人々をわくわくさせる名所となっていました。江戸における大名庭園は、広大な敷地に中央に池を穿ちその周囲に小庭園を配置し、景色の変化を楽しむ回遊式庭園が主力で、眺望は庭園における重要な要素となっていました。

　立地が海に面した大名庭園では、今までの庭園に見られなかった海水を取り入れ、潮の干満による景色の変化を楽しむ「潮入の池」を実現しました。浜離宮恩賜庭園は現在都内唯一の潮入の庭です。

　また、富士山は江戸のランドマークであり、富士山が見える眺望を重要視し、また築山を富士山に見立て、それを景とするとともに、見立ての富士山に登り本物の富士山を眺めるということも庭園の楽しみ方の一つでした。

近代の展望台

　1）凌雲閣（浅草十二階）は、1890年10月に浅草に建設された展望施設です。10階まで煉瓦造でその上は木造でできた塔になります。設計者はお雇い外国人

3-3-3　東京の展望台スポット

北とぴあ展望ロビー
北区の多目的施設の17階にある。望めるのは、北(さいたま新都心方面)から東、南側(都心中心部)まで。

**サンシャイン60展望台
てんぼうパーク**
高さは226m。360°の眺望が楽しめる。2016年4月、リニューアルオープン。

東京スカイツリー
自立式鉄塔としては世界一の高さ(634m)を誇る電波塔。350mの高さに第一展望台、450mの高さに第二展望台が設置されている。

都庁展望室
第一本庁舎45階にあり、高さは202m。南東から西の方向しか見ることはできないが、市街地のパノラマは圧巻。

**文京シビックセンター
展望ラウンジ**
地上25階の展望ラウンジは窓が大きく広々としている。南側はレストランがあり、ラウンジからは3方向の眺め。

浅草ビューホテル
展望台はないが、その眺望の良さは折り紙つき。レストランやラウンジで夜景を堪能。

カレッタ汐留SKYVIEW
レストラン街の一角にある展望スペースは高さは200m。レインボーブリッジなど、お台場方面の夜景が眺められる。

東京タワー
高さ150mの大展望台と250mの特別展望台から360°の眺望が楽しめる。1958年に建設された東京のシンボル。

六本木ヒルズ展望台
六本木ヒルズ森タワー52階にあり、高さは250m。正式名称は「東京シティビュー」。360°のパノラマが楽しめる。

タワーホール船堀
高さ115m、360°のパノラマを遮るものは何もなし。気持ちのいい夜景が眺められる。高速道路の車の流れが美しい。

SHIBUYA SKY 屋上デッキ
2019年竣工の渋谷スクランブルスクエアの屋上にある施設。渋谷上空299mから360度見渡せる眺望体験と空間演出は他に類を見ない体験型展望空間。

テレコムセンター展望台
21階にあり高さ99mだが、お台場をはじめとして、ベイエリアの夜景が抜群に美しく見えるところにある。

キャロットタワー展望台
周囲に高い建物がなく、26階展望ロビーからの眺望は素晴らしい。ただし都心方面はレストランに入らないと見えない。

フジテレビ本社ビル球体展望室
25階高さ100mに直径32mの巨大な球体展望室「はちたま」は、お台場のシンボル的存在。ベイエリアや東京港が270度のパノラマを一望できる。

東京スカイツリー
（東京都提供）

展望台からの眺望（池袋）（東京都提供）

のバルトンで、帝国大学の工科大学の衛生工学の教師として招かれました。凌雲閣は日本で最初のエレベーターが設けられ、12階には30倍の望遠鏡が備えつけられていました。エレベーターはすぐに故障したにもかかわらず、観覧者は12階まで階段で登って展望を楽しんだといいます。その凌雲閣は関東大震災で半壊し、危険だということで最後は爆破されましたが、東京の浅草で33年の間、タワーとしての存在感を示して来ました。

　2）**富士山縦覧場**は、凌雲閣ができる少し前の1887年には、人々を高い所へと誘いました。高さ18間（約32ｍ）の縦覧場は、竹の骨組みに石灰の漆喰が塗られたハリボテの類で、凌雲閣ができる同じ年に壊されます。富士塚が石や土砂を積み上げて人工的に造られた模造富士ではあるものの、富士講の人びとはいうまでもなく富士塚を登って疑似的な富士参拝を行い、近くに住む人々も富士塚に登って頂上からの非日常的な眺めに驚きと喜びを感じているようです。

現代の展望台
電波塔

　1）東京スカイツリー（墨田区押上）は、2012年に完成した電波塔で、それまでの東京タワーを抜いて日本一高い電波塔となり、東京における新しいランドマークになっています。塔には観光や商業施設、オフィスビルが併設されて電波塔を中心とする周辺は、「東京スカイツリータウン」と呼ばれています。

　展望台は、第1展望台と第2展望台からなっていて、第1展望台は、地上350mの「東京スカイツリー天望デッキ」で、周囲がガラス張りで360度が見渡せて70km先までの眺望が楽しめます。第2展望台は第1展望台よりも100m高い450mの「東京スカイツリー天望回廊」で、チューブ型のガラス張りの回廊は、空中散歩の気分を味わえます。

　併設の施設は、17層約7,700坪のオフィスビル、観光やショッピングが楽しめる「東京ソラマチ」の他、水族館、プラネタリウムなどもあり、一日中楽しめる街です。

レインボーブリッジ遊歩道からの眺望（東京都提供）

2）東京タワー（港区芝公園）は、1958年に一般公開された当時は日本で一番高い電波塔で、現在は日本で2番目に高い建造物となったものの、以前からの人気は変わらず、多くの人に親しまれています。

東京タワーには2か所の展望台があり、150mのメインデッキ、250mのトップデッキからは、富士山はもとより東京湾を望むとともにメガロポリス東京を俯瞰することができます。

超高層ビル

1）都庁展望室は第一庁舎45階にあり、高さ202mで、東京の街が一望できます。

北東方面は東京スカイツリーが見える方角で、南東方面は東京タワーが見えます。南西方面は新宿パークタワー、東京オペラシティなど繁華街が良くみえます。西方面は名峰富士山が見える方角で、見通しがきく12月～2月はよく見える日が多くなります。

2）SKY CIRCUS サンシャイン60展望台＊は、海抜251mにある、"眺望"を楽しみながら、"テクノロジー"で遊べる、全く新しい展望台です。インタラクティブ3DARシステムを使用した、人の動きをセンサーで感知し雲や雨、雷を操ることができるコンテンツやフォトスポットなどのほか、素敵な写真が撮れるスポットも数多く設置されています。昼も、夜も、雨の日でも楽しめる展望台です。

都市施設からの眺め

葛西臨海公園のダイヤと花の大観覧車は17分で一周します。地上117mからレインボーブリッジやアクアラインの海ほたるが望め、天気が良ければ房総半島から富士山を一望できます。

また、レインボーブリッジ遊歩道は、知られざる眺望点で、南北二つのルートに分かれていて、ノースルートからは摩天楼のダイナミックな景観が望め、サウスルートはお台場を俯瞰し、遠く富士山を望むことができます。

＊SKY CIRCUS
サンシャイン60展望台
2023年に「サンシャイン60展望台てんぼうパーク」にリニューアル。

東京シティガイドクラブ

江戸・東京のまちを
一緒にガイドしませんか

NPO法人東京シティガイドクラブ
理事長　小室 裕一

東京のまちは、関東大震災や太平洋戦争で、大きな被害を受けましたが、それでも各地には多くの文化財が残されており、一方では、新しいまちが次々と誕生しています。

私たちNPO法人東京シティガイドクラブ（以下、TCGC）は、東京のまちの魅力を余すことなく掘り起こし、日本全国、さらには世界各国からのお客様をご案内しています。

TCGCは、平成15年11月に、公益財団法人東京観光財団が実施した「東京シティガイド検定」に合格した有志が集まり、平成16年9月に任意団体のクラブを設立、平成19年10月に「NPO法人東京シティガイドクラブ」へ組織変更しました。会員数は、一般会員が1,400名余、複数の賛助会員（法人）を有する団体です。一般会員は男女とも40歳代から70歳代の会員が多くを占めています。

コロナ後の東京は、ビジネスも観光も大きく変容し、まちとしても大きく変わっていきます。多面的な魅力に富む東京には、国内外からのお客様がさらに増えていくでしょう。その中で、私たちTCGCの活躍の場も広がっていきます。いかにしてお客様をおもてなしするか、満足していただけるか、私たちTCGCの真価が問われるところです。

東京シティガイド検定に合格されたら、是非、NPO法人東京シティガイドクラブにご入会ください。

共に街歩きを楽しみ、ガイドをご一緒する日が来ることを、心待ちにしています。

東京シティガイドクラブの活動

TCGCの活動は、組織内の活動と、お客様に対するガイド活動とに大別されます。

組織内活動

①グループ活動

会員が自主的に作ったグループがそれぞれの自主活動を行っています。多くのグループは毎月1回程度の活動で、東京のまちを歩きながら、勉強しています。

②ガイド研修

ガイドに必要なノウハウや留意事項等を習得するために「ガイド登録資格者研修」を実施しています。

③セミナー

学識経験者やマスコミなどで話題となった方々をお招きしてセミナーを行っています。年10回程度、会員を対象に実施しています。

④会報の発行

会員のコミュニケーションの場として、年4回会報を発行しています。会の運営状況や会員からの様々な意見、情報を掲載しています。

ガイド活動

①受託ガイド

都内各地を、お客様のご要望に合わせてコースを作成し、ご案内しています。また、ホームページで、モデルコースも紹介しています。

②自主企画ガイド

年に2回、会員やグループが企画したツアーを「大江戸街歩き」と称し実施しています。また、秋には東京都文化財ウィークに協力し、「文化財めぐり」も実施し、多くのお客様に楽しんでいただいています。

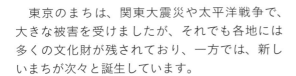

キーワード索引

参考文献

- 青野壽郎・尾留川正平編(1967)『日本地誌　第7巻　東京都』二宮書店
- 石榑督和(2016)『戦後東京と闇市』鹿島出版会
- 稲垣篤子(2010)『1坪の奇跡』ダイヤモンド社
- 稲城の梨生産組合編(2015)『稲城の梨生産組合130年のあゆみ－梨栽培とともに生きる－』
- 牛垣雄矢・木谷隆太郎・内藤亮(2016)「東京都千代田区秋葉原地区における商業集積の特徴と変化－2006年と2013年の現地調査結果を基に－」E-journal GEO11 (1)：pp.85-97
- 小野良平『公園の誕生』吉川弘文館
- 貝塚爽平(2011)『東京の自然史』講談社
- 加藤義松(2013)「都市農業者から見る農業体験農園」『農業法研究48』
- 菅野峰明・佐野充・谷内達編(2009)『日本の地誌5　首都圏I』朝倉書店
- （公財)東京都公園協会(2013)『緑と水のひろば70号』
- 佐藤忠男(2002)『映画の中の東京』平凡社ライブラリー
- 人文社編集部(2002)『江戸東京名士の墓碑めぐり』人文社
- 全国地理教育研究会・日本地図学会監修・東京都地理教育研究会・東京私立中学高等学校地理教育研究会編(1999)『地図で歩く東京　－巡検コースガイド－』日地出版
- JA東京中央会(2002)『江戸・東京　農業名所めぐり』農山漁村文化協会
- 地理教育研究会編(2020)『地理院地図で東京を歩く①江戸城から渋谷川まで17コース』清水書院
- 地理教育研究会編(2021)『地理院地図で東京を歩く②山谷堀から府中まで16コース』清水書院
- 『TOKYO NEW MOOK テレビ60年 TVガイド創刊50周年記念出版』(2012)東京ニュース通信社
- 野田宇太郎(2015)『新東京文学散歩　上野から麻布まで』講談社文芸文庫
- 野田宇太郎(2015)『新東京文学散歩　漱石・一葉・荷風など』講談社文芸文庫
- 東京都(2012)『東京農業振興プラン(中間まとめ)－都民生活に密着した産業・東京農業の新たな展開－』
- 東京管区気象台(2019)「気候変化レポート2018」気象庁
- 東京都高等学校国語教育研究会(2004)『文学散歩・東京』冬至書房
- 東京都建設局公園緑地部管理課(2021)『都立公園ガイド』

- 東京都建設局公園緑地部『東京の公園140年』
- 豊田薫(1994)『東京の地理再発見−だれが街を造ったか［上］［下］−』地歴社
- 初田香成(2011)『都市の戦後』東京大学出版会
- 正井泰夫(監修)(1986)『アトラス東京−地図でよむ江戸〜東京−』平凡社
- 正井泰夫(1987)『城下町東京−江戸と東京との対話−』原書房
- 『MANGA都市TOKYO　日本のマンガ・アニメ・ゲーム・特撮2020』2020年国立新美術館
- 宮崎祐治『東京映画地図』(2016)キネマ旬報社
- 薮下佳代(2018)『東京島の旅』京阪神エルマガジン社
- 「特集　みんなで支える東京農業」(2015)『地理60-7』古今書院
- 株式会社目黒雅叙園ホームページ https://www.hotelgajoen-tokyo.com/ （2022/09/10閲覧）
- 江東区役所ホームページ https://www.city.koto.lg.jp/ （2022/09/10閲覧）
- サッポロビールホームページ「歴史紹介」https://www.sapporobeer.jp/company/history/roots.html （2022/09/10閲覧）
- 渋谷区役所ホームページ https://www.city.shibuya.tokyo.jp/bunka/ （2022/09/10閲覧）
- 下北沢一番街商店街ホームページ https://shimokita1ban.com/?page_id=142 （2022/09/10閲覧）
- 世田谷区役所ホームページ https://www.city.setagaya.lg.jp/ （2022/09/10閲覧）
- TAKASHIMAYA GROUP 企業情報 https://www.takashimaya.co.jp/corp/info/plan/ （2022/09/10閲覧）
- 明治神宮ホームページ https://www.meijijingu.or.jp/about/ （2022/09/10閲覧）
- 目黒区役所ホームページ https://www.city.meguro.tokyo.jp/ （2022/09/10閲覧）
- 東京都中央卸売市場ホームページ https://www.shijou.metro.tokyo.lg.jp/toyosu/ （2022/09/10閲覧）
- 虎屋(会社概要) https://www.toraya-group.co.jp/corporate/profile/ （2022/09/10閲覧）
- 有限会社谷治新太郎商店 http://www.sotouba-yaji.co.jp/company.html （2022/09/10閲覧）
- 夢の島公園ホームページ https://www.yumenoshima.jp/park/history （2022/09/10閲覧）

著者紹介

（座　長）鈴木　章生	目白大学　社会学部　教授	
（委　員）有馬　貴之	横浜市立大学　国際教養学部（都市学系）　准教授	
大熊　美音子	杏林大学　外国語学部　講師	
小田　宏信	成蹊大学　経済学部　教授	
小林　克	松蔭大学　経営文化学部　教授	
財城　真寿美	成蹊大学　経済学部　教授	
鈴木　勇一郎	川崎市市民ミュージアム　学芸員	
高橋　康夫	公益財団法人東京都公園協会 緑と水の市民カレッジ　専任講師・調査専門員 一般社団法人日本庭園協会　会長	
滝口　正哉	立教大学　文学部　特任准教授	
丹治　朋子	宮城大学　食産業学群フードマネジメント学類　准教授	
野口　洋平	愛知淑徳大学　交流文化学部　教授	
宮地　忠幸	日本大学　経済学部　教授	
山口　晋	目白大学　社会学部　准教授	
湯川　説子	公益財団法人東京都歴史文化財団 アーツカウンシル東京　学芸員	

新版　江戸東京まち歩きブック
東京シティガイド検定公式テキスト

2023年8月25日　新版第1刷発行
2024年3月15日　新版第2刷発行

編者 ——————— 公益財団法人 東京観光財団

発行所 ——————— 公益財団法人 東京観光財団

発売元 ——————— 株式会社中央経済グループパブリッシング
〒101-0051東京都千代田区神田神保町1-35
電話03-3293-3381

印刷製本 ——————— 文唱堂印刷株式会社

表紙カバーデザイン —— 志岐デザイン事務所
DTP ——————— 雷鳥図工
地図製作 ——————— 株式会社ジェオ
写真協力 ——————— 東京都、東京観光財団ほか

頁の「欠落」や「順序違い」などがありましたらお取り替えいたしますので
発売元までご送付ください(送料小社負担)。

ISBN 978-4-502-45401-1　C 2026